Isabella Wach

Ich will ein guter Koch sein

Ich will ein guter Koch sein

Küchengeheimnisse des Mittelalters und der Renaissance

Michael Kirchschlager

KIRCHSCHLAGER

Für mein geliebtes Kuschel,
das nicht gern kocht

Inhaltsverzeichnis

Vorwort

Eine kleine Kulturgeschichte des Essens und Trinkens vom frühen Mittelalter bis zum ausgehenden 16. Jahrhundert

Rezepte

Vorwort

Es waren drei gute Gründe, die mich veranlaßten, ein „Gebrauchsbuch" dieser Art in Angriff zu nehmen. Erstens die Liebe zum Essen, zweitens der Spaß am Kochen und drittens die Freude am Schreiben.
Befördert wurde dieses Unternehmen durch zahlreiche kuriose Begebenheiten, auf die ich aber aus Platzgründen nicht näher eingehen will. Nur soviel sei gesagt: Junge Maiden haben das Kochen nicht erfunden! Doch sei's drum.
Wem läuft nicht bei Gedanken an Spanferkel, „Karpfen blau" oder Hirschlendenbraten das Wasser im Mund zusammen? Wahrscheinlich ganz anders verhält es sich bei Bockshoden, Hirnmus und Kuheuter. Von Gekröse, Bärenkopf oder Seehund ganz zu schweigen. Die alte deutsche Küche kochte und verwertete alles, was Fauna und Flora hergaben.
Seit etwa 20 Jahren beschäftige ich mich, auch als Historiker, mit den Speisen und Tischgewohnheiten des Mittelalters und der Renaissance. Zustatten kam mir dabei meine Arbeit als Geschäftsführer auf der landgräflichen Runneburg und die interessante Zusammenarbeit mit den Küchenmeistern der „Landgrafenschenke".
Oft werde ich gefragt, ob ich die Gerichte wirklich alle „nachgekocht" hätte. Die meisten Gerichte habe ich wirklich ausprobiert, etliche ließ ich von Profis zubereiten, bei anderen, wie Bärentatzen, Auerochsen, Pfau und Fischottern, mußte ich aus vielerlei Gründen passen. Natürlich gelang nicht alles. Nach dem Genuß schwer überwürzter Speisen folgten in der Regel schwere Albträume (oder ein Verweis aus der Küche).
Um den Hobbyköchen oder den Freunden an mittelalterlicher Lebensart den Einstieg in den Rezeptteil zu erleichtern, habe ich diesem eine kleine Kulturgeschichte des Essens und Trinkens vorangestellt. Alles weitere, wie Zubereitungsarten, Gewürze, diätetische Hinweise etc. werden ausführlich erläutert. Nicht jedes der 300 Rezepte ist tatsächlich zum Nachkochen geeignet. Einige verstehen sich als reine kulturhistorische Sprachdenkmäler, aber auch sie dürfen nicht fehlen.
Dieses Kochbuch fußt auf den wegbereitenden Arbeiten der beiden Germanisten Prof. Manfred Lemmer (Halle/Saale) und Prof. Trude Ehlert (Würzburg) sowie ihren Schülern, die sich um die Erforschung und Edition alter kulinarischer Werke besonders hervorgetan haben. Ihnen sind wir zu großem Dank verpflichtet. Im Quellen- und Literaturverzeichnis finden die an weiterführenden Publikationen interessierten Leser eine Fülle an herausragenden Werken alter Kulinaria, selbst wenn ihre Beschaffung zum Teil nicht mehr möglich ist.
Abschließend möchte ich den Küchenmeistern, zahlreichen Hobbyköchen und Freunden danken, die mir mit Rat und Tat zur Seite standen.
Ich wünsche Ihnen viel Freude mit diesem Kochbuch!

Ihr Michael Kirchschlager

Tischgebet

**O Christe laß die Angst und Not,
Pein, Marter und den bittern Tod
zu Hilf und Trost alln denen sein,
der Erb und Hab wir nehmen ein
und allen denen, die uns Gut beweisen,
laß Herr dein göttlich Gnad zu reisen.
Allen toten Sündern und Sünderinn
und allen Christen, die da sind,
all unsere Feind und Freund im Sterben,
laß Herr deine göttliche Huld erwerben.
Herr durch deine Strenge und bittre Marter,
sei selber unsrer Seelen Wärter.
Amen.**

(1490, im Auszug)

Eine kleine Kulturgeschichte des Essens und Trinkens vom frühen Mittelalter bis zum ausgehenden 16. Jahrhundert

Wasser bedarf, der Bewirtung sucht,
Ein Handtuch und holde Nötigung.
Mit guter Begegnung erlangt man vom Gaste
Wort und Wiedervergeltung.

Vorsichtiger Mann, der zum Male kommt,
Schweigt lauschend still.
Mit Ohren horcht er, mit Augen späht er
Und forscht zuvor verständig.

Nicht üblern Begleiter gibt es auf Reisen
Als Betrunkenheit ist,
Und nicht so gut als Mancher glaubt
Ist Ael den Erdensöhnen,
Denn um so minder, je mehr man trinkt
Hat man seiner Sinne Macht.

Der Tölpel glotzt, wenn er zum Gastmahl kommt,
Murmelnd sitzt er und mault,
Hat er sein Teil getrunken hernach,
So sieht man welchen Sinns er ist.

Lange zum Becher nur, doch leer ihn mit Maß,
Sprich gut oder schweig.
Niemand wird es ein Laster nennen,
Wenn du früh zur Ruhe fährst.

(Spruchweisheiten aus der Edda, um 1000)

Bierwort wird wahr – Von den Germanen

Viehwirtschaft - Jagd - Fischfang - Tacitus - Speisen der Edda - Einfluß der Römer

Bevor wir uns der mittelalterlichen Küche zuwenden, schauen wir zunächst auf die Eß- und Trinkgewohnheiten der Germanen, die wir vorwiegend archäologischen und schriftlichen Quellen römischer Autoren verdanken. Zahlreiche Getreide- und Tierarten finden wir im Mittelalter wieder und es liegt nahe, einige interessante methodische Rückschlüsse zu ziehen.

Die Germanen des 1. und 2. Jahrhunderts n. Chr. betrieben im Vergleich zur Haustierhaltung einen eher unbedeutenden Ackerbau. Bei den angebauten Getreidearten überwog die Gerste, gefolgt vom Weizen, Hafer und in noch geringerem Umfang Hirse, Roggen, Lein und Leindotter. Kultiviert wurden schon Erbsen und Ackerbohnen.
Der größte Teil des Fleischbedarfes wurde durch Haustiere gedeckt. Voran stand das Rind, gefolgt von Schwein, Schaf, Ziege und Pferd. Kuhmilch wurde nicht nur als Trinkmilch, sondern auch zur Quark-, Butter- und Käseherstellung genutzt.

Der Hund wurde von den Germanen auch verspeist, wenngleich seltener. Für die Hauskatze, die im freien Germanien verbreitet war, findet man ebenfalls Belege des Verzehrs. Jedoch wird ihre Aufgabe vielmehr in der Vertilgung von Mäusen und Ratten und damit als Beschützer der Getreidevorräte bestanden haben.

Huhn, Gans und Ente finden wir gleichfalls auf dem germanischen Hof, doch blieb ihr Anteil an der Nahrungsversorgung bis ins frühe Mittelalter gering. Die Kenntnis, Enten zu domestizieren, erlernten die Germanen bei den Römern. Die Haustaube, die von der Felsentaube abstammt, war den Germanen unbekannt, obwohl sie die Römer seit dem 1. Jahrhundert n. Chr. wegen ihres zarten Fleisches schätzten. Von ihnen wurde sie in die Gebiete der nördlichen Alpen eingeführt. Auch die Honigbiene zählte zu den Haustieren. Ihr Honig diente als Zuckerquelle noch bis ins 16. Jahrhundert hinein, zum Süßen der Speisen und Getränke sowie zur Herstellung des bei den Germanen beliebten Mets. Der Diebstahl von Bienenvölkern wurde schon in

der *Lex Salica* (6. Jahrhundert) schwer bestraft. Das Gleiche galt übrigens beim Diebstahl von Rindern, Schweinen oder anderen Tieren.
Der Anteil der Jagd und der Fischerei für die Fleischversorgung unserer Vorfahren war geringer als man annehmen könnte. Als größte Jagdtiere bevölkerten damals noch die beiden Wildrindarten Ur und Wisent unsere Wälder. Das Erlegen eines Auerochsen galt als große Tat, da die Jagd mit Speeren, Lanzen und Pfeil und Bogen nicht ungefährlich war. Wahrscheinlich jagte man sie in der Gruppe. Zum Zweck der leichteren Erbeutung scheint es auch möglich, daß man sie mit Hilfe von Jagdhunden in Fallgruben, Moore oder enge Schluchten trieb. Ihre Hörner wurden oft zu Trinkgefäßen verarbeitet. An dieser Stelle sei nur kurz auf die zahlreichen kultischen Handlungen verwiesen, in die Tiere bei den Germanen eingebunden waren. Erinnert sei hier an zahlreiche, prächtig ausgestattete Pferdegräber und Tierknochen als Grabbeigaben. Große Beutetiere zerlegte man im Wald und brachte nur die großen Fleischstücke in die Siedlung. Die häufigste Jagdbeute stellten der Hirsch und das Reh dar, die das schmackhafteste Fleisch lieferten. Daneben wurde auch der große, morastige Wälder liebende Elch gejagt, den man vor 2.000 Jahren noch in Thüringen antreffen konnte. Nicht zu vergessen ist das Wildschwein, das Laub- und Mischwälder mit Eichen- und Buchenbeständen liebt. Zum gejagten Wild gehörten ferner Bär, Biber, Fischotter, Dachs, Rotfuchs, Wolf, Hamster und Hase. Einerseits waren sie Fellieferanten, andererseits wurden Bär und Wolf wahrscheinlich zum Schutz der Tierherden erlegt. Zu den am häufigsten gejagten Vogelarten zählten wilde Gänse und Enten. Eine besondere Form der Jagdausübung war die Beizjagd, die mit Hilfe abgerichteter Habichte und Sperber erfolgte und im 4. Jahrhundert durch die Vermittlung der Ostgoten auch in Mittel- und Westeuropa üblich wurde. Das auch Frauen an der Beizjagd teilnehmen konnten, beweisen weibliche Habichte als Grabbeigaben in besonders reich ausgestatteten Frauengräbern. Zur Ausübung der Beizjagd gehörte, daß der Jäger beritten war und über einen entsprechend abgerichteten Hund verfügte. Die Technik der Jagd hat sich bis zum Mittelalter und weit darüberhinaus nicht wesentlich verändert.

Gefischt wurden Stör, Wels, Hecht, Rappe, Plötze, Rotfeder und Flußbarsch. Große Fische erbeutete man in der Gruppe vom Boot aus mit Hilfe von Harpunen oder Speeren. Zu den Fanggeräten gehörte auch der Fischknebel, ein an beiden Seiten angespitztes Stäbchen aus Holz oder Knochen, welches dem Köderfisch längs eingeführt wurde und der sich beim Zug an der Leine querstellte. Die Germanen waren zudem erfolgreiche Angler und setzten Korbreusen und Fischnetze für den Fischfang ein.

Die schriftlichen Quellen sind gegenüber den archäologischen weniger ergiebig. Der römische Historiker Publius Cornelius Tacitus (um 55 - um 120) zollt in seiner *Germania* den germanischen Eß- und Trinkgewohnheiten keine besondere Bedeutung: „Getreide gedeiht gut, Edelobst dagegen gar nicht. ... Als Getränk dient den Germanen ein Saft aus Gerste oder Weizen, der ähnlich wie Wein vergoren ist. Die in der Nähe des Rheins wohnen, verschaffen sich auch echten Wein. Die Kost ist einfach: wildwachsendes Obst, frisches Wildpret oder geronnene Milch. Mit Speisen ohne feine Zubereitung und Gewürze stillen sie den Hunger. Dem Durst gegenüber beherrschen sie sich nicht ebenso. Gibt man ihrer Trinklust nach und verschafft man ihnen zu trinken, soviel sie haben wollen, so wird man sie ebenso leicht durch ihre Laster wie durch die Waffen bezwingen." Und an anderer Stelle geht er sogar noch weiter: „Tag und Nacht durchzutrinken ist für niemand eine Schande. Streitigkeiten, wie sie unter Betrunkenen vorkommen, enden nur selten mit bloßen Schimpfereien, öfters mit Totschlag und Verwundungen."

Die Platte der germanischen Tische diente zugleich als Schüssel und wurde nach Beendigung des Mahles vom Fußgestell abgehoben, woher unser Ausdruck „die Tafel aufheben" stammt. Bei den Tag und Nacht andauernden Gelagen handelte es sich mit größter Wahrscheinlichkeit um kultische Feiern, wie z. B. zu den Jahreszeitenfesten gebräuchlich. Diese Gelage galten einer Gottheit, bei der das dabei getrunkene, geweihte Bier die Teilnehmer verband und sie zur Wahrhaftigkeit verpflichtete, wie es denn die Edda vorgab: „Bierwort wird wahr." Mit dem vergorenen Saft meint der Römer Tacitus unser geliebtes Bier, das jeder Hof von Zeit zu Zeit aus Gerste, Weizen und Hafer und unter Hinzugabe bitterer Kräuter selbst braute. Die Germanen liebten neben dem Bier noch den allbekannten Met, ein Getränk auf der Basis des Honigs und Obstwein aus Äpfeln, Birnen und Schlehen. Die Germanen importierten römischen Wein bis in ihre Ost- und Nordgebiete hinein. Den Weinanbau übernahmen sie von den Römern, was alle Wörter in der Weinsprache, wie schon das Wort Wein (lat. *vinum*) selbst, beweisen. Tacitus erwähnte, weil auch in Rom üblich, das Fleisch der Haustiere sowie den Haferbrei, Butter und Käse nicht.

Interessant sind die kulinarischen Nachrichten aus der Edda. Wenngleich diese Liedersammlung erst um 1000 bis 1200 entstand, lassen sich jedoch mit großer Wahrscheinlichkeit Rückschlüsse auf die Eß- und Trinkgewohnheiten der Germanen und der germanischen Stämme der Völkerwanderungszeit ziehen, gleichzeitig spiegeln sie noch in das frühe Mittelalter hin-

ein. Das gilt ebenso für die frühmittelalterlichen Überlieferungen unserer Heldenlieder, wie das Lied von Sigurd oder das Waltharielied.
So trug der gute Thor auf einer seiner zahlreichen Reisen auf dem Rücken einen Korb, in dem er Hering und Hafermus mitführte. Er hatte bereits vor Reisebeginn gut gegessen, bessere Kost hatte er nicht. An anderer Stelle verspeiste er allerdings schon einmal einen Ochsen, acht Lachse und alles süße Geschleck, was für die Frauen bestimmt war. Dazu trank der Donnergott acht Kufen Met. Auf den heidnischen Thor gingen noch im 19. Jahrhundert zu Fastnacht viele Erinnerungen zurück. Eine Hausfrau mußte im Vogtland sieben- oder neunerlei Speisen, darunter auch Hirse und Hering kochen.

Äußerst beliebt muß gekochtes Wildschweineberfleisch gewesen sein. In der Edda heißt es, daß Andrhimnir, der Koch in Walhall, in seinem Kessel Eldhrimnir den Eber Sährimnir kocht, der jeden Abend wieder wohlauf ist. So können die Einherier, im Kampf gefallene Männer (die einher hetzenden), alle gesättigt werden. Das Eberfleisch wird hier als das beste Fleisch bezeichnet. Gekocht wurde in Kesseln und Hafen (Töpfen), getrunken aus Kelchen. Als Thor den klugen Zwerg Alwis fragt, wie das Ael heißt, das Alle trinken, erhält er zur Antwort: „Bei Menschen Ael, bei Asen Bier, Wanen sagen Saft, bei Hel heißt es Met, bei Riesen helle Flut, Geschlürf bei des Riesen Suttungs Söhnen".

In der Sage von Hymir werden drei Stiere geschlachtet und gebraten, die Köpfe zum Sieden ans Feuer gesetzt. Mit einem Stierkopf als Köder, der am Fischseil an der Angel steckte, ging man zudem auf Jagd nach der Midgardschlange.

Im Lied von Rigr kam Heimdall zu einem alten Ehepaar. Das Weib, Edda, nahm einen Brotlaib aus der Asche, schwer und klebrig und voller Kleie. Dann trug sie noch mehr auf den Tisch. Schlemm in der Schüssel wurde aufgesetzt, und das beste Gericht war ein Kalb in der Brühe. Bei einem anderen Ehepaar erhielt er folgendes: „Linde Semmel legte das Weib dann von weißem Weizen gewandt auf das Tischtuch. Sie setzte silberne Schüsseln auf mit Speck und Wildpret und gesottenen Vögeln. In kostbaren Kelchen und Kannen war Wein".

Als besondere Delikatesse galten Kälberherzen, wenngleich wir davon in einer grausigen Mär erfahren. Bei einem Trinkgelage, das zum Gedächtnis der Gefallenen an König Atlis Hof gehalten wurde, servierte Gudrun, des Königs Weib, aus gräßlicher Rache dem König die Herzen seiner beiden Söhne, die er, wie wir erfahren, für Kalbsherzen hielt und gierig aß.

Das Fleisch des Bären war bis ins 18. Jahrhundert umstritten. Im Lied von Wölundr (später Wieland der Schmied) brät sich Wölundr das Fleisch einer Bärin am Feuer. Wahrscheinlich wußten bereits die Germanen, daß Bärenfleisch trichinenhaltig sein konnte, weshalb das Essen von Bärenfleisch wohl genauso mutig war wie die Jagd nach ihm.
Weiterhin nennt die Edda noch Schinken. Gleichwohl wurde auch rohes Fleisch gegessen, wie es Helgi der Hundingstöter mit seinen Recken tat, deren Flotte ankerte. Daraufhin von Sigrun befragt, warum er unter Helmen ungesottenes Fleisch ißt, antwortete er, daß er schon in der Jugend den Bär jagte und oft rohes Fleisch aß, deshalb ist gekochte Kost am Meer auch selten.

Der Wolf wurde zwar gejagt, aber Hinweise, daß er auf dem Speisezettel stand, finden sich nicht. Zu stark dürfte seine „boshafte" Natur davor abgeschreckt haben. Nach den nordischen Göttersagen würde der Wolf Hati beim Weltuntergang den Mond verschlingen, der Wolf Sköll die Sonne und der Fenrirwolf, des bösen Loki Sohn, den obersten Gott Odin. Da half es auch nichts, wenn Odin an seiner Seite zwei Wölfe führte. In germanischer Zeit und wahrscheinlich noch im Frühmittelalter glaubte man, daß der Verzehr von Wolfsfleisch böse mache und zu Mord und Totschlag reize. So gaben König Gunnar und Brunhild dem Mörder Sigurds, Guttorm, neben bösen Worten und dem Angebot von Gold und Land Wolfsfleisch zu essen und einen Zaubertrank, bis er zu der Mordtat bereit war.

Die Edda überliefert darüberhinaus noch heute ernstzunehmende Ratschläge und Tischzuchten: „Lange zum Becher nur, doch leer ihn mit Maß, sprich gut oder schweig." Oder: „Der gierige Schlemmer, vergißt er der Tischzucht, schlingt sich schwere Krankheit an."

Hinweise auf Gewürze fehlen in der germanischen Küche. Das Salz stand allerdings bei ihnen in hoher Gunst und nicht selten führten die germanischen Stämme wegen dieses kostbaren Kristalles unerbittliche und blutige Bruderkriege, wie einst die Hermunduren gegen die Chatten, die frühen Thüringer gegen die frühen Hessen.

Die Frage, ob die Germanen Rezepte von den Römern übernahmen und sich eine *Schweineschulter mit Süßweinkuchen, Gefüllte Nieren* oder so zweifelhafte Delikatessen wie *Lerchenzungen* oder gar die *Gebärmütter sterilisierter Schweine und Haselmäuse,* wie wir sie aus dem Kochbuch des Römers Apicius (400 n. Chr.) kennen, auch auf einer germanischen Schüssel widerfand, läßt sich schwer beantworten. Sicherlich werden die Germanen in ihrem kulturellen Austausch mit den Römern und anderen Völkern auch auf deren Eß- und Trinkgewohnheiten gestoßen sein, ein Einfluß auf die „altdeutsche" Küche ist allerdings nicht mehr feststellbar. Vielmehr scheint es möglich, daß die Germanen von den Römern das Würzen mit Küchenkräutern und Gewürzen übernahmen.

Das kannst du einem Kaiser oder König geben – Die Speisen des Adels

Herrenspeise - Archäologische Funde - Schwein, Rind und Ziege - Wildpret - Fisch - Französische Küche

Die mittelalterliche Küche unterteilte sich in die verschiedenen Stände, begründet auf eine festgefügte Ständeordnung, die aus Klerus, Adel, Bürgertum und Bauernschaft (im Unterschied zum freien Bauern der Germanenzeit) bestand.

„Rüben und Sauerkraut brachte man nicht auf den Tisch. Wildpret und edler Fisch, gut gewürzt, war für die Herren zubereitet. Es gab da einen Überfluß an Speisen; und dazu tranken die Recken den besten Wein, den es auf Erden gibt." Herrenspeise und Bauernspeise standen im krassen Gegensatz zueinander. Hugo von Trimberg (um 1280) bemerkt: „Manch ein Bauer wird schimmelgrau, der niemals Mandelpudding gegessen hat oder Feigen, Hausen (eine Fischart) und Mandelkerne. Rüben und Sauerkraut aß er gern, und manchmal hat er sein Haferbrot ebenso genossen wie die Herren das Fleisch von Wild und Haustieren."

Für die adlige Gesellschaft des Mittelalters und noch bis weit in die Neuzeit hinein, war die Herrenspeise ein ebenso wichtiges Standesattribut wie die vornehme Kleidung. Den illustren, farbenprächtig gekleideten Herren, standen in schwarzes und graues Leinen gekleidete Bauern gegenüber. Kleiderordnungen galten noch im 16. Jahrhundert, auch wenn es die finanziell und wirtschaftlich erfolgreichen Bürger waren, die dieses Attribut der herrschenden Kaste relativ früh übernahmen. Gleiches galt auch für die Küche. Zu den charakteristischen Speisen des Adels, geboren aus dem alleinigen Jagd- und Fischereirecht, gehörten das Wildpret und Fische, aber auch zahmes und wildes Geflügel. Unsere großen mittelalterlichen Epen nennen vor allem Salm, Neunaugen, Lampreten, Hausen, getrockneten Kabeljau (Stockfisch) und eingesalzene Heringe. Das Mittelalter kannte etwa 50 Fischarten, die man zumeist gekocht oder gebraten verspeiste. Fisch wurde vor allem in der Fastenzeit gegessen und auch hier gab es bestimmte Fische wie Lachs, Hecht, Barsch und Aal, die zur Herrenspeise zählten. Seefisch wie Kabeljau und Hering kam meist über den Fernhandel eingesalzen oder als Stockfisch auf die Märkte. Zu den Fischen, da sie im Wasser schwammen, zählten auch Otter und Biber, konnten demzufolge auch in der Fastenzeit gegessen werden. Als Delikatesse galt der Biberschwanz.

An edlem Wildgeflügel kam Kranich, Trappe, Reiher, Kapaun, Rebhuhn, Fasan, Schwan und Pfau auf den Tisch. Das Klagelied des gebratenen Schwans aus den *Carmina Burana* überliefert uns noch ein trauriges Mahnmal dieser ehemaligen Delikatesse.

Archäologische Untersuchungen des Fundmaterials des romanischen Burgbrunnens der Runneburg in Thüringen ergaben, daß im späten Mittelalter relativ viel Wildschwein gegessen wurde. Die Miniatur des Burgvogtes und letzten namhaften thüringischen Minnesängers Heinrich Hetzbold von Weißensee (um 1300 - um 1350) in der Heidelberger Liederhandschrift (um 1340) zeigt den Hetzer oder Jäger bei der Wildschweinjagd, wahrscheinlich seiner ritterlichen Lieblingsbeschäftigung neben dem Dichten von Minneliedern.

In der Wartburg wurde mit Vorliebe Schweinefleisch, und zwar das Fleisch gemästeter Jungtiere, gegessen, gefolgt vom Rind, Schaf, seltener Pferd und sogar Hund. Einen Hinweis auf geschlachtete Ziegen gibt es nicht. Weiterhin schätzten die Burgbewohner Hühner- und Gänsebraten, vereinzelt auch Rebhuhn, Graureiher und Kranich. An Wild kam Rothirsch, Reh, Feldhase, Wildschwein und selbst Bär auf die landgräfliche Tafel. An Fischen verzehrte man den Lachs, Döbel, Hecht und Karpfenartige. Wahrscheinlich kamen aber Pferd und Hund nur in Notzeiten auf den Tisch. Das gleiche galt für die Katze.

Das köstliche Bankett, Holzschnitt von Leonhard Beck, um 1515

Johann Benedict Carpzov berichtet in seiner zu Leipzig im Jahre 1716 veröffentlichten *Kattologia,* daß in Leipzig Anno 1523 zwanzig Schulknaben auf der Schule St. Thomas, samt dem Kantor, dem Organisten, den Stadtpfeifern und einem Goldschmied von einer Katze aßen, worauf sie krank wurden und die meisten starben.

Von den geschlachteten Tieren wurde fast alles für die Küche verwendet – Innereien, Gekröse, Kaldaunen, Hirn, Augen und Hoden.

In Frankreich unterschied sich die Küche noch nicht sonderlich von der deutschen, was der *Roman du comte d`Anjou* eindrucksvoll belegt. Lauschen wir deshalb den Klagen der jungen Gräfin von Anjou, die vor einem blutschänderischen Vater aus dem Schloß fliehen mußte und in einem Bauernhaus Zuflucht fand. Der Vergangenheit einer hochadligen Küche nachtrauernd, sitzt sie traurig vor dem Schwarzbrot, welches ihr ihre bäuerischen Helfer servierten: „Ach, ich Arme, zu einem solchen Leben bin ich nicht erzogen worden, als man mir bei meinem Vater feine und ausgesuchte Speisen brachte, gebratene Kapaune, Vögel, junge Hähnchen, Schwäne, Pfauen, Rebhühner, Fasane, Reiher und wohlschmeckende Rohrdommeln. Wild in unterschiedlichen Zubereitungen, Hirsch, Damhirsch, Hase, Wildschwein, wie sie in unseren Wäldern leben, und sonst alles feine Wild. Den besten Fisch des ganzen Landes hatte ich im Überfluß, Stör, Lachs und Scholle, Meeraal, Knurrhahn und Kabeljau, Butt und Barben, fette Makrelen und große Merlane, frische Heringe und Spierlinge (auch Stint, ein Lachsfisch), Meeräschen und Seezungen, Brachsen und Muscheln. Verschiedene Fische aus Flüssen und Seen wurden mir auf mannigfaltige Weise serviert, sorgfältig zubereitet, mit Pfeffer, mit Sauce cameline. Ich hatte Hecht, große Neunaugen, Karpfen, Plötzen und Brachsen, gewürzt und zubereitet, als wären es andere Gerichte, Forellen in Pasteten habe ich gegessen, gebratene Häslinge in saurer Soße, fette Aale in Teig oder kurz gebraten, und geräuchertes Schweinefleisch, wie die Köche es nach ihren Rezepten zubereiten ..." Lassen wir es genügen.

Gastmahl, Hoffest und Bankett – Wie speiste der Adel?

Mahlzeiten - Feste und Bankette - Das Bankett im allgemeinen - Tischdecken - Speisekarte - Tischordnung - Bedienung

Über die Gepflogenheiten bei Tafel, den Gerichten und Getränken helfen uns für das hohe Mittelalter, die „Zeit der beiden Friedriche“, Kaiser Friedrich I. Barbarossa (1156 - 1190) und Kaiser Friedrich II. (1212 - 1250), hauptsächlich die literarischen Quellen unserer Dichter wie Hartmann von Aue, Wolfram von Eschenbach oder so unbekannter Verfasser wie der des Nibelungenliedes und in einigen Fällen auch Chroniken weiter.
Ist jedoch für einen Hartmann von Aue (1160 - 1210) mit dem Genuß eines reichhaltigen Festmahles der Tatbestand der Völlerei eine der sogenannten Hauptsünden erfüllt, finden wir bei Wolfram von Eschenbach (1170 - 1220) ziemlich häufig Beschreibungen von Speisenfolgen, erstmalig Zubereitungsarten, Gastmählern usw. War im hohen Mittelalter teilweise eine feine Küche

noch verpönt, gelang ihr aber, nach und nach ein unverzichtbarer Bestandteil der höfischen Kultur zu werden.
Wie es scheint, nahm man am Tag zwei Mahlzeiten ein, die eine am frühen Morgen, die andere am späten Nachmittag. Nachdem die Ritter und Edeldamen vom Bett aufgestanden und angekleidet waren, gingen sie zur Frühmesse. Danach, so gegen sieben oder acht Uhr, wurde das Frühmahl aufgetragen. Manchmal speiste man auch erst gegen die Mittagszeit. Aus dieser Tradition entstanden die Frühstücke, die einmal reichhaltiger, dann aber auch einfacher sein konnten. Trotzdem konnte auf der Burg schon einmal opulent aufgetragen werden: Weißbrot, ein Schulterstück von einem Wildschwein, kleine gebratene Vögel in Soße, dazu Wein und Glühwein. Nach dem Frühmahl ruhte man sich aus. Ob das allerdings auch für die jüngere Ritterschaft und Damenwelt zutraf, kann man sich schwerlich vorstellen. Das Abendessen wurde gegen drei oder sechs Uhr oder noch später eingenommen. Es scheint, daß man diese Mahlzeit als die bedeutendste ansah. Man blieb lange bei Tisch sitzen, trank nach dem Dessert ein Glas Wein und pflegte der Konversation. Wem aber noch ein Liebesabenteuer in Aussicht stand, der mußte sich mäßigen. So weigert sich der Recke Wolfdietrich beim Heiden Belian, dessen Tochter er in der Nacht beschlafen muß, viel zu essen, denn wer mit Frauen zu schaffen hat, sollte sich nicht mit Trinken und Essen überladen. Auf Reisen machte man Pausen und hielt einen *imbiz*.

Schon in früher Zeit wurden Gastmähler vor den Schlachten beschrieben. In der altwalisischen Heldendichtung der Barden Taliesin und Aneirin aus der zweiten Hälfte des 6. Jahrhunderts hören wir Lobgesänge auf Häuptling Urien und seine Waffenkunst, Großzügigkeit, Grausamkeit und von Trinkgelagen vor der Schlacht, die der Kampfvorbereitung dienten. Meist fanden diese Gelage in der Halle des Stammesfürsten statt. Hierbei wurden Met, Wein und Bier getrunken. Auf dem Wandteppich von Bayeux, der die Niederwerfung der Angelsachsen unter König Harold durch Herzog Wilhelm den Eroberer im Jahr 1066 zeigt, werden den normannischen Rittern gebratene Hühner, gekochtes Fleisch u. a. gereicht, um sie vor der Schlacht zu stärken. Die Kriegsbeute der Schweizer in der für den burgundischen Herzog Karl den Kühnen verheerenden Schlacht von Granson am 1. März 1476 umfaßte neben Gold, Waffen und dreitausend Säcken mit Hafer auch 2.000 Tonnen mit Heringen, ebensoviele Tonnen mit geräucherten Fischen, ebensoviele gesalzene Fische, gedörrte Fische und Aale, ebensoviele Tonnen mit anderen gesalzenen Fischen, ebensoviel Stockfisch, Feigen, Rosinen, Mandeln und Zucker ohne Zahl. Noch im Dreißigjährigen Krieg, als Hungersnöte und Elend die Massen plagten, mußten an Wallensteins Küche für seinen Bedarf und denen seiner Gäste an einem einzigen Tag geliefert werden: Zwei gute Ochsen, zwanzig Hammel, zehn Heuer (Wildschweine), ein gutes Schwein, fünfundzwanzig Hühner, vier italienische Hähne, zwölf Gänse, sechs Schock Eier (360), siebzig Maß Milch, 600 Laiblein Weiß- und 400 Roggenbrote, acht Tonnen Bier, zwei Tonnen Rheinwein, vier Eimer Frankenwein, zwanzig Arten Gewürz, zweiundzwanzig Arten Früchte und Gemüse usw. Was Wunder, daß sich die kleinen Gauner vom großen Gewinn ihr Teilchen abzwacken wollten und die Soldaten, denen oft genug der Sold vorenthalten wurde, sich durch Raub und Plünderung selbst bezahlt machten.

Allerdings schildern uns die Dichter vornehmlich die großen Gastereien bei Fest- und Hochtagen (Hoch-zeiten). An diesen Festtagen, besonders zu Weihnachten, Ostern und Pfingsten, versammelte der Kaiser, König oder Fürst seine Lehnsleute, Getreuen und Abgesandten um sich, die Angelegenheiten des Reiches zu ordnen, Gesetze zu erlassen, Streitigkeiten zu schlichten, Recht zu sprechen oder Schenkungen vorzunehmen. Pfingsten war die Zeit der Festfreude. Man konnte endlich den Saal verlassen und im Freien speisen, wenn es das Wetter erlaubte.
Die Organisation eines Festes erforderte eine nicht zu unterschätzende Logistik und starke Nerven der Veranstalter.

Das eindrucksvollste Fest des deutschen Mittelalters, die Schwertleite König Heinrichs, Sohn des Kaisers Friedrich Barbarossa, schildert uns Arnold von Lübeck: „Zu jener Zeit (es war im Jahre 1184) berief Kaiser Friedrich nach Mainz den berühmten und gepriesenen Hoftag, welcher zu Pfingsten gefeiert wurde ..., damit er seinen Sohn, den König Heinrich, zum Ritter mache und um seine mächtigen Lenden ihm das Ritterschwert umgürte. Es kamen aber zusammen alle Fürsten und Großen: die erhabene Schar der Erzbischöfe und Bischöfe, die Könige, die Fürsten und die Menge Edelleute, die alle dem Kaiser wetteifernd gefällig sein wollten. Was soll ich von der Fülle, ja dem Überfluß der Lebensmittel sagen, die hier aus aller Herren Länder zusammengebracht waren: dieselbe war so groß, daß sie für jegliche Zunge unbeschreiblich bleibt. Da war ein Vorrat Wein, der den Rhein herab und hinauf gefahren worden war, wie beim Gastmahl des Ahasver. Ohne Maß nach Jedermanns Bedürfnis und Belieben wurde daraus geschöpft. Damit man sich aber von diesen übermäßigen, ja, wie gesagt, unbeschreiblichen Vorkehrungen eine Vorstellung mache, will ich von einer der geringsten erzählen; daraus mag man einen Schluß auf die größeren ziehen. Es waren da zwei große, innen geräumige Häuser errichtet, überall mit Sitzstangen ausgerüstet, die vom Gipfel bis zum Fußboden so mit Hähnen und Hühnern angefüllt waren, daß kein Verdächtiger in sie einzudringen vermochte. Das erregte allgemeine Verwunderung, denn man glaubte, daß es kaum auf der ganzen Welt so viele Hühner gäbe. Das Amt des Truchsessen, des Schenken, des Kämmerers und des Marschalls versahen nur Könige, Herzöge und Markgrafen. Aber bei der Stadt zwischen dem Rhein und dem Main war eine große Ebene. Daselbst ließ der Kaiser wegen der Beengtheit der Stadt und der frischen Luft halber eine Kirche und einen Palast sehr angemessen aus Holz bauen und andere verschiedene und unzählige Wohnhäuser, damit dort die Lustbarkeiten und Festlichkeiten in entsprechender Weise gefeiert würden ..."

Vom Mittelalter bis ins 18. Jahrhundert, als die russische Serviermethode aufkam (man kredenzte alle Speisen der Reihe nach warm auf Tellern), stellte man die verschiedenen Gerichte zusammen auf den Tisch, was den Nachteil hatte, daß nicht alle Speisen richtig warm waren, wollte man von jeder essen.

Anläßlich der Einweihung der Pfarrkirche zu Weißenfels am 15. September 1303 durch Bischof Bruno von Zeitz, einem geborenen Grafen von Quedlinburg, veranstaltete man an zwei Tagen folgendes Bankett, bei dem auch die Äbtissin des Nonnenklosters zu Weißenfels, eine geborene Landgräfin von Thüringen anwesend war. Am ersten Tag: Das erste Gericht. Eine Eiersuppe mit Safran, Pfefferkörnern und Honig darin. Ein Hirsegemüse. Ein Essen Schaffleisch mit Zwiebeln darüber. Ein gebratenes Huhn mit Zwetschken. Das zweite Gericht. Stockfisch mit Öl und Rosinen. Bleie in Öl gebacken. Gesottene Aale mit Pfeffer. Gerösteter Bückling mit Leipziger Senf. Das dritte Gericht. Speisefische sauer gesotten. Eine Barbe gebacken. Kleine Vögel in Schmalz hart gebacken. Eine Schweinskeule mit Gurken. Am zweiten Tag: Das erste Gericht. Gelbes Schweinefleisch. Ein Eierkuchen mit Honig und Weinbeeren. Gebratener Hering. Das zweite Gericht. Kleine Fische mit Rosinen. Kalte gebratene Bleie, die vom vorigen Tag übrig blieben. Eine gebratene Gans mit roten Rüben. Das dritte Gericht. Gesalzene Hechte mit Petersilie. Ein Salat mit Eiern. Eine Gallert mit Mandeln besetzt und Erfurtischem Anis überstreut.

Diese Festessen waren alte Tradition. Im Jahre 1452 wurden bei einem Mahl, das in Lille zu Ehren des Herzogs Philippe le Bon gehalten wurde, 192 Gerichte aufgetragen und bei jedem Gang die Saaldekoration gewechselt. Auf einer ungeheuren Pastete war sogar ein ganzes Orchester plaziert.

Zu den Beilagern des Herzogs Georg von Landshut 1475 waren Tausende von Gästen geladen und verschmausten binnen 8 Tagen: 300 Ochsen, 62.000 Hühner, 500 Gänse, 75.000 Krebse, 75 wilde Schweine, 162 Hirsche. Getrunken wurden 170 Fässer Landshuter und 200 Fässer andere deutsche Weine neben 70 Fässern welschen Weines. Eher bescheiden nimmt sich dagegen die Hochzeit von Georges von Ribeaupierre mit Elisabeth von Halffenstein in Ribeauville des Jahres 1543 aus. Man verwendete für das Festmahl 9 Ochsen, 18 Kälber, 100 Spanferkel, 100 Rehböcke, 152 Kapaunen, 200 Hühner, 120 andere Geflügelarten, 80 Gänse, 60 Rebhühner, 70 Schnepfen und 200 Stück anderes Wildpret. Dabei wurden 3.000 Eier, 18 Zentner Speck und 336 Maß Wein zu 50 Liter verbraucht.
Als Graf Günther XLI. von Schwarzburg am 17. November 1560 Katharina von Nassau-Dillenburg auf Schloß Neideck zu Arnstadt heiratete, waren ungefähr 3.500 Gäste zugegen. Der Verbrauch der Speisen und Getränke während der Hochzeitsfeierlichkeiten war immens.

Das Bankett der Fürsten, Holzschnitt, 1581

700 Malter Korn wurden zu Brot verbacken, 4.800 Malter Korn an die Pferde verfüttert. Im Pfarrhof gingen für die Wagenknechte und anderes gemeines Gesinde 1.010 Eimer Landwein und 120 Faß Bier auf, während die herrschaftlichen Gäste 20 Tigel Malvasier, 25 Tigel Kleinfal, 25 Fuder Rheinischer, 30 Fuder Würzburger und Frankenberger, 6 Faß Neckarwein, 12 Faß Einbecker, 12 Faß Broyhahn, 24 Tonnen Hamburger, 6 Faß Mindisch, je 12 Faß Einbecker und Neustädter, je 10 Faß Kronstädter und Englisches und 30 Faß Zellisches Bier hinter die Binde gossen. Dazu kamen noch 100 Faß Speisebier, 12 Faß Mumme und 6 Faß Gose. Verspeist wurden dabei neben vielem anderen 120 Hirsche, 116 Rehe, 150 Wildschweine, viele Tausend Fasane, Gänse, Enten und Hühner.
Ein letztes Beispiel für die pantagruelischen Freuden des hohen Adels soll uns die Hochzeit des Wilhelm von Rosenberg in Krommenau (Böhmen) geben. Der schlesische Ritter Hans von Schweinigen, der mit seinem Herrn Herzog Heinrich XI. von Liegnitz im Jahre 1578 zu diesen Sollennitäten eingeladen war, gibt von dieser folgende Nachricht: „Es ist dermaßen eine Hochzeit gewesen, daß nicht genugsam kann gesagt werden, was für Pracht und Anzahl Volkes dagewesen ist. Denn man hat 7 Tage mit Tanzen, Fechten, Ringelrennen, Mummerei, Feuerwerk und anderer Kurzweil zugebracht. Man hielt dafür, daß die Hochzeit über 100.000 Reichstaler habe gestanden, wie ich denn aus der Küche ein kurz Verzeichnis des Aufgangs bekommen: 113 ganze Hirsche, 24 Hirschwildpret in Teilen, 98 wilde Schweine, 19 Schweine in Teilen, 162 Rehe, 2.292 Hasen, 470 Fasane, 276 Auerhähne, 3.910 Rebhühner, 22.687 Krametvögel, 88 Westfälische Schinken, 370 Ochsen, 2.687 Schöpse, 1.579 Kälber, 421 Bratlämmer, 99 Spickschweine, 300 gemästete Schweine, 577 Spanferkel, 600 Indianische Hühner, 3.000 gemästete Kapaunen, 12.887 gemästete Hühner, 2.500 junge Hühner, 3.550 gemästete Gänse, 40.837 Eier, 117 Zentner Schmalz, 39 Tonnen Fett, 5.960 große Forellen, 117 Lachse in Pasteten, 50 grüne Lachse, 470 große Hechte, 1.374 Haupthechte, 15.800 Karpfen, 478 Zuber voll anderer Fische, 314 große Aale, 37 Welse, 5 Tonnen Austern. Getrunken wurde ebenfalls über die Maßen: 1.787 Eimer Rheinwein, 2.000 Eimer ungarischen Wein, 700 Eimer Österreicher, 448 Eimer böhmischen Wein, 1.100 Eimer mährischen Wein, 370 Eimer allerlei süße Weine, 5.487 Viertel Weißbier, 180 Viertel Rakonitzer Bier, 920 Viertel Gerstenbier, 24 Viertel Schöps. Für Gewürz, Marzipan und Konfekt gab man 12.743 Taler aus." Der Fairneß halber sei noch erwähnt, daß man während der Feierlichkeiten auf den Dörfern auch arme Leute speiste und der Herzog von Liegnitz seine Herbergskosten nicht zahlte (also die Zeche prellte).

Die Bankette des Mittelalters waren sicherlich prägend für die folgenden Jahrhunderte. Sie bestanden aus mehreren Gängen oder Trachten und wurden besonders zu hohen gesellschaftlichen Anlässen wie z. B. Königskrönungen, Kindstaufen, christlichen Feiertagen und Hochzeiten veranstaltet. Schon das „Buch von guter Speise" führt sogenannte Schauessen auf, die im Mittelpunkt der Tafeln ihren Platz fanden und den Banketten einen besonderen Reiz verliehen. Speise und Trank hatten ihre bestimmte Ordnung und Regel, die auch in der Renaissance nicht oder kaum verändert wurde. Bei Meister Rumpolt wird im 7. Kapitel seines *New Kochbuch (1581)* unter dem Titel *Wie man ein Fürsten oder Herrn Bancket bestellen, anordnen und halten sol* ein solches beschrieben: „Die Bankette, die große Fürsten und andere stattliche Herren zuzubereiten pflegen, sind von verschiedener Art. Etliche sind Frühbankette, etliche aber Nachtbankette. Die Frühbankette machen nicht so große Mühe, haben auch kein so stattliches Ansehen wie die Nachtbankette. Es muß aber zu beiden Zeiten gute Ordnung gehalten werden. Der Hof- oder Hausmeister soll vor allen Dingen die Küchen- und Kellersorge in gute Hände geben und sehen, daß er einen geschwinden Einkäufer und wohlerfahrene Köche bekommt.

Der Marschall soll sehen, daß die Tafel des Herrn stattlich, ehrlich und gebührlich von den Offizieren, also den Mundschenken, Vorschneidern, Truchsessen, Schenken und Silberkämmerlingen versehen und bedient wird. Die Nachtbankette machen viel Mühe, weshalb sie auch viel herrlicher und ansehnlicher als die Mittagsbankette sind. Wenn man ein Nachtbanket hält, soll mit den Fackeln, stehenden und großen, messingenen, hängenden Leuchtern, Kaminen und anderen Feuern und Räucherwerken gute Ordnung gehalten werden. Die Türen sollten sicher, einem Auflauf und Tumult (!) zuvorzukommen, verhütet und verwahrt werden. Da aber die Bankette in den Ländern unterschiedlich sind und bei den Mittags- und Abends-, Sommer- und Winterbanketten jedes seinen eigenen Brauch hat, wollen wir hierüber nichts sagen und es verständigeren Leuten überlassen. Wenn man dann im Frühling im März ein Bankett zubereiten will, soll man dazu einen hübschen und weiten Saal ausersehen, darin ein gutes Feuer anmachen und die Tafel frei ledig in die Mitte setzen, daß man geräumig herumgehen kann. Die Speisetafel soll mit einer köstlichen, stattlichen Tapete, die an ihren vier Ecken fast nahe an die Erde reicht, überzogen werden. Darüber soll dann der Silberkämmerling fein geschwind und meisterlich ein quadratisch zusammengelegtes und gepreßtes Tischtuch, welches ganz herum das Tapet bis auf eine Spanne (etwa 18 cm) lang von der Erde bedecke und darauf wieder ein anderes Tischtuch, das ebenfalls auf die Manier gemodelt wurde, ringsherum, allerdings eine Handbreit kürzer als das erste, ausbreiten.

Auf die Tafel sollen vier schöne, subtile und stattliche Salzfässer gesetzt werden. Das Brot soll fein sauber und rundherum von allem Brand und Mehl behauen und befreit sein und auf die Teller mit nach Mustern übergestürzten Tischservietten nach gebührlicher Ordnung gelegt werden. Der Silberkämmerling soll dann im ganzen Saal einen wohlriechenden und lieblichen Rauch machen. Wenn nun die Speisen in der Küche zubereitet und fertig sind, sollen die Kämmerlinge, Mundschenken, Vorschneider, Edelknaben und andere nach ordentlichem Brauch und Gewohnheit nacheinander auftragen. Ein solches Bankett soll, außer Konfekt und Früchten, aus vier Gängen bestehen und auf jeden Gang sollen achterlei unterschiedliche Sorten und Speisen, jede Sorte dreifach, mit vierundzwanzig Schüsseln oder Platten aufgetragen werden.

Wenn dann die Speisen und Trachten des ersten Ganges auf die Tafel gestellt wurden, soll der Marschall oder Stäbelmeister mit seinem Stäblein in der Faust sich mit gebührlicher Reverenz zu seinem Herrn verfügen und ihm anzeigen, daß die Mahlzeit bereitet ist und ob ihm beliebe, zur Tafel zu kommen. Wenn dann der Herr aus seiner Kammer in den Saal kommt und die anderen geladenen Gäste mit ihm, sollen die Kämmerlinge, Mundschenken usw. gebührlich aufwarten, ihre Handbecken, Hand- oder Gießkandeln und saubere weiße Handservietten in guter Bereitschaft und in den Fäusten haben und zuerst ihrem Herrn und danach den Gästen Wasser geben und einem jeden ein fein sauberes, weißes Hand- oder Trockentuch mit zierlicher Reverenz, nach gebührlichem Hofbrauch, sich daran zu trocknen, reichen.

Darauf soll der Marschall, wenn der Herr sich gesetzt hat, auch die anderen, einen nach dem anderen, zur Tafel führen. Wenn sich nun alle gesetzt haben, sollen sich auch die Vorschneider herbeifinden, die zwei sein sollen und gegeneinander über, einer oben, der andere unten an der Tafel stehen. Sie sollen die Speisen fein höflich zerlegen und zerteilen und den Herren mit gebührlichem Kredenzen vorlegen. Wenn der Marschall, Hof- oder Hausmeister oder Stäbelmeister meinen, daß der nächste Gang gebracht werden könne, sollen sie die Kämmerlinge und Diener wieder in die Küche schicken und für den zweiten Gang alles auftragen lassen und so mit dem dritten und vierten Gang verfahren. Die Kämmerlinge und Edelknaben sollen fleißig aufwarten, die unsauberen Teller oft mit frischen und sauberen auswechseln und auf alles andere, falls nötig, achten. Die Schenken und Mundschenken sollen auch sehen, daß sie in ihrem Amt fleißig sind und so oft ein Herr zu trinken begehrt, ihm dasselbe mit gebührlicher Ehrerbietung darreichen. Nachdem aber ganz und gar abgespeist wurde, auch die Früchte und das Konfekt abgehoben sind und alles an Tellern, Löffeln, Pironen (Vorlegegeräte) oder Gäblein, Salzfässern, Servietten und dergleichen hinweggeräumt sind, sollen die zwei Vorschneider das oberste Tisch- oder Tafeltuch abnehmen und auf dem unteren Tafeltuch dem Herrn und seinen Gästen das Handwasser reichen. Nun sollen beide Vorschneider gleicherweise das oberste Tafeltuch abnehmen und auf dem unteren dem Herrn samt den anderen Herren und Gästen das Handwasser reichen. Jetzt sollen die Vorschneider auch das untere Tafeltuch mit gebührender Reverenz abnehmen und hinwegtragen und der Silberkämmerling soll auf einem Teller etliche aus Holz wohl zugerichtete Zahnstocher mitten auf die Tafel stellen. Die liebliche Musica und fröhliches Saitenspiel, welche man auf großen Banketten zu spielen pflegt, soll stattlich angeordnet sein und zu jedem Gang, wenn man die Speisen aufträgt, sich in aller Magnifizenz und Herrlichkeit hören lassen.

Das Bankett der Ritter, Holzschnitt, 1581

Was auch sonst mehr für Freuden, Lust und Kurzweil, besonders wenn Frauenzimmer dabei sind oder aber stattliche Hochzeiten gehalten werden, erforderlich ist, wird ein jeder, der solche Bankette auszustatten hat, schon ordentlich und gebührlich anzuordnen wissen." Meister Rumpolt vergißt auch nicht in einem längeren Exkurs die Diener der geladenen Herren und Gäste und besonders deren Bewirtung zu erwähnen, denn sie sind es, die die Küche und das Tractament (Bewirtung) besonders zu würdigen wissen und dafür sorgen, daß ein jeder davon Kunde erhält.

Tischdecken waren bekannt und es galt als unschicklich, ohne sie zu speisen. Jeder Gast erhielt eine Serviette und ein Brot. Dann setzte man Salzfässer auf, legte die erforderlichen Messer und Löffel auf den Tisch und brachte Schüsseln und Becher herbei. Das Tafelgeschirr oder Tafelsilber konnte prächtig gestaltet sein und aus Gold und Edelsteinen bestehen. Das kostbare Tafelgeschirr, Trinkschiffe, Wasserspender, Trinkschalen usw. konnte sogar gepfändet und in der Not eingeschmolzen werden. Das sogenannte „Tafelholz" der Thüringer Landgrafen, welches im Brunnen der Runneburg gefunden wurde, bestand aus zahllosen Daubenbechern, Daubenschüsseln, Holztellern, Holzlöffeln und Weinkannen, darunter ein Exemplar, das man aus einem Stück gedrechselt hat (um 1250). Die hölzernen Becher erfreuten sich einer großen Beliebtheit. Auch aus Glasbechern wurde getrunken. Trinkhörner scheinen selten gewesen zu sein. Jeden Gang durch ein Fanfarensignal zu eröffnen war eher nicht die Norm. Nach dem Festmahl reichte der Kämmerer den Gästen das Wasser zum Reinigen der Hände. An der Serviette konnten sie sich ihre Hände abtrocknen. Wenn Damen am Mahl teilnahmen, so wurde ihnen zuerst das Waschwasser gereicht. Im Winter leistete man sich den Luxus, es zu erwärmen. In hohen Kreisen benutzte man zudem Rosenwasser. Da die langen und weiten Ärmel der Damen leicht benäßt werden konnten, hielten die Ritter ihren Angebeteten die Ärmel. Der Ritter Ulrich von Lichtenstein, ein bekannter Charmeur, schildert in seinem „Frauendienst", wie er selbst das Wasser aus der Schale austrank, in der seine Geliebte sich die Hände gewaschen hatte. Auch die Waschschüsseln konnten hervorragend gearbeitete Meisterwerke sein.

Die Speisekarte ist über 500 Jahre alt. Auf einem 1489 zu Regensburg abgehaltenen Reichstag erregte Herzog Heinrich von Braunschweig dadurch Aufsehen, daß beim Schmaus ein langer Zettel bei ihm auf der Tafel lag, den er oft besah. Graf Haug von Montfort fragte den Herzog schließlich, was er so eifrig lese, worauf der Herzog ihm den Zettel reichte. Darin hatte ihm der

Küchenmeister alle Essen und Trachten in der Ordnung aufgezeichnet und der Herzog konnte sich mit seinem Essen danach richten und seinen Appetit für die besten Gerichte aufsparen.

Die Tischordnung des Mittelalters, wahrscheinlich durch die Erfahrungen der Kreuzfahrer im Heiligen Land geprägt, sah vor, daß der Fürst an einem besonderen, auf einer Estrade erhöhten Tisch aß. Die anderen Gäste wurden plaziert. Es galt als eine Auszeichnung, wenn der Gast neben dem Herrn sitzen durfte. Deshalb war der Herr schon zu loben, der schön in der Mitte sitzen und Gäste oben sitzen lassen konnte. Im Nibelungenlied begrüßte König Etzel vor dem Gastmahl im Palas die Gäste und wies ihnen Sitze an: Gunther zu seiner Rechten, Giselher zur Linken. Kriemhild ließ ihren Stuhl Etzel gerade gegenüber stellen. Während des Mahles wurde der junge Königssohn Ortlieb von seinem Pfleger hereingeführt. Währenddessen rüstete der Bruder des Königs, Blödel, tausend Mann und eilte mit ihnen in die Hallen, wo Dankwart als Marschall das Mahl der Knechte überwachte. Das Ende des Gastmahles und der Nibelungen sind hinreichend bekannt und müssen hier nicht weiter erzählt werden.
Karl der Große hatte in seinen Tischregeln noch festgelegt, daß Frauen und Männer zusammen sitzen und speisen sollten, jedoch mit dem Hinweis, daß sie nicht durch schlechte Gerüche oder störende Parfüms die Männer belästigen würden. Um die Ranggeleien der Tischordnung zu beenden, ließ König Arthus eine runde Tafel erbauen. Diese ist allerdings nur literarisch bezeugt. Herren und Damen speisten gesondert. Nur wenn die Frau des Hauses den Gästen eine besondere Ehre erweisen wollte, nahm sie am Mahle teil. Kinder hatten der Tafel mindestens bis zum siebenten Jahr fern zu bleiben. Wünschten allerdings die Gäste die Kinder zu sehen, wie oben bereits beschrieben, brachte man sie in den Saal.

Die Bedienung erfolgte durch den Kämmerer, Diener und Edelknaben anderer Adliger, die zur Ausbildung an dem jeweiligen Königs- oder Fürstenhof weilten. Im Heldenepos über Dietrich von Bern wird der Recke Herburt von König Arthus zum Schenkenamt bestimmt und ließ vornehme Gäste nur von ihm bedienen. Ob seiner feinen Sitten und der Höflichkeit seines Wesens erhob der König ihn zu seinem eigenen Mundschenk, und nun hatte er nur dem König den Becher zu reichen. Die Edelknaben standen hinter den Gästen und bedienten sie nach bestem Gutdünken.

Bereits im 12. Jahrhundert bildeten sich „Tischzuchten“ heraus. Petrus Alfonsi (12. Jahrhundert), Leibarzt von Alfons I. und Heinrich I. von England formulierte solche wie folgt: „Iß nicht das Brot, bevor der erste Gang auf den Tisch kommt, sonst wirst du für unbeherrscht gehalten. Stecke nicht ein so großes Stück in deinen Mund, daß die Krumen rechts und links herausfallen, sonst wirst du als ein Fresser angesehen. Schlucke das, was du im Mund hast, nicht herunter, bevor es gut gekaut ist, damit du dich nicht verschluckst. Trinke erst, wenn dein Mund leer ist, sonst hält man dich für einen Säufer. Sprich nicht, solange du etwas im Mund hast.“ Der Dichter Tannhäuser (um 1210 bis 1266) hält noch etwas gegen den Juckreiz parat: „Wenn das passiert, dann benutzt höfisch euer Gewand und juckt euch damit: das ist besser als wenn die Hand schmutzig wird.“ In seiner „Hofzucht“ schärfte er den adligen Zuhörern noch ein, die abgegessenen Knochen nicht wieder in die Schüssel zu legen, nicht mit den Fingern in den Senf oder die Soße zu greifen, nicht in das Tischtuch zu schneuzen usw. Die meisten Tischregeln lassen sich als Hygienevorschriften erklären, da die adlige Gesellschaft des Mittelalters mit den Fingern aß. Messer und Löffel dienten zum Tranchieren und Austeilen. Die Gabel kam nach langem kirchlichem Widerstand erst im 17. Jahrhundert in Gebrauch. Man verglich ihre Zinken mit dem Dreizack des Teufels. Als Teller diente eine Scheibe Brot und häufig mußte man sich das Trinkgeschirr mit einem Nachbarn teilen. Viele Vorschriften hatten praktische Gründe und zielten nicht zuletzt auf feine Sitten ab. So heißt es auch, man sollte nicht eher anfangen zu essen, bevor der Herr des Hauses aß. Das dauernde Starren auf das Essen war ebenfalls verpönt. Frische Kleider anzuziehen, damit kein Ungeziefer an den Tisch kam, galt als schicklich. Die Tischzuchten des Adels zielten vor allem darauf ab, sich von dem Benehmen der Bauern zu unterscheiden. Deutlich formuliert das der Tannhäuser: „Manch einer beißt von einer Teigschnitte ab und wirft sie wieder in die Schüssel, wie es die Bauern tun. Solche Ungesittetheit legen höfische Menschen ab."
Die Sauf- und Freßliteratur, die sich am Ende des 13. Jahrhunderts herauszubilden begann, stand dann allerdings krass dem höfischen Ideal entgegen. Übermäßig gefressen und gesoffen hatten der Adel und das Bürgertum schon vorher. Berthold von Regensburg (um 1210 - 1272) geißelte die „Unmäßigkeit des Mundes“ scharf: „Diese Sünde wird nirgends so häufig angetroffen wie hier in Deutschland, vor allem bei den Herren auf den Burgen und bei den Bürgern in den Städten.“

Doch die festlichen Bankette und Gastmähler bildeten, wie schon gesagt, die Ausnahme. Diejenigen, die auf der untersten Stufe der zur Ritterschaft Zugelassenen standen, wie der Dichter Walther von der Vogelweide (1170 - 1230), waren für viele Jahre zur unsteten Wanderschaft gezwungen und blieben stets auf die Gastfreundschaft der Adelssitze angewiesen, soweit sie nicht mit kärglicheren Herbergen vorlieb nehmen mußten. Literarisch setzte er dem freizügigen Fürsten Hermann von Thüringen, an dessen Hof er weilte, ein besonderes Denkmal. Er pries ihn als thüringische Blume, die sogar durch den Schnee scheint. Aber Walther erlebte auch mindere Freizügigkeit. So berichtet er einmal von einer großen, im Kloster Tegernsee erlebten Enttäuschung: „Da gab's nur Wasser. Um dieses nasser mußt' ich vom Tisch des Mönches scheiden." Walther teilte sein Los mit seinem ebenfalls berühmten Zeitgenossen Wolfram von Eschenbach, der zwar ein Lehen besaß (Walther erhielt sein Lehen erst in seinen letzten Lebensjahren), aber an einer Stelle seines „Parzival" von seinen Verhältnissen berichtet:

Daheim in meinem eignen Haus,
da freut sich nicht mal eine Maus.
Sie muß sich nach der Decke strecken.
Wo mag denn nur das Essen stecken?
Ich find`s nicht offen, nicht verborgen.
Daß allzu häufig diese Sorgen,
erfüllt mit großem Ungemach
mich, Wolfram von Eschenbach.

Auf gar unwürdige Weise wurde der fahrende Spruchdichter Friedrich von Suonenburg bei einem nicht namentlich genannten Herrn bewirtet. Man setzte ihm den schlechtesten Wein und das schlechteste Essen vor. Sein Pferd wurde überhaupt nicht gefüttert. Zornig resümiert er: „Seinen Kohleintopf *(kezzelkrut),* sein Speisebrot, seinen bösen Zuberwein, die soll er den Hunden oder den Schweinen vorsetzen!"

Erkennst du dyn natur /
so erkennest auch was wider dich ist /
danach bereit dein Eßen.

(Ratschlag aus der *Kuchemaistrey,* um 1485/90)

Meisterkoch und Eisenkessel –
Die Küche und das Küchenpersonal

Die mittelalterliche Küche - Hof- und Hausmeister - Einkäufer - Mundkoch - Silberkämmerling - Truchsessen und Mundschenken

Die frühmittelalterliche Küche war ein verräucherter und heißer Arbeitsplatz. Das Feuer brannte unentwegt offen auf kniehoch aufgemauerten Feuerplatten. Um nicht in Ruß und Rauch zu ersticken, wurden etliche Speisen an den Spießen und Rosten vor den Küchen zubereitet. Über dem Feuer hingen an Ketten Kessel aus Bronze, Messing und Kupfer. Keramiktöpfe runden das Bild dieser noch spärlich eingerichteten Küchen ab. Vermutlich existierten zahlreiche hölzerne Geschirre, die aber die Zeiten nicht überstanden haben. Für das Jahr 820 wird im Kloster St. Gallen der Schornstein belegt. Seit etwa 1100 traten die ersten Kachelöfen auf Burgen auf. Mit dem 13. Jahrhundert finden wir ihn in jedem Kloster, auf jeder Burg und in den stattlichen Häusern großer Patrizierfamilien. In dieser Zeit standen die Klosterküchen bereits in großer Blüte. Den Mittelpunkt der mittelalterlichen Küche bildete der große gemauerte Kachelofen bzw. Kaminfeuerstellen. Gefeuert wurde mit Holz und Kohlen. Der Rauchabzug, in vielen Küchen als gewaltiger Schlot ausgebildet, diente gleichzeitig zum Räuchern von Würsten oder anderem Fleisch. Mittig über dem Feuer hingen an eisernen Ketten verstellbar durch Kettengewinde über Querstangen ein oder mehrere eiserne Kochtöpfe von unterschiedlichen Größen. Neben den Feuerstellen standen Bratspieße und Bratroste. Die Bratspieße wurden von Küchenjungen gedreht, wobei man immer versuchte, Konstruktionen zu entwickeln, um das Drehen zu perfektionieren. Spieße aus Wacholder, Hasel- oder Erlenholz sind ebenfalls verbürgt. In den gemauerten Kachelöfen, die mit bis zu 15 Feuerlöchern ausgestattet sein konnten, stellte man die Töpfe, Hafen, Pfannen, Näpfe, Kessel oder man hing sie an die Wand. An langen Stangen hingen Gabeln, Schaum- und Schöpfkellen. In den Hackeklötzen oder großen starken Brettern steckten die Messer und Beile. In tiefen, zumeist in die Wände eingelassenen Regale wurden die Gefäße für Essig, Senf, Wein, Soßen, Gewürze sowie Kannen, Humpen, Phiolen und ähnliches aufbewahrt. Das wichtigste Küchengerät war jedoch der Mörser mit dem Stößel, der in keiner mittelalterlichen Küche fehlen durfte, ob aus Metall, Holz oder Keramik. Er war in jeder Küche mehrfach vorhanden und diente zum Zerstoßen der unterschiedlichsten Lebensmittel. Ein Mörser diente zum Zerstoßen des Fleisches, ein anderer zum Zerstoßen von Mandeln und wieder ein anderer zum Zerstoßen von Fisch. Ein Fleischmörser konnte beachtliche Maße besitzen und bis zu 50 kg wiegen. Die Herstellung einer Pastete aus etwa 50 kg Fleisch und Fett dauerte etwa 9 Stunden, denn die Rezeptur forderte, „fein genug, um es durch ein Leinentuch zu passieren". Desweiteren findet man in der mittelalterlichen Küche Anrichtetische, Schemel, Fleischerhaken, Backformen, diverse Messer, Löffel, einen Blasebalg, Raspeln, härene Tücher (aus

Pferdehaar), Siebe, Maße und Gewichte, Daubengefäße verschiedenster Größe, lederne Taschen, Fäden, Nadeln, hölzerne Spießlein und Körbe. Die bessere Küche verfügte über ein Vivarium für lebende Fische. Weißbrot und Mehl lagerte mitunter in abschließbaren Schränken. Die teuren Gewürze unterlagen separat gelagert und gesichert der strengen Obhut des Küchenmeisters. Hinter der Küche befand sich die Abfallgrube, auch *Garde-Robe* genannt. Heute stellen diese Abfallgruben für die Archäologen Goldgruben dar. Der Gestank dürfte viele „Esser" angelockt haben. Das Fleisch, ob gepökelt oder geräuchert, wurde in Speisekammern aufbewahrt. Sauerkraut, Essig, Wein und Bier in Kellern. Zum Schutz der Lebensmittel hielt man sich Hauskatzen und Hunde.

Katze und Mäuse, Holzschnitt, 1489

Das Amt des Küchenmeisters *(magister coquine)* führte König Philipp von Schwaben (1198 - 1208) ein und schon das Nibelungenlied stellte Rumold den Küchenmeister sogar über die anderen Hofämter.
Neben dem Vogt oder Verwalter der gesamten Hofanlage, d. h. der Burg oder des Schlosses, führte ein Meisterkoch die Hofküche. Manchmal fungierte er gleichzeitig als Einkäufer und Küchenschreiber, in größeren Küchen waren diese Aufgaben getrennt. Ihm zur Seite standen in der Regel Köche und

Köchinnen. Seit dem 12. Jahrhundert werden *cocquines* oder *kuchenmeister* erwähnt. Selbst wenn in den spätmittelalterlichen Kochbüchern, bis auf einige Ausnahmen einmal abgesehen, die Namen der Küchenmeister oder ihrer Verfasser fehlen, so finden wir doch relativ zahlreich Köche und Küchenmeister in Urkunden und Chroniken und so mancher von ihnen stand tatsächlich, wie so oft verbürgt, in hohem Ansehen und durfte oder besser mußte seinen Herrn sogar auf eine Pilgerfahrt nach Jerusalem zum Heiligen Grab begleiten, wie im Jahre 1461 der Weimarer Bürger und *kuche meister hans brun* seinen Fürsten Herzog Wilhelm den Tapferen von Sachsen.

Der Hofmeister, Holzschnitt, 1581

Der Chronist erwähnt im Gefolge des Herzogs noch drei weitere Diener als *uff treger der kuchen.* Eine ganz normale Küchen- oder Spülhilfe lief unter der Bezeichnung „Küchengesinde". Der Küchenjunge ist uns noch aus Grimms Märchen bekannt. Meister Rumpolt formuliert klar und eindeutig, was er von seinem Küchenpersonal erwartet. Seine Ausführungen könnten noch heute für die Ausbildung im Gastronomiegewerbe herangezogen werden.

Meister Rumpolt beginnt mit dem Hof- und Hausmeister, der feine weiße und nicht schwarze, schmutzige und schäbige Hände haben dürfe. Er soll alle Sachen fein höflich und zierlich angreifen und diese zu jederzeit gebührlich kredenzen. Seine Kleidung soll stattlich und ehrlich sein. Bei einem geistlichen Fürsten und Prälaten soll die Kleidung ziemlich lang und bei weltlichen Fürsten, Potentaten und Herren etwas kürzer sein, doch nicht gar zu kurz, wie etliche Hofaffen und Narren, die mit ihren kurzen verhauenen, abgestumpften Gewändern kaum den halben Arsch bedecken und in ihnen, mit einem kleinen samtenen Barettlein und Federlein darauf und anderen bunten, scheckigen Kleidungen, gleich den kurzverstutzten Affen und Papageien, leichtfertig und spöttisch hereinzutreten und zu hüpfen pflegen. Deshalb rät er, daß sich niemand, jung oder alt, um ein solches hohes Hof- oder Hausmeisteramt bemühe, es sei denn, er wäre ein erfahrener, gewanderter und verständiger Mann, der sich gegen jedermann, auch in der Kleidung, gebührlich, bescheiden und rechtmäßig zu verhalten wisse und durch besondere Aufsicht über den leidigen Geiz und den Eigennutz, nicht Spott und Schande entstehe.

Für den Einkäufer hält er folgendes parat: Er soll alle seine Küchensachen mit besonderer Geschwindigkeit für einen angemessenen Pfennig einzukaufen wissen. Wenn ein Einkäufer noch neu ist, so soll er sich zu einem alten und erfahrenen Einkäufer gesellen und mit ihm zum Markt gehen, damit er die Praxis des Einkaufens lerne. Wenn dann also die Metzger und Fischer und andere Verkäufer, Trödler und Krämer, allerlei Wildpret und Geflügel, gesalzenes Fischwerk, Eier, Butter und Käse und was sonst noch zur Küchenspeise und Haushaltung gehört, dazu auch die Gärtner, die Kraut, Salat, Rüben, Zwiebeln und allerlei Obst, Feld- und Gartenspeise zu verkaufen pflegen, den neuen Einkäufer sehen, so will ein jeder, je einer dem anderen zum Trotz und Neid, der erste sein und anderen zuvorkommen, daß er sich bei ihm lieb mache und solchen feisten Vogel, damit er vor anderen ihm allein die Küchenspeise und Hausnotdurft, abzukaufen Ursache habe, nicht aus der Hand lasse, sondern ihn mit süßen und glatten Worten an sich hängen.

Der Einkäufer solle sich aber vor den Worten der Verkäufer in Acht nehmen und wenn er die Praxis des Marktes hinreichend kennt, soll er seines Amtes treulich warten und bei seiner Ehre und Seligkeit nichts seinem Herren veruntreuen. Man findet nämlich etliche eigennützige und diebische Einkäufer, die mit dem Geld ihres Herren allerlei Gewinn, Wucher und Finanzerei treiben und sich dabei noch, um ihre Bei- und Nebengriffe zu bemänteln, sich auf ihren treuen und langwierigen Dienst berufen. Ein guter Einkäufer soll gut lesen, schreiben und rechnen können, fein sauber gekleidet, freundlich und vorsichtig sein und dasjenige, was er einkaufte und mit nach Hause brachte, mit besonderer Reinigkeit verwahren und aufheben und sehen, daß er von allem etwas in Vorrat habe. Wenn jedoch Wildpret, anderes Fleisch, Geflügel, Fisch oder sonstige Küchenspeise, die verderben und sich nicht lange halten könne, vorhanden wäre, so soll der Einkäufer neben dem Küchenmeister solches dem Koch mitteilen und dasselbe nacheinander, sowohl für das gemeine Gesinde als für die Herren selbst hinwegkochen lassen. Und wenn ein Hof- oder Hausmeister einen guten und fleißigen Einkäufer hat, soll er ihn mit guter Besoldung und Schenkungen belohnen, mit ihm freundlich umgehen und möglichst versuchen, ihn in seinem Dienst zu halten.

Mundkoch, Holzschnitt, 1581

Besondere Vorstellungen über die Qualitäten eines Mundkochs bleibt uns Meister Rumpolt ebenfalls nicht schuldig. An einen Mundkoch, dem Fürsten und Herren vertrauen müssen, stellt er noch höhere Erwartungen als an einen anderen hohen oder geheimen Diener. Darum soll ein Mundkoch ein fein ehrlicher, ansehnlicher, aufrichtiger, treuer, gesunder, sauberer, fleißiger, freundlicher und im Kochen wohlerfahrener, geschickter und geübter Mann sein und weil ihm ein hohes, schweres Amt anvertraut ist, soll er sich umso viel freundlicher, gütiger, williger, bescheidener, sanftmütiger und gottesfürchtiger in allem seinem Tun und Lassen erzeigen und seines Herren Herz und Gemüt mit seinem Wohlhalten, treuen Fleiß, ehrbaren gottesfürchtigen Handel, Wandel und Leben einnehmen und versichern, daß er ihm daher gnädig und günstig ist und Ursache habe, ihm alles Gut anzuvertrauen. Ein Herr soll keinen Koch annehmen, der ein Wein- und Vollsäufer und sich mit Wein dermaßen zu überfüllen gewöhnt und daher selbst viel eher als die Vorspeise „gekocht“ ist. Wäre aber der Ober- oder Mundkoch eines Herrn alt und hätte keine Ausdauer mehr, soll er wegen des vielfältigen und stattlichen Küchengeschäfts einen wackeren und jungen Unterkoch zu sich nehmen, der ihm zur Hand gehen könne und alles nach seinem Geheiß verrichte.
Die anderen Unterköche sollen ebenfalls im Kochen erfahren sein, desgleichen sollen auch die Küchenjungen dahingehend ermahnt werden, daß sie nicht schmutzig und unflätig, sondern fein rein, sauber und hurtig in der Küche arbeiten sollten. Die Köche sollen täglich mit sauberen, weißen Servietten, Vor- und Kochtüchern und anderen weißen Hand- und Absaubertüchern ausreichend versehen sein. Ihre Bärte, auch das Haar auf dem Haupt, sollen fein zierlich abgekürzt und abgekolbt sein. Sie sollen fein weiße, saubere Hemden, auch nicht schmutzige, rotzige und beschmierte, sondern fein reine, hübsche, saubere, kurze, nicht weite, zottige, hängende und lumpene, sondern wohlgemachte, enge Kleider an Hosen und Wams tragen. Sie sollen fein holdselig, leutselig, gehorsam, willig, freundlich und fröhlich sein.

Wenn dann die Speisen zubereitet und fertig sind und man sie anrichten will, soll man zuvor einen Anricht- oder Küchentisch mit einem sauberen, weißen Tischtuch bedecken und alle Küchennotdurft, wie Limonen, Pomeranzen, Oliven, Kapern, Käse und Zucker und allerlei Spezereien, Messer, Pironen oder kleine Gäblein, weiße, saubere Servietten, Brotschnitten und allerlei Soßen, fein ordentlich darauf stellen und vor allen Dingen soll man sehen, daß man den Koch fröhlich und lustig behalte, doch nicht so fröhlich, daß er darüber sauvoll werde.

Nach dem Abend- oder Nachtessen soll der Hof-, Haus- oder Stäbelmeister den Koch und Einkäufer zu sich fordern und anordnen, was man zu folgendem Mittagsmahl speisen soll. Der Einkäufer soll sich morgens in aller Frühe aufmachen und zum Markt gehen und einkaufen. Würde aber eine Sache nicht zu bekommen sein, sollte der Hofmeister ebenfalls in der Frühe in die Küche gehen und die fehlenden Sachen durch andere ersetzen. Nach der Frühmahlzeit soll er sich gleichfalls in die Küche verfügen und das Nachtessen bestellen und wenn vom Frühmahl etwas Gutes übrig blieb, dasselbe zum Nachtmahl kalt auftragen lassen. Der Mundkoch soll guten Fleiß anwenden, daß er erkennen lernt, welche Speise seinem Herrn gefällt und annehmlich ist, ob er lieber stark oder lindgewürzte, gepfefferte und gesalzene, süße oder saure Speise zu essen Lust habe oder nicht. Er soll auch fleißig darauf Acht geben, zu welcher Stunde oder Zeit, früh oder abends, der Herr dem Brauche nach gewöhnlich zu essen pflegt. Und wenn man auch den Appetit seines Herrn nicht leicht erkennen kann, soll er so oft wie möglich in Bereitschaft stehen, dem Herrn zu genügen. Es wäre auch nichts Ungewöhnliches, wenn beim Essenausgeben keine gewisse Ordnung gehalten wird, die Speisen daraufhin schändlich verderben, die Voressen eintrocknen, die Gemüse und andere gesottenen Speisen verkochen und kalt werden, das Gebratene verdorrt und seinen Saft verliert, jedoch, so Meister Rumpolt weiter, soll ein guter erfahrener Koch sehen, daß er seinen Herrn auf das Beste bewirte und speise. Wenn aber in einer Hof- oder Haushaltung im Essen eine gewisse Zeit, Stunde und gute Ordnung gehalten wird, alsdann braucht sich ein guter Koch nicht weiter sorgen, denn dann wird er mit seinem Kochen ganz löblich und wohl bestehen. Die kleinen Voressen soll er mit besonderem Fleiß zurichten, doch nicht zu viel Zeit darauf gehen lassen, sondern sie müssen bald, wenn man den Tisch bereitet, deckt und zurichtet, gekocht werden. Das Gebratene soll er an den Spießen, bis man sie auftragen will, stecken lassen und alle anderen Sachen dem Herrn fein schmackhaftig und saftig aufsetzen lassen, so wird der Meister Koch gebührliche Ehre, großen Ruhm und Lob davontragen.

Um sich vor schlechten Köchen zu schützen oder zumindest sie per Eid zum guten Kochen zu zwingen, galten z.B. in Leipzig im 16. Jahrhundert bestimmte Regeln. Ein Koch konnte das Leben seines Herrn verkürzen oder selbst zum Mörder an ihm werden. So mancher gestandene Mann vertraute oder vertraut jedoch mehr der Küche als der Apotheke, mehr einem Koch als einem Arzt. Doch es gab auch andere Beispiele. So wirft der Ritter Rennewart im „Willehalm-Epos“ des Wolfram von Eschenbach den Koch ins Feuer, weil er ihm den Bart verbrannte. Vielleicht war das Essen auch nur zu heiß ...

An größeren Höfen versahen wackere Männer das Amt des Silberkämmerlings, der sich um das Tafelsilber, aber auch um die kostbaren gläsernen, kristallenen und goldenen Pokale, Salzfässer, Messer, Pironen und Gabeln zu kümmern und sie auf der Tafel in ordentlicher Manier bereitzulegen hatte. Die Truchsessen trugen die Speisen auf. Die Schenken sollten den Herrn und die Gäste mit allerlei rotem, weißem, süßem und saurem Wein versehen. Wenn man zur Sommerszeit Melonen aß, sollte man starke Weine dazu trinken, wie auch in der Winterszeit, zum Voressen und zur Nachspeise.

Erziehung zur Herrschaftsausübung, Holzschnitt, um 1515

Zum Gebratenen sollte man geringe, weiße, zum Käse und Früchten rote, starke und scharfe Weine trinken. Sowohl der Schenk als auch der Silberkämmerling sollten für einen Trank einen Tisch mit einem weißen Tischtuch bedecken und darauf, je nach der Zeit, allerlei wohlriechende Blümlein streuen und Wurzgärtlein aufstellen. Ein Mundschenk hatte an eines Fürsten oder Herren Hof fast das alleradligste Amt. Daher sollte er auch adlig, treu, jung,

nicht ungestalt, einer mittelmäßigen Proportion und Größe, nicht zu groß und nicht zu klein, von schönem Angesicht, frisch und fröhlich, wohlgezogen, sittsam und höflich, auch in allen Sachen verständig und bescheiden sein. Er sollte weiße Hände haben und an einem Finger einen schönen goldenen Ring, versetzt mit einem köstlichen leuchtenden Stein tragen und sollte adlig bekleidet sein. Wenn er seinem Herrn zu trinken reicht, so soll er die Scheuren (Becher) oder aber ein anderes Trinkgeschirr, es sei von Gold, Glas, Kristall oder etwas anderem, mit seinem aufgesetzten Deckel fein hoch in der Faust emporheben und tragen. Die Arme soll er standhaft halten, stracks vor sich gehen, freudig aufsehen und sich mit aller Reverenz dem Herrn nahen, den Deckel mit der rechten Hand abheben und ein wenig aus dem Becher in den Deckel gießen, solches kredenzen und alsdann die Becher samt dem Wein dem Herrn höflich in die Hand liefern und im Trinken den Deckel, falls etwas abtropft, unter das Trinkgeschirr halten.
Wie beim Mundschenk fordert Meister Rumpolt auch für den Vorschneider gewisse moralische Tugenden und Vorschriften bei der Kleiderordnung. Sobald die Speisen aufgetragen waren, der Herr zur Tafel saß, auch der Marschall die anderen Herren hinzugeführt hatte, soll sich auch der Vorschneider mit seinen Zerlegmessern, Löffeln, Gäblein, weißen, sauberen Servietten und anderen zum Vorschneiden benötigten Gerätschaften mit gebührlicher Reverenz herbei finden. Er sollte die Speisen zuerst mit einem Bissen Brot, das an seiner Messerspitze steckt, alle nacheinander berühren und kredenzen und danach seinem Herrn und den Gästen nach Begehren Vorschneiden und Vorlegen. Diese Ordnung im Kredenzen und Vorschneiden sollte er bis zur Abdeckung der Tafel stattlich ausüben. Wenn der Herr abgegessen und die Speisen vom Tisch abgehoben wurden, sollte der Vorschneider mit einem breiten, dazugehörigen Messer die Brosämlein aufheben. Nun soll sich der Mundschenk oder ein anderer dazu ausersehener Kämmerling mit dem Handbecken und der Gießkandel einfinden und dem Herrn mit höflicher Reverenz nach und vor dem Essen das Handwasser reichen. Wenn der Herr das Wasser genommen hat, soll der Vorschneider an dem Ort, wo der Herr sitzt, das Tischtuch aufheben und solches einem anderen am unteren Ort des Tisches zuschieben, der es dann mit Ehrerbietung abnehmen und an seine Stelle tragen kann. Wenn dies geschehen ist, soll der Vorschneider, Mundschenk, die anderen Herren Kämmerlinge, Truchseß und Edelknaben und wer sonst mit bei der Tafel aufgewartet hat, sich gegen ihn fein höflich, demütig und gebührlich neigen und damit anzeigen, wie willig und gerne sie ihm aufgewartet und gedient haben und daß ihnen die Mahlzeit wohl bekommen soll.

Wein, Bier und Met – Die Kellermeisterei

Wein - Lagerung - Brauordnungen - Bierkriege - Metrezept

An den adligen Höfen des Mittelalters trank man vornehmlich Wein. Bier war den Bürgern und Bauern vorbehalten. Der frischgekelterte Most schmeckte zwar sehr gut, stieg aber mehr in den Kopf als reiner Wein. Man wußte schon sehr früh guten Wein zu schätzen, weshalb es nicht verwundert, wenn der stolze Recke Siegfried des Nibelungenliedes auf der Fahrt nach Island um die schöne, aber auch ungemein starke Brunhild für König Gunther zu gewinnen, guten Rheinwein mitnahm. Bis nach Frankreich reichte der Ruhm des Moselweines. Von lokaler Bedeutung war noch der Frankenwein. Der bayerische Wein stand dagegen in keinem guten Ruf. Französische Weine scheint es schon am Ende des 13. Jahrhunderts weitverbreitet in Deutschland gegeben zu haben und man unterschied zwischen Rot- und Weißwein. Die Weinernten werden aufgrund ihrer Bedeutung auch stets in den Chroniken vermerkt.

So heißt es zum Jahr 1219: „Über die Weinlese dieses Jahres sagen wir, daß, da die Weintrauben vielen Gefahren glücklich entgangen waren, sie einer größeren, die, wie wir glauben, Gottes Wille unsrer Sünden wegen uns auferlegte, nicht entgehen konnten. Denn als die Lese vor der Tür stand, kam plötzlich ein ganz unzeitiger Frost, eine durch den scharfen Nordwind geradezu unerträgliche Kälte. Da konnte man die Weinstöcke blattlos und kahl dastehen sehen, die Trauben schwarz herabhängen, als ob sie im Ofen gebacken wären. So ging die Weinlese zu Grunde. Dieser selbe Wein, der mit den Keltern ausgepreßt wurde, wurde wider Erwarten reichlich befunden. Daher wurde der Wein teuer, der neue zu 9, der alte zu 10 Denaren.“

Kellermeister mit Werkzeug vor drei Weinfässern, Holzschnitt, 1550

Der Weinfuhrmann, Holzschnitt, 1550

Man lagerte den Wein in Kellern in Tonnen und Fässern. Kleinere Fässchen nahm man auf Reisen mit. Der gute Wein mußte alt, klar und stark sein. Er wurde kalt aufgetragen, weshalb man ihn in südlicheren Gegenden im Schnee abkühlte. Die Franzosen tranken ihn schon damals mit Wasser vermischt. Betrügereien mit Wein gab es ebenfalls schon und so mancher verkaufte mit Wein gepanschtes Wasser für Wein. Mit den Kochbüchern kamen im 15. Jahrhundert auch zunehmend sogenannte „Kellermeistereien" auf, die zahlreiche Möglichkeiten und Vorschläge zur Lagerung der edlen Getränke, aber auch nützliche Ratschläge, die Qualität des Weines und Bieres zu überprüfen, bis hin zu Konservierungsmethoden boten. Oft fanden sich die „Kellermeistereien" am Schluß von Kochbüchern. Doch nicht nur Wein und Bier wurde in den Kellern gelagert, sondern auch Most und Wasser. Wollte man wissen, ob der Most mit Wasser vermischt war, empfahl man in der Mitte des 15. Jahrhunderts folgendes: „Willst du prüfen, ob der Most mit Wasser vermischt ist, so lege ein Ei darein. Fällt es dann zu Boden, so ist er gemischt. Schwimmt es aber empor, so ist er nicht gemischt."

Die Weinberge erstreckten sich durch ganz Deutschland bis nach Preußen hinauf. Der mittelalterliche Wein dürfte ziemlich sauer gewesen sein, weshalb man ihn mit Gewürzen, wohlriechenden Kräutern, Honig und aromatischen Früchten versetzte. Aus den leichten, schlechten Weinen bereitete man eine Art Bowle. Die gewöhnlichste unter ihnen wurde aus Maulbeeren gemacht und hieß *moraz*. Der Salbeiwein, der Rosen- und Nelkenwein taugte zum Trinken und zur Medizin. Ein anderes wohlschmeckendes Getränk war der Würzwein. Nachdem man den Wein mit Honig oder Zucker versüßt hatte, gab man Muskatnüsse, Ingwer, Nelken etc. hinein. Der Kraft der Gewürze traute man eine Konservierung zu. Diese Weine erfreuten durch ihren Wohlgeschmack den Gaumen, erregten den Appetit, stärkten das Gehirn und den Magen, reinigten auch das Blut und drangen ins Blut und in die Glieder.

Der *Lutertranc* oder *Claret* wurde auf ähnliche Weise zubereitet. Er wurde aus Wein, Honig und duftenden Spezereien gemacht. Die Gewürze wurden zu feinem Pulver zerrieben und in ein reines, leinenes Säckchen getan und mit Honig oder Zucker vermischt, dann mit sehr gutem Wein übergossen und wieder übergossen, gerade so, wie man Lauge macht. Und so lange wurde die Übergießung erneuert, bis der Wein die Kraft der Gewürze ausgezogen hatte und ganz klar wurde. Daher hatte der *Lutertranc* vom Wein die Stärke und Kraft, von den Spezereien behielt er die Würze und den Duft, vom Honig aber die Süßigkeit und den Wohlgeschmack. Dieses starke und leicht zu Kopf steigende Getränk wurde sogar dem Wein vorgezogen.

Die Äbtissin Hildegard von Bingen (1098 - 1179) empfiehlt für ihren *Lutertranc* die Wirkstoffe des Echten Alants, ätherische Öle und kampferartige Bitterstoffgemische zu extrahieren, ein Jahr lang in reinen Wein zu legen und dann dem Extrakt Feigen und Galgant hinzuzugeben. Mit diesem Trank könne man bei Lungenleiden das Gift, den *eyther*, abtreiben. Gegen Herz- und Magenleiden empfahl sie eine Art Enzianschnaps mit Wein gekocht. Die gesundheitsspendenden Getränke und Zaubermittelchen erlebten bereits im Mittelalter eine große Blüte und wurden häufig mittels zweifelhafter Reklame, aber guter Vermarktung vertrieben. So verkauften im 14. Jahrhundert ungarische Zigeuner in Thüringen „echtes Wasser der Königin von Ungarn". Angeblich war das Rezept der Herrscherin von Gott in Gestalt eines Eremiten offenbart worden. Sie war an allen Gliedern gelähmt, konnte aber nach einer halbjährlichen Einnahme wieder laufen. Später stellte sich heraus, daß das *Eau de la Reine d'Hongrie* nichts anderes war als ein mit starkem Weingeist übergossenes Destillat von Blättern und Blüten des Rosmarin.
Schließlich sei noch angemerkt, daß man auch den Glühwein kannte und er schon in dem *Capitulare de villis* Karls des Großen erwähnt wurde. Allerdings scheint er nicht so häufig getrunken worden zu sein.
Die Bürger, namentlich die Hanseaten, lieferten bereits seit dem 12. Jahrhundert Wein nach England. Im 14. Jahrhundert durfte die Hanse den Wein in London direkt an Privatkunden verkaufen. Die erste urkundliche Erwähnung französischen Weins findet sich in einer Zollrolle Herzog Johanns I. von Sachsen aus dem Jahr 1278. Die kirchliche Weinwirtschaft der zahlreichen Klöster profitierte jahrhundertelang von Steuerbefreiungen, was den Bürgern ziemlich mißfiel. Daran entzündeten sich zahlreiche Streitigkeiten, in deren Verlauf so manche Kommune exkommuniziert wurde.

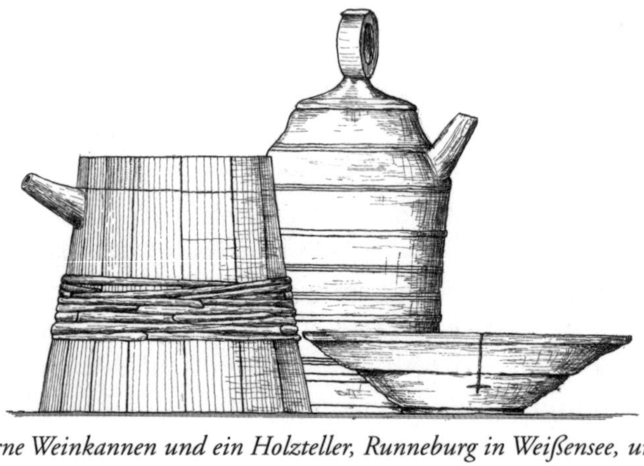

Hölzerne Weinkannen und ein Holzteller, Runneburg in Weißensee, um 1250

Beim Bier sind die mittelhochdeutschen Quellen nicht sehr aussagekräftig. Erst mit der urkundlichen Überlieferung im 13./14. Jahrhundert werden die Aussagen deutlicher. Klar wird der Bierkonsum in den Städten dann durch Rechnungen, Stadtstatuten und Brauordnungen, besonders seit dem 14. Jahrhundert. Besonders kurios sind die seit dem 16. Jahrhundert überlieferten Biermarkennamen.

Nicht nur, daß die Namen der Brauorte für das Bier und seine Qualität gesprochen haben, hier sei nur das Hamburger, Lüneburger, Rostocker, Lübecker, Freiberger, Torgauer, Naumburger, Altenburger, Halberstädter, das Zittauer, Zerbster und Eislebener stellvertretend für unzählige andere genannt, auch die Eigennamen werden oft genüßlich aufgeführt: Puff, Sauffers, Kuckuk, Mord und Totschlag, Bauchweh, Klotzmilch, Totenkopf, Jammer, Auweh, Kuhschanz, Dorfteufel, Angst, Hasenmilch und Lumpenbier sind davon nur eine geringe Auswahl. Trotz der abschreckenden Namen bemühte man sich seit dem hohen Mittelalter in Brauordnungen und Bierbannmeilen um die Qualität und Quantität des Bieres. So wurden seit dem 14. Jahrhundert und besonders im 15. Jahrhundert Reinheitsgebote aufgestellt. Spektakulär war meine Entdeckung des Weißenseer Reinheitsgebotes im Jahr 1998 im Historischen Archiv Weißensee auf der Runneburg. Im Artikel 12 der *Statuta thabernae* aus dem Jahr 1434, der Gaststättenverordnung der Stadt Weißensee, wird zum Brauen für Bier nur Hopfen, Malz und Wasser vorgeschrieben. 1516 folgte das Bayerische Reinheitsgebot, nachdem zahlreiche bayerische Städte schon seit dem 15. Jahrhundert Reinheitsgebote aufstellten. Man schrieb Gerste zum Brauen vor, um den höherwertigen Weizen oder den Roggen den Bäckern vorzubehalten und sicherte somit die Ernährung der Bevölkerung mit dem Grundnahrungsmittel Brot, denn es kam vor, daß die bierbrauenden reichen Bürger, die in der Lage waren, hohe Preise für ihr Getreide zu bezahlen, den Bäckern die Rohstoffe entzogen. Hungerkatastrophen folgten. Das war der eigentliche Ausgangspunkt für das Bayerische Reinheitsgebot. Die Reinheit des Bieres war vielleicht nur ein willkommener Nebenaspekt. Weitere Zusatzstoffe, die man dem Bier beigab, manchmal auch, um verdorbenes wieder trinkbar zu machen, waren Pottasche, Kreidemehl, Tollkirschen, Fliegenpilze, Himbeeren (was noch angeht) oder wie man einem schwedischen „Rezept" von 1727 entnehmen kann, was die Zugabe einer leimartigen Substanz des Meerochsen, einem schuppenlosen Fisch, zur Wiederherstellung eines verdorbenen Bieres binnen acht Stunden empfiehlt. Das Bier wurde in Höhlen, unterirdischen Gängen und großen Kellergewölben gelagert.

Braurecht besaßen im Mittelalter (neben den Klöstern) nur die Bürger, die steuerpflichtig waren, Grundbesitz besaßen, sich den Pflichten und Rechten der Stadt unterordneten und sich auch sonst als ehrbare Bürger auszeichneten (sie mußten verheiratet sein). In vielen Städten durfte darüber hinaus nur der Bürger Bier brauen, der einen vollständigen Harnisch besaß. Die Städte besaßen je nach Größe ein oder mehrere Brauhäuser. Waren sich Rat und Gemeinde einig, oft versuchten die Ratsleute die anderen bierbrauenden Bürger zu betrügen, wurde zwischen August/September und Anfang Mai gebraut. Allerdings wußte man früh, daß es bei Vollmond nicht gelingen würde, auch sollten Weiber, die in ihren Tagen waren, den Braukesseln und Sudpfannen fernbleiben.

Zahlreich sind die Bierkriege, die die alten Deutschen geführt haben und noch heute erinnert so manche Sage an die Zeiten der Überproduktion und des harten Konkurrenzkampfes.

Nicht unerwähnt bleiben soll an dieser Stelle, daß Thüringen im 17. Jahrhundert zum Stammland des Weizenbieres anvancierte. Es war dem Arnstädter Bürgermeister Niclas Fischer zu verdanken, der nach etlichen Versuchen erstmalig 1617 Weizenbier braute.

Die berühmtesten Biere aber waren im Spätmittelalter die norddeutschen Biere, allen voran das Einbecker. Dieses Bier wurde sprachlich zum „Bockbier“ und zum Gattungsbegriff. Die berühmten „Hörner“ am Kopf nach einer durchzechten Bockbiernacht sind reine Sprachverballhornung. In der Mitte des 15. Jahrhunderts braute man in Einbeck ein sehr starkes Hopfenbier, welches auf Grund seines hohen Hopfengehaltes leicht zu transportieren war. Im 16. Jahrhundert belieferten die Einbecker Bierbrauer, rund 600 Bürger besaßen das Braurecht, fast alle wichtigen deutschen Städte. Man berichtete selbst in Italien und Jerusalem über die hohe Qualität des „Ainpöckischen“ Bieres. In Mitteldeutschland stand zudem das Naumburger in hoher Gunst. Weitere Infos auch bei www.weissenseer-reinheitsgebot.de.

War das Bier den Bürgern und Bauern vorbehalten, gab es natürlich in späteren Zeiten auch Ausnahmen. Zu den größten biertrinkenden Fürsten der Renaissance zählte der Enkel des Kurfürsten August von Sachsen, der sogenannte „Bierjörgel“ Johann Georg I. (1585 - 1656). Der Kurfürst hatte nach Möglichkeit seine Hand huldvoll über das Brauwesen gehalten und manches Fäßlein der würzigen Gerstentinktur leeren helfen. Wegen seiner feuchten

Leidenschaft wurde der joviale Zecher in den Briefen fremder Diplomaten gehänselt. Dem entgegen liegt viel Versöhnendes in der Feststellung des Hofhistoriographen Siegmund von Birken: „Der Herr Kurfürst pflege nachträglich in Katerstimmung auf der Heide einige Bußlieder und Psalmen zu singen." Im Jahr 1634 erneuerte Kurfürst Johann Georg I. das Leipziger „Bierkeller-Privilegium", daß binnen einer Meile (ca. 7,5 km) niemand zu ewigen Zeiten weder in noch außerhalb der Stadt ohne Wissen, Willen und Vergünstigung des Rates fremde Biere einzulegen und zu verschenken berechtigt sein soll. Bierjörgels Bruder und Regierungsvorgänger Christian II. (gestorben 1611) war ebenfalls ein „erschröcklicher Zecher". Das Bier eignete und eignet sich hervorragend zum Kochen. Besonders die Biersuppe muß hier erwähnt werden (Nr. 15).

Das 16. Jahrhundert bezeichnete man oft als das „Säuferjahrhundert" und nicht wenige Streitschriften gegen das übermäßige Volltrinken und die Sauflust datieren aus jener Zeit. Hier nun ein chronikalisches Beispiel, warum das wohl so war: Zu Ottendorf, nicht weit von Mittweida, lebte ein junger, frecher, trotziger und mutwilliger Bube namens Jacob Wiesener. Derselbe wollte am Pfingsttage 1569 eine Saufprobe leisten. Er soff demnach stehend drei Kannen Wein, jede für 16 Pfennig, die ihm ein Fuhrmann reichen mußte, immer ein Nößel auf einen Suff, mit greulichen Flüchen und Schwüren in sich hinein. Darüber fiel er um und wurde wie ein Aas heimgeschleppt. Wiesener lag die Nacht und den folgenden Tag bis Mittags unbesonnen, sinnlos, stumm und starb endlich dahin. Sein Körper wurde ohne Läuten und Gesang in einem abgesonderten Winkel des Kirchhofes von den Seinigen begraben und eingescharrt.

Das Bier verdrängte im Mittelalter den bei den Germanen beliebten Met. Trotzdem war dieser noch sehr begehrt. Um 1250 war der Met viermal teurer als Bier. Heute kosten 0,1 l im Schnitt 1,60 Euro. Noch zu Beginn des 16. Jahrhunderts gab der Leipziger Rat eine nicht unbedeutende Summe für ein Metrezept aus, um wieder Met vergären zu können. Heutigentags erfreut sich der Met wieder einer weitverbreiteten Beliebtheit und kann überall bezogen werden; die einheimischen Imker danken es uns. Er kann sowohl kalt als auch warm getrunken werden. Zum Kochen ist er eher ungeeignet. Dort sollte man, wie es die Rezepte vorschreiben, auf reinen Honig zurückgreifen und, wenn man hat, auf den weißen oder Jungfernhonig.

Willst du guten Met machen – ein Metrezept aus dem *buoch von guoter spise* (um 1350)

Wer guten Met machen will, der erwärme reines Brunnenwasser, daß er die Hand noch hineinhalten kann, und nimm zwei Maß Wasser und eine von Honig (2 zu 1). Das verrühre man mit einem Stecken und laß es eine Weile stehen und seihe es dann durch ein reines Tuch oder durch ein Haarsieb in ein sauberes Faß. Und siede dann diese Würze, wie man Zeit braucht, einen Acker lang hin und her zu gehen, und schäume die Würze mit einer durchlöcherten Schüssel (Durchschlag) ab, worin der Schaum bleibt und nicht die Würze. Danach gieß den Met in ein reines Faß und bedecke ihn, daß der Brodem nicht heraus vermag, und laß ihn so lange stehen, daß man die Hand hineinhalten kann (lauwarm). Dann nimm einen halbmetzigen Hafen (Topf) und tu ihn halb voll Hopfen und eine Hand voll Salbei und siede das mit einem Teil der Würze so lange, wie man eine halbe Meile läuft (ca. 45 Minuten?). Gieß es dann in die Würze und nimm ein halbes Nößelein frische Hefe und gieß es darein. Verrühre alles miteinander, daß es zum Gären kommt. Decke es zu, daß der Brodem nicht heraus vermag, einen Tag und eine Nacht. So seihe dann den Met durch ein reines Tuch oder durch ein Haarsieb und schütte ihn in ein reines Faß und laß ihn drei Tage und drei Nächte gären und fülle ihn alle Abende auf (die vergorene Flüssigkeitsmenge wieder zu). Danach laß ihn aber ab und achte darauf, daß nicht noch Hefe darein kommt, und laß ihn acht Tage stehen, damit er fällt (aufhört zu gären), und fülle jeden Abend wieder auf. Danach laß ihn ab in ein geharztes Faß und laß ihn acht volle Tage stehen. Trinke ihn erst nach sechs oder acht Wochen, dann ist er am allerbesten.

Brich das Brot mit beiden Händen – Die Klosterküche

Klosterregeln - Fastenzeit - Templerregel - Festmähler - Kräutergärten - Klosterküchen

Die Klöster des Mittelalters sollten Orte der Ruhe, des Gebetes und des harmonischen Zusammenlebens der Menschen sein. Aus diesem Grund stellte Benedikt von Nursia (um 480 - 560) ein Regelwerk monastischen Lebens auf, das sein Kloster zu einem Musterbeispiel für den rücksichtsvollen Umgang der Menschen untereinander machte. Er schrieb die Beherrschung der Gebärden vor, Pünktlichkeit, Schweigsamkeit, Reinlichkeit und die Tischordnung. Im Refektorium (Speisesaal) verharrten die Mönche bis zur Ankunft des Abtes aufrecht und regungslos hinter ihrem Stuhl. Die Mahlzeiten hatten einen feierlichen Charakter, eine Art gemeinsamer Kommunion, begleitet von Psalmen, Gebeten und Tischlesungen. Das Tischtuch war nach präziser Vorschrift zusammengefaltet. Die Verteilung der Speisen vollzog sich nach einer genau festgelegten Ordnung, bei der die älteren Brüder den ersten Gang erhielten. Die Mönche hatten andächtig zu essen, ohne den geringsten Laut zu verursachen. Sie sollten trinken wie eine Taube. Das Berühren des

Tischtuches war verboten. Brot wurde mit beiden Händen gebrochen. Dabei durfte kein Brosamen auf den Boden fallen. Salz nahm man mit dem Messer. Speisereste sollte man nicht auf dem Teller zurücklassen und jeder Bruder hatte sich bei dem Bruder, der ihn bediente, durch eine Verbeugung zu bedanken. Nach der Mahlzeit wurden die Brosamen zusammengesammelt, woraus man am Samstag den Armen einen Brei bereitete. Das Messer, welches jeder Mönch am Gürtel trug, sollte mit dem Brot abgewischt werden. Das leere Glas war mit zwei Fingern auszuwischen und mit dem Tischtuch zu bedecken. Nach dem Mahl gab der Abt ein Zeichen und man erhob sich, sprach ein Dankgebet und zog sich schweigend zurück. Es waren zwei warme Gerichte pro Tag vorgesehen, dazu eventuell noch eine dritte aus Obst oder frischem Gemüse, Brot und Wein. Fleisch von vierfüßigen Tieren durften nur die Kranken essen.

Der liturgische Kalender des christlichen Abendlandes legte fest, daß an 139 Tagen im Jahr kein Fleisch gegessen werden durfte und das galt für alle. Das Fastengebot an Freitagen wird in klösterlichen Gemeinschaften auch heute, obwohl Milderungen gestattet sind, eingehalten. Auf einen Freitag fallende Feste heben dessen Charakter als Buß- und Fasttag auf. Gemäß der Benediktinerregel wurde an Fasttagen die einzige Mahlzeit am Nachmittag eingenommen. Der heilige Benedikt schrieb eine einmalige Mahlzeit für die Zeit von Mitte September bis Aschermittwoch, dem Beginn der Fastenzeit vor. Die mittelalterlichen Kochbücher unterteilen in der Regel deshalb in Fasten- und in Fleischspeisen. Den Mönchen waren nach dem Fastengebot nur Getreideprodukte, Gemüse und Fisch erlaubt. Eier, Milch und Käse waren verboten. Erst 1491 wurden sie gestattet, obschon man sie bereits vorher in einigen Fastenrezepten findet. Durch Raffinesse glich so mancher Bruder Koch dieses Manko jedoch aus und so wurden Gerichte kreiert, wie „Rehpasteten", „Spanferkel" oder „Hirschbraten", die aus Fisch bestanden und in entsprechend modellierte Formen gepreßt und dann gefärbt wurden.

Ähnlich asketisch wie die Benediktinerregeln waren auch die Forderungen des heiligen Bernhard von Clairvaux (1090 - 1153) an die Tempelritter, einem im Jahre 1119 gegründeten militärischen Mönchsorden. Die sogenannte „Templerregel" wurde um 1130 verfaßt. Sie sah vor, daß die Mönchsritter die Mahlzeiten im Refektorium gemeinsam einnahmen und während des Essens schwiegen. Bei der Hauptmahlzeit und beim Abendessen sollte immer eine heilige Lesung vorgetragen werden. In der Woche, außer am Geburtstag des Herrn, Ostern, zum Fest der heiligen Maria oder Allerheiligen, genügte dreimaliger Fleischgenuß, weil der gewöhnliche Fleischverzehr als eine unanstößige Verderbnis des Körpers angesehen wurde. Wenn jedoch ein solches Fasten auf den Dienstag fiel und das Fleischessen unterlassen wurde, dann sollte ihnen am folgenden Tag reichlich verabreicht werden. Am Sonntag, zur Ehre der heiligen Auferstehung, gab man allen Rittern und Ordensbrüdern, desgleichen den Kaplänen zwei Fleischportionen. Die Knappen und das Gesinde sollten mit einer zufrieden sein.

Bei Ermangelung der Näpfe sollten sie allgemein zu zweit essen. Der eine sollte eifrig für den anderen sorgen, damit weder rohe Lebensart noch heimliche Enthaltsamkeit beim gemeinsamen Mahl sich einschleiche. Ein jeder Ritter und Bruder erhielt ein gleichgroßes Maß Wein für sich allein. An anderen Tagen genügten ihnen zwei oder drei Gemüsegerichte (Montag, Mittwoch, Samstag). Am Freitag genügte der gesamten Kongregation, abgesehen von der Schwäche der Kranken, zur Verehrung des Leidens des Herrn eine einmalige Fastenspeise in der Zeit vom Fest Allerheiligen bis Ostern, ausgenommen wenn Weihnachten, ein Fest der heiligen Maria oder der Apostel auf einen Freitag fiel. Zur übrigen Zeit jedoch, wenn nicht ein allgemeines Fasten gehalten wurde, konnte man zweimal essen. Weiterhin sieht die Templerregel die Danksagung nach der Mahlzeit vor und bestimmt, daß der zehnte Teil des Brotes immer dem Almosenpfleger zu geben ist. Den Tempelrittern war außer am Sonntag und an den Hauptfesten auch zweimal in der Woche, nämlich am Dienstag und Donnerstag, eine Fleischmahlzeit gestattet. Traf ein Festtag jedoch auf den Montag, galt für den Dienstag die Enthaltung von Fleischspeisen.

Doch die klösterliche Askese wurde in den folgenden Jahrhunderten von Übertreibung und Völlerei abgelöst. Es war wieder Bernhard von Clairvaux, der den Überfluß, das alberne Geschwätz und das Gelächter einiger Mitbrüder, gemeint waren die Kluniazensischen Zisterzienser, scharf anprangerte.

In welchem krassen Gegensatz zu den Regeln des hl. Benedikt stand dazu das Festmahl des Dominikanerordens in Avignon anläßlich der Krönung von Papst Clemens VI. im Jahre 1344! Man hatte dazu die Köche sämtlicher Kardinäle bestellt, 14 Schlachter damit beauftragt, das Fleisch zu parieren, 80 Kellner, 100 Männer in den Farben des päpstlichen Wappens versahen Dienst an den Türen der Klostergebäude. Man bestellte 4.000 Weißbrote, 118 Rinder, 1.023 Hammel, 101 Kälber, 914 Ziegen, 60 Schweine, 68 Doppelzentner Speck und Salzfleisch, 15 Störe, 300 Hechte, 1.500 Kapaune,

3.043 Hühner, 7.428 Hähnchen, 1.446 Gänse. Zum Zerstoßen des Knoblauchs und der Sardellen kaufte man 12 Steinmörser. 50.000 Kuchen wurden gebacken, deren Zubereitung 3.250 Dutzend Eier, 36.100 Äpfel und 4.000 frische Mandeln verschlang. Zusätzlich mußten 325 Kannen, 55.000 Krüge, 2.500 Fläschchen, 5.000 Trinkgläser und 26.000 Schalen angeschafft werden.

Über den Besuch eines Herzogs beim Bischof von Straßburg im Jahre 1445 liegt folgender Bericht vor. Nach gehaltener Messe gingen der Bischof und die Gäste in den Hof. Man saß zu Tisch und trug manches Essen und fremde Tracht auf. Unter anderem brachte man ein Gebackenes, welches ein Schloß darstellte und so groß wie ein Sester (altes Getreidemaß) war. Der Bischof öffnete an dem gebackenen Schlößchen ein Fensterlein, aus dem Vögel herausflogen. Danach öffnete er ein Türlein. Dahinter sah man einen Weiher voll lebendiger Fischlein. Nun brachte man ihm eine andere Tracht. Das war ein gebratenes Spanferkel, halb vergoldet, halb versilbert. Zum dritten einen gebratenen Pfau mit seinen Federn gar herrlich geschmückt. Es saßen im Saal mehr als 300 Priester und man gab in drei Gängen jedesmal 5 Trachten und jedes Essen war anders als das andere.

Doch das Festmahl des Georg Nevil anläßlich seiner Ernennung zum Erzbischof von York im Jahre 1470 stellte alles in den Schatten. Für die Tafel des Prälaten verbrauchte man an jenem Tag 300 Quart Weizen, 330 Tonnen Ale (englisches Bier), 104 Tonnen Wein, 1 Pipe Gewürzwein, 80 fette Qchsen, 6 wilde Stiere, 1.004 Hammel, 300 Schweine, 300 Kälber, 3.000 Gänse, 3.000 Kapaunen, 300 Ferkel, 100 Pfauen, 200 Kraniche, 200 Ziegenlämmer, 2.000 junge Hühner, 4.000 junge Tauben, 4.000 Kaninchen, 204 Rohrdommeln, 4.000 Enten, 200 Fasanen, 500 Rebhühner, 4.000 Schnepfen, 400 Wasserhühner, 100 große Brachvögel, 1.000 Wachteln, 1.000 Reiher, 200 Rehe, 4.000 Stück Rotwild, 1.506 Wildpretpasteten, 1.400 Schüsseln gebrochenen Gelee, 4.000 Schüsseln ganzen Gelee, 4.000 kalte Custards, 2.000 warme Custards, 300 Hechte, 300 Brachsen, 8 Robben, 4 Delphine oder Tümmler und 400 Torten. 82 Köche und 515 Küchendiener besorgten die Zubereitung der Speisen. 1.000 Diener warteten bei der Tafel auf.

Berühmt waren die klösterlichen Kräutergärten, in denen auch zahlreiche Heilpflanzen angebaut wurden und das Klosterbier. Die klösterlichen Produkte, gemeint sind alle Waren der Land- und Viehwirtschaft, wurden oftmals steuerbefreit auf den Märkten zum Verkauf angeboten. Kanoniker waren bereits 1240 in Quedlinburg im Besitz einer Fleischbank. Sehr oft kam es

zum Streit zwischen Bürgern und Klerikern oder zwischen Klerikern und Adligen wegen der Preise, da die Mönche zu weit niedrigeren Löhnen oder bedingt durch Abgaben ihre Waren produzieren konnten.
In großen Fischteichen, Weihern und Streckteichen züchteten die Mönche Karpfen, Hechte und kleinere Speisefische. Berühmt für ihre Fischzucht waren die Mönche des Klosters Walkenried im Harz, die 600 Teiche besaßen. In Thüringen war die Zucht von Forellen beliebt, weshalb man im hohen Mittelalter die Thüringer auch verächtlich „Fischfresser" nannte. Trotz des Kaufes von Seefischen strebte man eine Autarkie an und belieferte die Märkte mit Fisch. In jedem Kloster konnte ein Mönch für einen bestimmten Teich verantwortlich sein.

Die Klosterküchen waren in der Regel aus Stein erbaut und lagen aus Brandschutzgründen und um den Küchenduft bzw. Küchendunst fernzuhalten an abgelegener Stelle. Sie waren oft von kreisrunder oder achteckiger Form mit einem kegelförmigen Hauptschornstein in der Mitte. Fenster gab es nicht und Bruder Koch und seine Gehilfen arbeiteten im Schein von Fackeln oder des Herdfeuers. Die Klosterküchen waren vom Interieur deutlich besser ausgestattet als die Bauernküche und konnten sich durchaus mit den Küchen des Adels vergleichen. Manch eine Küche konnte mehrere hundert Menschen pro Tag verköstigen. Das eindrucksvollste Küchengebäude, das die Stürme der Zeit überdauert hat, ist das romanische Küchenhaus des Klosters von Fontevraud (nahe der Loire) in Frankreich. Es ist wie ein dicker, massiver Turm gebaut, mit zahlreichen Schornsteinen, die von spitzen Hauben gekrönt sind. Schmale, rundbogige Fenster lassen Licht hineinfallen. 20 offene Kamine brannten unter den Schornsteinen.

Zum Getränk brauchen die Sachsen Bier, welches sie so gierig und unmäßig einschlucken, daß man bei ihren Gastungen und Trinkgelagen, wenn die Trinkgesellen aus Gläsern und Kannen nimmer genug eingießen können, einen vollen Kübel aufstellt, eine Schale hineinlegt, und dann anmahnt nach Belieben zu trinken.

Es ist ganz unglaublich zu sagen, wie viel von diesem Getränk sie saufen, wie sie einander dazu ermuntern und zwingen. Bis zur Trunkenheit und zum Erbrechen getrunken zu haben, ist nicht genug; sondern wieder bis zur Nüchternheit, indem sie Tag und Nacht fortmachen.

Wer alle übersäuft, trägt nicht nur Lob und Ruhm davon, sondern auch einen Kranz aus wohlriechenden Blumen und Rosen oder sonst einen Preis, um den sie gestritten. Von ihnen schleicht nun diese verderbliche Sitte in ganz Teutschland, so daß man die stärksten Weine zu unaussprechlichem Schaden trinkt.

Kommt ein Gast oder eine andere Person an einen Ort, wo getrunken wird, so stehen alle Tischgenossen auf und bitten ihn, nach dargereichtem Becher, dienstwilligst zum Mittrinken. Schlägt er es, ohne vorgebrachte Ursache etlichemal aus, so wird er für einen Feind gehalten; und diese Beschimpfung kann häufig durch nichts anderes, als Wunden oder Mord getilgt werden.

(Johannes Böhm, Priester der Deutschen Ordensherren in Ulm und gelehrter Humanist, um 1530)

Wenn sich der Gast ungebührlich verhält – Essen und Trinken der deutschen Bürger

Wirtshäuser - Gaststättenverordnungen - Handwerker - Frauen

„Ein hungriger Magen ist dem Koch ein willkommenes Gewürz für die Speise. Gönnt mir die Freude, Euch ein wenig zu überraschen. Ich bin nicht ungeschickt in solchen Dingen. Wie herrlich waren doch die Hühner, mit denen ich einst meinen Herrn in Hildesheim erfreute! Ich hatte sie auf dem

Markt selbst ausgesucht und mit allerlei Kräutern gefüllt. Sie schwammen in einer fetten Brühe, an die ich Salbei und Rosmarin getan hatte, und die Gäste konnten meine Kunst nicht genug loben. Aber vielleicht würde Euch ein zarter Lachs noch mehr behagen, in reiner Butter gesotten, oder ein Stör, wie ich ihn einst in Lüneburg auf den Tisch brachte. Das war ein wahres Prachtstück von einem Fisch! Ich mußte ihn auf der größten Platte anrichten, die es im Hause gab. Das Fleisch war weich wie ein Hauch und zerfiel schon, wenn es die Zunge gegen den Gaumen drückte. Nicht einen Bissen ließen die entzückten Gäste übrig. Von dem Hasenpfeffer, den ich ein oder zwei Jahre danach den Leipziger Kürschnern zum Fastmahl auftischte, will ich lieber gar nichts sagen. Nach dem Essen stürmten die begeisterten Meister in die Küche und drückten mir die Hände, daß mir vor Schmerz die Tränen kamen. Und die Suppe, die ich ...“

Hinter diesen Worten verbirgt sich kein Meisterkoch, sondern der allbekannte Schalk Till Eulenspiegel, dessen Taten um 1478 in Lübeck erstmalig gedruckt wurden. Eulenspiegel gibt sich als Koch aus und foppt den Kölner Erzbischof (er kocht das Essen in den Bäumen). Er erwähnt noch eine Pastete aus dünnem Teig, die er mit einem Gemisch aus Kalbfleisch und Gänseleber füllte und die er für den Grafen von Anhalt zurichten mußte. Tatsächlich soll Till alle diese erlesenen Gerichte zum Wohlgefallen des Erzbischofs gekocht haben. Der zwischen 1300 und 1350 lebende schlagfertige Bauernbursche aus dem Braunschweigischen stellte sich in zahlreichen Geschichten als hervorragender Bäcker (besonders bei Eulen und Meerkatzen) und Koch dar. Beim Bierbrauen war er nicht so glücklich, siedete er doch einmal in Einbeck den Hund namens Hopf eines Braumeisters mit. Sehr oft veralberte und strafte er Wirte und wollte man seinen Geschichten glauben, mußten üble Zustände in spätmittelalterlichen deutschen Wirtshäusern geherrscht haben. Da vergilt er einer eifernden, schwatzhaften Wirtin die üble Nachrede, indem er sie mit dem nackten Ars... in heiße Asche setzt, dann äfft er einen großspurigen Wirt mit einem toten Wolf, bezahlt in Köln mit dem Klang des Geldes und dem Wirt, der ein arger Schmutzfink war und in dessen Dielenritzen das Ungeziefer eine willkommene Brutstätte fand, warf er eine volle Schaufel Pferdemist in die Stube. War das übertrieben oder spiegeln die Geschichten die Zustände mittelalterlicher Wirtshäuser und den Typ des Wirtes ziemlich realistisch wider? Waren die Wirtshäuser der Bürger wirklich so schlimm? Unzweifelhaft geißelt er gesellschaftliche Mißstände und, wie wir im folgenden sehen, zurecht.

Die ersten bürgerlichen Wirtshäuser, auch Kretschmar und Tavernen genannt, erscheinen im späten Mittelalter, also tatsächlich zur Zeit Eulenspiegels. In zahlreichen Rathäusern entstanden Ratskeller und Trinkstuben. Gasthöfe nahmen sich der Reisenden und Pilger, der Kaufleute und Wanderburschen an. Schon früh erhielten diese Wirtschaften Namen, oft von Häusernamen abgeleitet. Tatsächlich muß es in den mittelalterlichen Schenken zum Teil äußerst derb zugegangen sein und so manches Wirtshaus entpuppte sich als wahre Räuber- und Mördergrube. Im 17. Jahrhundert warnte man die deutschen Reisenden besonders vor den italienischen Gasthäusern. Berüchtigte Mörder und Diebe begannen ihre Karrieren als Wirte, um dann auf dem Rad zu enden. So verwundert es auch nicht, wenn die *Statuta thabernae* der Stadt Weißensee aus dem Jahr 1434 bereits im 2. Artikel (Wenn sich der Gast ungebührlich verhält) verordnet: „Wo ein Bürger Wein oder Bier offen hat. Kommt darein ein Gast und vertrinkt sein Geld, und wenn der Gast zahlen soll und bezahlt nicht gütlich und bietet der Wirtsfrau böse Worte oder des Wirtes Gesinde und es kommt der Wirt dazu und dieser schlägt den Gast mit einem Gefäße an den Kopf oder in die Zähne oder raufet ihn, soll dennoch der Gast dem Wirt die Unzucht (schlechtes Benehmen) büßen, die er in seinem Hause begangen hat.“ Artikel 3: „Schlägt aber der Wirt den Gast so sehr, daß er ihn verwundet, soll der Wirt dem Gast seinen Arzt rufen. Der Gast soll dennoch dem Wirt seine Unzucht büßen, die er in seinem Haus begangen hat.“ Das geht so weiter: Artikel 5: „Schlägt aber ein Bürger den anderen Bürger zu Tode, ist er der Stadt drei Pfund (1 Pfund=20 Schillinge) bußfällig.“ So oder ähnlich klingt es in den Statuten der deutschen Städte des 14. bis 16. Jahrhunderts. Die mittelalterlichen Gaststättenverordnungen regelten auch das Spielverbot, das Brauen, Gewandschneiden, Schenken, Mälzen, den Konkurrenzschutz einheimischer Weine und Biere, Steuer- und Zollangelegenheiten, Straßenreinigung, Öffnungs- und Schließzeiten der Gaststätten (im Sommer wurde in der Regel 22.00 Uhr geschlossen, für Knechte schon ab 19.00 Uhr, im Winter war 21.00 Uhr Feierabend). Letztere wurden durch das Läuten der Bierglocke angezeigt. Man verbot strikt das Heimgehen mit offenem Feuer, da die Brandgefahr für eine mittelalterliche Stadt enorm hoch war. Das Brauen an Sonntagen und anderen Festtagen war verboten, wie das Arbeiten überhaupt. Der Sonntag war im christlichen „Alten Europa“ heilig. Wenn ein Bürger gebraut hatte und an der Reihe des Ausschanks war, steckte er zumeist einen Strohwisch zur Straße hinaus, der den Bürgern anzeigte, daß hier Bier ausgeschenkt wurde. Die Strohwische oder sonstigen Zeichen waren die Vorläufer unserer heutigen Gaststättenausleger. Interessant war die Steuergesetzgebung in den mittelalterlichen Städten. Die zu zahlenden „Einkommenssteuern“ betrugen im Schnitt zwischen 20-30 %, wobei die Biersteuer die Hauptsteuer des Mittelalters darstellte und von einem *Zollner* eingenommen wurde. Noch heute zieht der Zoll und nicht das Finanzamt die Biersteuer ein. Hinzu kamen kirchliche Abgaben und allerlei *Zoll* auf Waren und Straßenbenutzung. Wir sehen also, unsere heutige Steuergesetzgebung ist mindestens so modern wie die des Mittelalters.

Den ehrbaren Humanisten Erasmus von Rotterdam (1466 - 1536) können wir nur mitleidvoll bedauern, denn er hatte Anfang des 16. Jahrhunderts mit deutschen Wirtshäusern - ähnlich Eulenspiegel - so seine Erfahrungen gemacht. Doch lassen wir den Humanisten selbst zu Wort kommen: „Ob es überall dasselbe ist, weiß ich nicht, ich kann nur erzählen, was ich selber erlebt habe. Wenn man ankommt, begrüßt einen kein Mensch, damit ja nicht der Eindruck erweckt werde, als ob ihnen an Gästen etwas gelegen sei. Das halten sie nämlich für schmutzig, kriecherisch und unvereinbar mit der deutschen Ernsthaftigkeit. Wenn du lange gerufen hast, steckt endlich einer den Kopf aus dem Fensterchen der Wärmstube heraus – denn in diesen Stuben hausen sie fast bis zur Sommersonnenwende – es ist, als schöbe eine Schildkröte den Kopf aus ihrem Panzer hervor. Den muß man nun fragen, so magst du daraus entnehmen, es sei noch Platz. Fragt man nach dem Stall, so weist man ihn dir mit einer Handbewegung. Da kannst du dann dein Pferd ganz nach Lust und Belieben versorgen. Denn kein Knecht rührt auch nur einen Finger. Ist es ein besuchteres Gasthaus, so zeigt dir ein Hausknecht den Stall und auch einen herrlich unbequemen Platz für dein Pferd. Die bequemeren behalten sie für spätere Ankömmlinge und namentlich für Adelige vor. Machst du Einwendung, dann heißt es gleich: „Wenn's Euch nicht paßt, sucht Euch was anderes!“ Heu geben sie in den Städten nur verdrossen und um teures Geld, - sie verkaufen es kaum billiger, als man anderswo für Hafer bezahlt. Ist das Pferd versorgt, so gehst du in die Wärmstube – in den Stiefeln, mit dem Gepäck und allem Dreck, und für alle gibt es nur diesen einzigen Raum.“

Doch es gibt auch andere Stimmen und die sagen das völlige Gegenteil. Als der Politiker und Schriftsteller Michel de Montaigne im 16. Jahrhundert durch Deutschland reiste, notierte er wie folgt: „Im Punkt Bewirtung machen sie solchen Aufwand an Lebensmitteln und bringen in die Gerichte eine solche Abwechslung an Suppen, Soßen und Salaten aller Art, und das alles ist in den guten Gasthäusern so wohlschmeckend, daß kaum die Küche des französischen Adels damit verglichen werden kann ... Uns unbekannte Gerichte sind zum Beispiel ihre Quittensuppen, andere, in die gebackene

Äpfel geschnitten werden, Krautsalate, Kraftsuppen ohne Brot, etwa von Kalbsbries ... Sie haben viel guten Fisch, der mit dem Fleisch aufgetragen wird. Die Forelle mögen sie nicht, sie essen nur ihren Laich. Dafür haben sie viel Wild: Schnepfen, junge Hasen, die sie ganz anders als wir zubereiten, aber mindestens ebenso gut. Wir haben noch nie so zartes Fleisch genossen, wie man es dort täglich bietet. Zum Fleischgericht werden gekochte Pflaumen, Birnen- oder Apfelmus gereicht."

Das Bankett der Bürger, Holzschnitt, 1581

Neben den Bürgern und einigen Adligen lebten in den deutschen Städten des Mittelalters Kleriker, Nonnen, Handwerker, Ärzte, Künstler der verschiedenen Art und eine unüberschaubare Zahl Tagelöhner, Knechte, Mägde, aber auch zahlreiche soziale Randgruppen wie Juden (die eine eigene Küchenkultur besaßen), Siechen (Aussätzige) und Bettler. Die Handwerker schlossen sich schon seit dem 12./13. Jahrhundert zu Innungen (Zünfte), genossenschaftlich-innungsrechtlich organisierten Verbänden zusammen. Zu den frühesten Innungen zählten die Bäcker, Fleischer, Schmiede, Tuchmacher und Böttcher.

Was wir vom Essen der Meister und Gesellen wissen, läßt auch Rückschlüsse auf die Lebensverhältnisse ziehen. Für die Gesellen, die beim Meister wohnten, war das Essen ein Teil ihres Lohnes. Das Jahresessen, sozusagen die Jahreshauptversammlung, der Kölner Bäckerzunft umfaßte zum Beispiel folgende Gänge: „Ebenso am Freitag sollen diejenigen, die dienen sollen, mit des Bürgermeisters Schreiber und dem Koch bestellen, was sich dazu gebührt ... zum ersten jeder einen durchgeschlagenen Erbsenbrei, wie das gewöhnlich ist; danach einen gebratenen Hering mit Mostrich, wie sich das gebührt, und Butter über die Tafel zu setzen; danach Stockfisch, Kabeljau, Rheinfisch oder was zu der Zeit vorhanden ist nach Rat des Kochs; danach eine Schüssel mit gesottenem Karpfen, mit einer Zuckerbrühe übergossen, wie es gebräuchlich ist anzurichten, und in jeder Schüssel ein Stück Hecht dabei; danach Käs' über die Tafel zu legen ..." Am Sonntag beim Hauptmahl gab es: „Item zu dem ersten ... eine Bratenschüssel mit gutem Pfeffer, wohl bestreut mit Zimt und jedem einen Entenvogel und zwei Schmalzpastetchen. Zu dem zweiten Gericht ... ein Stück Sülze und dabei zwei Schöpflöffel Reis. Zum letzten Gericht ... jedem der Herren ein gutes Brathuhn, wohlgespickt, mit Pfirsich und eine Schüssel mit zwei Gebäckfladen. Alsdann schenkt man zum Gratias neue Gläser und Krüge mit Wein ein." Das war reichlich üppig und zeugt vom einstigen Wohlstand des Handwerks. Das tägliche Mahl der Gesellen war hingegen vielfach vorgeschrieben. 1468 bestimmte der Frankfurter Rat für die Zimmerleute und Steindecker: „Morgens eine Suppe und Zukost. Ein Mittagessen und zu trinken und zur Vesper Brot und kein Abendessen."

Das Fleisch, frisches wie gepökeltes, wurde in den Städten auf den zahlreichen Märkten, aber auch in den Fleischbänken verkauft. Deutlich unterschied man beim Fleisch die Qualität. Gefallene Tiere durften nur an Arme oder gar nicht verkauft werden. In Fleischhauerordnungen wurde streng auf die Hygiene geachtet.

Aus dem Erfurter Zuchtbrief des Jahres 1351 erfahren wir, daß die Bauern kleine Felltiere auf dem Markt verkaufen durften, allerdings mit dem Hinweis, daß man ihnen nach zwei Tagen die Beinchen abschlagen mußte. Daran erkannte der Verbraucher, wie alt die Tiere waren und konnte so Einfluß auf den Preis nehmen. Berthold von Regensburg beschreibt heimtückische Täuschungspraktiken, etwa das Fleisch unter dem Fell aufzuheben bis zur Fäulnis, weil es dann weiß bleibt. Um die Mitchristen zu schützen, empfahl er eine städtische Fleischbeschau zu installieren. Diese Forderung Bertholds wurde um 1400 in fast allen Gebieten Deutschlands umgesetzt.

Den Frauen war das Sitzen in den Wirtshäusern untersagt. Auch sah man nicht gern, wenn sie zu Hause tranken oder nach Bier schickten. Wurde eine Frau dabei ertappt, drohten ihr und demjenigen, der sich für sie einsetzte, wie wir aus der Ordnung der Schöppen der Stadt Zittau gegen den Luxus von 1353 erfahren, fünf Groschen Strafe. Diese Verordnungen lockerten sich insofern, da die Damen in den Badestuben mehr als gern gesehen wurden. Hier verlor sich alle Moral, es wurde gegessen, getrunken und geliebt. Nicht wie von ungefähr entstanden aus den spätmittelalterlichen Badehäusern die frühen Bordelle.

Holzschnitt aus dem „Grobianus" des Friedrich Dedekind, 1551

Im 16. Jahrhundert ging es mit den guten Sitten rapide zurück. Zahlreiche Autoren nahmen die Unsitten in dieser grobianischen Zeit bisweilen auf unterhaltsame Art aufs Korn, wie Magister Friedrich Dedekind in seinem *Grobianus / Von groben sitten / und unhöflichen geberden* aus dem Jahr 1551. In diesem amüsanten, in Reimen verfaßtem Werk nimmt er seine Zeitgenossen scharf auf die Schippe und fordert sie auf, ein rechter Grobianus zu werden. Seine Ratschläge, an einen Grobianus gerichtet, umfassen alltägliche Hinweise für das Aufstehen, die Haartracht, das Benehmen bei Tisch, Umgang mit Damen usw.

Nun aber sollst du lernen wohl, ob du selbst würdest ein Herr einmol,
wie du traktieren sollst ein Gast, den du zu dir geladen hast.
Doch will ich schreiben vor und eh, was dir bein Leuten wohl ansteh,
so du zu Gast geladen bist, und was gut grobianisch ist.
Zum ersten, wenns dir also glückt, daß man ein Boten zu dir schickt,
so sollst du ihn erfragen wohl, was er für Gäst berufen soll,
und warum diese Gastung sei, und was man guts hab kauft dabei,
und was die Frau guts kochen wöll, ob man zum Feuer groß Häfen stell,
ob auch der Bräter laufen tu, ob man auch trag gut Wildpret zu,
ob auch voll Hühner steckt der Spieß, und ob man sei guts Weins gewiß,
ob Koch und Keller sehr umlauf, ob man auch Früchte und Fladen kauf,
ob man auch gute Pasteten back, und gute Zuckerfladen mach,
ob auch Jungfrauen kommen dar, und schöner Weiber etlich paar,
daß man nach Essens werde springen, und was für Saitenspiel werd klingen.
Wenn du die Stück all hast vernommen, dann sprich, wolan, so will ich kommen.
So weist du dann die Losung fein, und gehst nicht unbekannt hinein,
wie ander Gäst, die nichts drum wissen, das hilft dich manchen guten Bissen.

Haferbrei und Sauerkraut – Die Bauernspeise

Landwirtschaft - Viehzucht - Bauernspeise - Metzis Hochzeit

Bauern bildeten während des gesamten Mittelalters und noch bis in die Neuzeit hinein die Mehrzahl der Bevölkerung. Die Arbeit des Nährstandes bildete die Grundlage der mittelalterlichen Gesellschaft. Die Bauern standen auf der untersten gesellschaftlichen Stufe. Sie hatten kaum Rechte, aber die Masse der Arbeitsleistung zu erbringen; ein Widerspruch, der in zahlreichen Kämpfen seinen Niederschlag fand, nicht zuletzt im Deutschen Bauernkrieg von 1524/25, der Deutschland wie ein Sturmwind erfaßte.

Unser heutiges Hauptgemüse ist in zahlreichen Varianten die Kartoffel, die allerdings erst in größeren Mengen in der zweiten Hälfte des 18. Jahrhunderts angebaut wurde. Die „Kartoffel des Mittelalters" war hingegen die Felderbse, die ständig erwähnt wird und in allen Zehntlisten vorkommt. Angebaut wurde weiterhin Hirse. Denken wir nur an die Geschichte vom Schlaraffenland, in das man erst gelangt, wenn man sich durch einen Berg aus Hirsebrei gefressen hat. Der Hirsebrei ist also das Gewöhnliche, das man jeden Tag erhält, und erst wenn man ihn hinter sich hat, kommt etwas Besseres. Seit dem 15. Jahrhundert wurde die Hirse teilweise vom Buchweizen abgelöst. Auch der Haferbrei war weit verbreitet. Aus Hafer stellte man zudem das Haferbrot her. Der Dinkel, eine Unterart des Weizens, wurde vor allem in Süddeutschland angebaut. Den Roggen findet man ebenfalls wieder. Er bildete neben dem Dinkel und dem Weizen die Hauptgetreideart. Gerste diente vor allem als Futter oder zur Malzherstellung für Bier. An dieser Stelle sei an die Reinheitsgebote zum Bierbrauen erinnert, die ausdrücklich Gerste vorschreiben, um die anderen Getreidearten den Bäckern zu überlassen. An Gartenpflanzen sind seit frühmittelalterlicher Zeit Äpfel, Birnen, Quitten, Mandeln, Eßkastanien, Nüsse, Pfirsiche, Aprikosen, Pflaumen, Kirschen und einiges andere bekannt. In den Heerzügen des Adels zählte es zur ökonomischen Kriegsführung, die Obstbäume der zu verheerenden Gebiete zu fällen, Felder abzubrennen und Weinberge mit Schlächtrössern niederzustampfen. Doch auch „von Gott gesandte Strafen" wie Heuschrecken oder Raupen fraßen das Land kahl, vernichteten das Korn und die Früchte. Zumeist folgten den „göttlichen Strafen" Hungersnöte und Teuerungen, in deren Verlauf tausende, ja zehntausende Menschen Hungers starben. Solche schrecklichen Begebenheiten schildern die mittelalterlichen Chronisten sehr häufig.

Auch Gemüse und Gewürze wurden angebaut, so Gartenerbsen, Bohnen, vor allem die sogenannte Sau- oder Puffbohne, Linsen, Kümmel, Kürbis, Melonen, Gurken, Senf, Spargel, Spinat, Zichorie, Petersilie, Weißkohl, Wirsingkohl, Rotkohl, Salat, Schnittlauch, Porree, Zwiebeln, verschiedene Rüben, Sellerie, Rettich und Meerrettich.
Zu den Haustieren gehörten das Pferd, der Esel, das Rind, das Schwein, das Schaf und die Ziege, letztere von den Archäologen als „Schafziege" bezeichnet, da man ihren Knochenbau nicht unterscheiden kann. Seit dem späten Mittelalter gehörten auch Hauskaninchen, Hunde, Katzen, Hühner, Gänse, Enten, Haustauben, Schwäne, die im Hof gehalten und auch gegessen wurden, Pfauen und Puten dazu, wobei man die Indianische Henne, wie man die Puten auch nannte, erst seit 1530 aus Mexiko einführte. Bienen wurden seit dem 14. Jahrhundert gezüchtet. Die Gewinnung von Honig und Wachs

für Kerzen war das gesamte Mittelalter hindurch mehr als wichtig. Getrunken wurde in den Dörfern neben Milch und Wasser vornehmlich Bier. Bereits im 16. Jahrhundert mehren sich die Fälle, daß die Bauern in den dörflichen Brauhäusern Bier brauen und den Bürgern zu Dumpingpreisen verkaufen, was natürlich schärfsten Widerspruch hervorrief.

Den Mittelpunkt des bäuerlichen Hauses bildete der Herd, eine offene Feuerstelle ohne Rauchabzug, der nicht nur der Speisezubereitung diente, sondern auch für Wärme und Licht sorgte. Löcher über dem Herd oder Ritzen und Spalten in Fenstern und Türen ließen den Rauch in den oft verqualmten Stuben entweichen. Gemauerte Backöfen kamen erst im späten Mittelalter auf. Wenn Wirbelstürme übers Land fegten, blieben nur die gemauerten Backöfen am Boden zurück; die hölzernen Häuser flogen davon. Eisenkessel fand man wenige in einem Bauernhof, dafür umso mehr irdene und hölzerne Ware.

Zwar wurde zwischen Herrenspeise und Bauernspeise deutlich unterschieden, doch gab es auch im Bauernstand erhebliche Unterschiede zwischen reichen und armen Bauern. So mancher Bauer hatte mehr und reichhaltiger zu essen als ein verarmter Adliger. Schließlich strebte so mancher Bauer danach, Ritter zu werden, wie uns Wernher der Gartenaere (um 1260) in seinem *Meier Helmbrecht* schildert. Der alte Meier in Wernhers Gedicht versucht seinen Sohn, der mit allen Mitteln Ritter werden will, auf den rechten Weg zu bringen, allein ohne Erfolg. Der Sohn verwirft die Mahnungen des Vaters und antwortet: „Schlemm du dich nur mit Wasser an, mir hat der Wein es angetan. Wirst du von Grütze stark und fett, so finde ich es allzu nett, ein Tierchen zu verspeisen, das Backhuhn wird geheißen. Ich esse bis zu meinem Tod nur weiße Semmeln, weißes Brot, für dich ist Hafer nicht zu schlecht." Die Geschichte endet tragisch. Der Sohn wird Raubritter, tyrannisiert die Bauern mit seinen Spießgesellen Lämmerschling, Schlingdasland, Widderschluck, Stiehldenkelch und Frißdiekuh (als Küchenmeister) und wird zum Schluß schmählich gehängt. Bei Wernher wird der Standesunterschied in den Speisen deutlich. Das Haferbrot der Bauern wird den weißen Semmeln der Ritter gegenübergestellt, das Wasser dem Wein und die Grütze dem gekochten Huhn. Interessant ist der Hinweis auf das österreichische *clamirre*, den Semmelschmarrn – Semmelschnitten, die mit Zwetschken oder Kalbshirn gefüllt, gebacken wurden. So sagt der alte Meier Helmbrecht: „Den Semmelschmarrn in Österreich verzehren Herrn und Diener gleich, der Dumme und der Weise hält ihn für Herrenspeise."

In einer Dichtung aus dem frühen 13. Jahrhundert wird behauptet, Herzog Leopold VI. von Österreich habe Speiseverbote für Bauern erlassen. „Man bestimmte ihnen als Nahrung Fleisch, Kohl und Gerstenbrei. Wildpret war ihnen verboten. An Fastentagen aßen sie Hanf, Linsen und Bohnen. Fische und Öl sollten sie gefälligst die Herren essen lassen; so war es üblich.“ Diese Verbote sollen am Ende des 13. Jahrhunderts nicht mehr beachtet worden sein. Wie dem auch sei: Speiseverbote hat es im 13. Jahrhundert nicht gegeben, wohl aber Erlasse gegen den übertriebenen Tafelluxus des Adels.

Bäuerliches Festessen, Holzschnitt, 1581

Marx Rumpolt empfiehlt für die Bauern zu einem Frühmahl an einem Fleischtag folgende Gänge, wobei beachtet werden muß, daß es sich um ein Festessen handelt: 1. Gang: Rindfleischsuppe, Rindfleisch gekocht, einen Kapaunen und getrocknetes Fleisch, alles in einer Schüssel angerichtet und mit einer Meerrettichsoße übergossen. 2. Gang: Gebratene Gans, gebratene Hammelkeule mit Salbei gespickt, eine gebratene Sau, gebratene Hühner, Kälberbraten und Bratwürste, alles in einer Schüssel angerichtet. Zum Gebratenen kann man rote Rüben, sauer mit *Kren* (Meerrettichsoße), wie man es im Bayernland macht, anrichten. 3. Gang: Gekochtes Sauerkraut, mit geräuchertem Speck und Bratwürsten umlegt. 4. Gang: Eingemachte alte Hühner. 5. Gang: Schweinesülze. 6. Gang: Äpfel, Birnen, Nüsse, Käse, alles zusammen in einer

Schüssel angerichtet. Allerlei Gebackenes, Kuchen und Holhippen (zusammengerollte Waffeln), auch alles in einer Schüssel angerichtet. In der hochmittelalterlichen Literatur fehlt das Festessen der Bürger und Bauern, jedoch haben wir eine schöne Beschreibung einer Bauernhochzeit aus dem 14. Jahrhundert, die wir unseren Lesern nicht vorenthalten wollen. Der junge Maier Bärschi will seine geliebte Metzi heiraten. Das Festessen beginnt so: Zuerst stillen die Gäste ihren Hunger mit Weißbrot, dann bekommen je vier von ihnen einen Kübel mit Hirse. Als diese leer sind, verlangen sie mehr Essen, und bis dies gebracht wird, trinken sie tüchtig, daß schon manchem die Zunge hinkt. Der Maier Nasentropf trinkt allein einen Quarttopf aus, so daß frisch eingeschenkt werden muß. Der Spielmann muß aufspielen. Um ihn bei Kraft zu erhalten, wird ihm wacker zugetrunken. Das zweite Gericht, Rüben mit Speck belegt, findet Beifall. Sie essen, daß ihnen der Bart schmalzig wird. Manche verbrennen sich Mund und Zunge, und beim Lachen fallen ihnen die Speckstücke aus dem Mund auf die Knie. Als die großen Näpfe wieder geleert sind, bringt der Koch das Brautmus und den Braten. Bis jetzt hat niemand an den Koch gedacht und ihm zu trinken gebracht. Das wird nun nachgeholt. Die Würste schmecken so gut, daß sie zuerst das Brautmus stehen lassen, aber auch das kommt an die Reihe. Sie brocken tüchtig ein und löffeln alles rein aus, bis keiner mehr einen Bissen Brot vor sich hat. Viele ungeschlachte Knaben umwinden ihre „Zagel" mit den Fingern ... Der Tisch wird aufgehoben und nun zeigt sich unzweideutig die Trunkenheit der Gesellschaft. Die Braut wird zu Bett gebracht. Sie sträubt sich, weint und schreit und zeigt sich auch gegen ihren Gemahl zuerst sehr ungebärdig. Am nächsten Morgen wird ihnen das Essen ins Bett gebracht. Bärschi gibt seiner jungen Frau ein Mutterschwein als Morgengabe. Unter Trommelschall und Zwerchpfeifenklang, unter dem Jubeln der Bauern zieht sich Metzi an, und nun geht man zur Kirche ... Nach der Kirche geht die ganze Gesellschaft, Männer, Frauen und Mädchen, wieder in das Hochzeitshaus und setzt sich zu Tische. Der Spielmann pfeift ihnen vor. Da gibt es Erbsen und Kraut, Gerste, Linsen, Würste, und so essen sie, daß manchem der Gürtel platzt. Die Klugen hatten ihn schon vorher hinreichend gelockert. Natürlich wird dazu ordentlich getrunken, bis alle mehr oder weniger angeheitert sind. Nach der Mahlzeit setzen sich zwei der vornehmsten Bauern zur Braut und nehmen die Geschenke entgegen. Danach wird gespielt und getanzt. Wie gewöhnlich bei solchen Bauerntänzen entsteht endlich Streit, die Schwerter werden gezogen und es entspinnt sich eine tüchtige Schlägerei, bei der einige sogar tödlich verwundet werden. Schließlich gebieten die anderen Bauern Frieden und schlichten den Streit. So endet Metzis Hochzeit.

Diz buoch sagt / von guoter spise,
Daz machet / die unverrihtigen koeche wise.

Ich wil euch underwisen
von den kochespisen:
der sin niht versten kan,
der sol diz buoch sehen an,
wie er groz gerihte kuenne machen
von vil kleinen sachen.
dise lere merke er vil eben,
die im diz buoch wil geben:
wanne ez kan wol berihten
von manigerleie gerihten,
von grozzen und von kleinen,
wie sie sich vereinen
und wie sie sich besachen,
daz sie klein getrahte zuo hoher spise machen.
der sol diz buoch vernemen
und sol sich niht enschemen,
ob er fraget des er niht enkann,
des bescheit in schier ein wiser man.
wer denne kochen woelle lerne,
der sol diz buoch merken gerne.

(Aus dem „Buch von guter Speise")

Das Buch von guter Speise – Die ältesten deutschen Kochbücher

Daz buoch von guoter spise - Meister Hans - Meister Eberhard - Kuchemaistrey - Philipine Welser - Marx Rumpolt - Frantz de Rontzier

Bisſmaguard/vnd Sambuſuch. Mnducaſtate. Tabegeth. Geröſts. Verdämpfft. Gebratens vff kolen. Gebraten am ſpiſſz.

Von der Zubereitung und Zusammensetzung der Gerichte berichten die literarischen Quellen nur wenig. Aus diesem Grund wollen wir an dieser Stelle einige Hauptwerke und Autoren der Kochbuchliteratur vorstellen. Das älteste in der deutschen Sprache erhaltene Kochbuch ist das schon häufig zitierte „Buch von guter Speise“ *(buoch von guoter spise)*. Es wurde um 1350 verfaßt und war Bestandteil einer weit größeren Pergamenthandschrift, die der fürstbischöfliche Protonotar Michael de Leone in Würzburg anlegen ließ. Er war ein reicher und mächtiger Mann und als gelehrter Jurist die rechte Hand seines fürstlichen Herrn. Als das Kochbuch entstand, wütete in Europa die Pest, an der Michael de Leone selbst starb. Es enthält 96 willkürlich aneinandergereihte Rezepte, deren Verfasser leider unbekannt geblieben ist. Den ersten Teil hat ein erfahrener und humorvoller Küchenmeister zusammengetragen, nach verschiedenartigen Vorlagen, vielleicht aus dem Haushalt des Protonotarius selbst. Der zweite Teil könnte aus der fürstbischöflichen Küche stammen. Dafür sprechen die Gerichte „Reiher auf der Scheibe“ und das „Heidnische Haupt“, zwei luxuriöse Schaugerichte, die von mehreren Dienern in den Speisesaal getragen werden mußten. Die Falkenbeize auf den Reiher war ein Privileg des Landesfürsten. Die frühen Rezepte sind sehr schwer zu verstehen und setzen beim Nachkochen eine gewisse kulinarische Phantasie und mindestens die Erfahrungen eines Hobbykochs voraus. Die Rezepte der mittelalterlichen Kochbücher, wie auch das des Marx Rumpolt, wurden aufgeschrieben und vielleicht hat so mancher Schreiber, der selbst nicht kochen konnte, nicht alles richtig verstanden. Treffend bemerkt Hans Hajek in seinem kulturgeschichtlichen Nachwort der Faksimileausgabe: „Schwierig bleibt oft, auch für den wissenschaftlichen Leser – glauben Sie es mir! – der Satzbau, der mehr gesprochen als geschrieben ist und keineswegs von einem Meister sprachlichen Ausdrucks, sondern eben von alten Meistern der Küchenkunst."

Eine weitere frühe Quelle stellt das prächtige „Rheinfränkische Kochbuch", eine Papierhandschrift aus der Zeit um 1445 dar. Seine 76 Rezepte unterteilen sich in Fasten- und Fleischspeisen. Damit entspricht es den mittelalterlichen Speisegewohnheiten. Höchstwahrscheinlich kam der Auftraggeber, ein Verfasser ist unbekannt, aus dem Umfeld des erzbischöflichen Hofes zu Mainz.

Aus der Mitte des 15. Jahrhunderts sind uns zwei Köche, Meister Eberhard und Meister Hans, bekannt, deren Kochbücher ebenfalls in schriftlicher Form überliefert sind. Meister Eberhard kann man am Hof Heinrichs des Reichen, Herzog von Bayern-Landshut (1404 - 1450) ansiedeln. Meister Hanns *von wirtemberg ein koch* war für den württembergischen Grafen Ulrich V. (1433 - 1480) tätig und erhielt von ihm, wie wir aus Rechnungseinträgen wissen, 12 Gulden Lohn und Kleider. Letzterer muß eine Vertrauensstellung als persönlicher Koch innegehabt haben, wenn er sogar als ein Koch des Hauses Württemberg genannt wurde. Meister Hanns besaß ein von keinem Zweifel getrübtes Selbstbewußtsein, wenn er in seinem als Schaugericht konzipierten Tiergarten den Koch neben dem Bischof an der Zugbrücke der Burg stehen läßt (Nr. 278).

Spätmittelalterliche Kochbücher sind nicht als spontane Aufzeichnungen aus der täglichen Küchenpraxis zu verstehen, vielmehr stützen sie sich auf die Tradition. Die Kochrezeptliteratur erneuert, erweitert, ergänzt, aber sie tritt nur selten mit Innovationen hervor.

Das erste gedruckte Kochbuch, die *Kuchemaistrey* aus Nürnberg, die 1485 entstanden ist, hat ein Unbekannter verfaßt. Das vermutlich einzige Original von 1485 besitzt die British Library in London. Die *Kuchemaistrey* behandelt alle Gebiete der damaligen Gastronomie und wurde schnell ein großer Erfolg seines Verlegers. Bereits 1500 erschien die 13. Auflage, wiewohl darunter auch zahlreiche Schwarzdrucke waren. Der Verfasser muß ein exzellenter

Ein new Kochbuch/

Das ist Ein grundtliche beschreibung

wie man recht vnd wol/ nicht allein von vierfüssigen/ heymischen vnd wilden Thieren/ sondern auch von mancherley Vögel vnd Federwildpret/ darzu von allem grünen vnd dürren Fischwerck/ allerley Speiß/ als gesotten/ gebraten/ gebacken/ Presolen/ Carbonaden/ mancherley Pasteten vnd Füllwerck/ Gallrat/ etc. auff Teutsche/ Vngerische/ Hispanische/ Italianische vnnd Frantzösische weiß/ kochen vnd zubereiten solle: Auch wie allerley Gemüß/ Obß/ Salsen/ Senff/ Confect vnd Latwergen/ zuzurichten seye.

Auch ist darinnen zu vernemmen/ wie man herrliche grosse Pancketen/ sampt gemeinen Gastereyen/ ordentlich anrichten vnd bestellen soll.

Allen Menschen/ hohes vnd nidriges Standts/ Weibs vnd Manns Personen/ zu nut jetzundt zum ersten in Druck gegeben/ dergleichen vor nie ist außgegangen/

Durch

M. Marxen Rumpolt/ Churf. Meintzischen Mundtkoch.

Mit Röm. Keyserlicher Maiestat special Priuilegio.

1 5  8 1.

Sampt einem gründtlichen Bericht/ wie man alle Wein vor allen zufällen bewaren/ die bresthafften widerbringen/ Kräuter vnd andere Wein/ Bier/ Essig/ vnd alle andere Geträunck/ machen vnd bereiten soll/ daß sie natürlich/ vnd allen Menschen vnschädtlich/ zu trincken seindt.

Gedruckt zu Franckfort am Mayn/ In verlegung M. Marx Rumpolts/ Churf. Meintz. Mundtkochs/ vnd Sigmundt Feyerabendts.

Fachmann gewesen sein. Alle angeführten Speisen sind für die gesellschaftlich hochstehenden Repräsentanten bestimmt. Rindfleisch, das als Bauernkost galt, wurde übergangen. Mit Ausnahme eines Meerfisches sind nur Gerichte von Süßwasserfischen überliefert. Beim Wildpret steht Hirsch und Reh auf der Speisekarte, „Meister Lampe“ ob seiner „Fruchtbarkeit“ fehlt. An „Gemüsen“ werden Rüben, gelbe Erbsen, Mangold, Spinat und das damals bereits tafelfähige Sauerkraut erwähnt. Gefärbte Soßen und vergoldete Mandeln belegen noch das Färben der Speisen im ausgehenden Mittelalter zur Neuzeit.

Aus der Zeit nach 1534 stammt das Kochbuch eines Leipziger Dominikanermönches, den wir Bruder Küchenmeister nennen wollen und welches sich als Handschrift erhalten hat und im 19. Jahrhundert wiederentdeckt wurde. Es wurde 1856 unter dem Titel *Dreihundertjähriges deutsches Kloster=Kochbuch* neu verlegt und herausgegeben. Die sehr schönen Rezepte werden durch die kulturhistorischen Anmerkungen des Küchenmeisters noch interessanter, wenn er uns z.B. verrät, daß eine weiße Gallert von Hechten des Bischofs Thilo Leibspeise war.

1542 erschien in Augsburg *Von der Eerlichen ziemlichen / auch erlaubten wollust des Leibes ...*, die erste deutsche Übersetzung des Platina-Kochbuches des päpstlichen Hofmeisters und italienischen Humanisten Bartolomeo Sacci di Piadena (1421 - 1484), genannt Platina.

Bereits im 16. Jahrhundert befaßten sich auch Frauen mit dem Verfassen von Kochbüchern. Hier seien die Augsburger Patriziertöchter Philippine und Sabina Welser sowie die Amberger Arztwitwe Anna Wecker, deren Mann mehr der Küche als der Apotheke vertraute, wenn es um die Behandlung eigener Leiden und Gebrechen ging, genannt.

Philippine Welser (1527 - 1580), morganatische Gattin des Erzherzogs Ferdinand von Österreich mit Sitz auf Schloß Ambras in Tirol, verfügte über ausreichende Erfahrungen auf dem Gebiet der Kochkunst, die sogar von Zeitgenossen gerühmt wurden. Das handschriftliche Kochbuch entstand etwa 1543/44. In der Ambraser Hofküche wurde auf höchstem Niveau gekocht, was den Kurfürsten von Sachsen veranlaßte, einen Koch der Dresdner Hofküche zur Weiterbildung auf dem Gebiet der Pasteten dorthin zu schicken. Mit 245 Rezepten zählt ihr Kochbuch allerdings eher zu den kleinen Ausgaben.

Das erste große, wegweisende und reich illustrierte deutsche Kochbuch beruht auf den Rezepten des Meisterkochs Marx Rumpolt und wurde 1581 in Frankfurt am Main gedruckt. Dieses monumentale Werk stellte alles Erschienene bis dato in den Schatten. Meister Rumpolt gehörte zeitweilig der Dresdner Hofküche an, der er als Küchenchef vorstand. Er war später für viele Jahr der Mundkoch des Mainzer Erzbischofs Daniel Brendel von Homburg. Sein prächtiges Werk widmete er der Kurfürstin Anna, einer geborenen Königin von Dänemark, Herzogin von Sachsen. Er führt als erster Koch auch ein Rezept für die Kartoffel (Nr. 87) an. Behandelt werden zahlreiche Rezepte von allen möglichen Tieren (150 Arten), die er für die Küche würdig befand und selbst mit eigener Hand gemacht hatte. Insgesamt kommt sein Kochbuch auf etwa 2.000 Rezepte. Desweiteren hebt er mehrfach hervor, daß er mit diesem Kochbuch der Jugend, also dem Nachwuchs, dienlich sein wolle. Zudem fällt mitten in seinen Rezepttexten so mancher tadelnde Seitenhieb gegen seine Berufskollegen. Marx Rumpolt erhebt in seinem Werk den Anspruch der Internationalität, ist aber durchaus noch der mittelalterlichen Küche verpflichtet, wenn er seine Speisen mit Safran färbt oder im Mörser zerstößt. Das Kochbuch des Marx Rumpolt erlebte mehrere Nachauflagen in den 70er und 80er Jahren des 20. Jahrhunderts, herausgegeben und mit einem Nachwort versehen von Manfred Lemmer. Leider gelangt man nur schwer an diese Exemplare, selbst in großen deutschen Bibliotheken. Mein Exemplar wurde mir auf der Runneburg nach einem Bankett gestohlen. Dem Dieb mögen noch heute alle Bissen im Halse stecken bleiben.

Meister Rumpolt erhielt in den folgenden Jahrzehnten und Jahrhunderten so manchen ehrgeizigen Nachahmer. Nur einer soll noch erwähnt werden. Am Ende des 16. Jahrhunderts erschien das *Kunstbuch von mancherley Essen* ... des Frantz de Rontzier, der Küchenmeister bei Herzog Julius von Braunschweig-Lüneburg war. Fast scheint es, als wollte er Marx Rumpolt noch übertreffen, denn in seinem Kochbuch finden sich auf 543 Seiten fast 2.700 Rezepte.

Das Saltz ist in der gantzen Welt jederman wol bekandt / von wegen seines nothwendigen Gebrauchs zu allen Speisen / und zu Erhaltung alles Fleisches / als ohn welches wir unser Leben nicht wol erhalten können.

Sein Geschlecht seynd fürnemlich zwey: Nemlich das natürlich gewachsen Saltz / und das gemachte. Das natürlich gewachsene Saltz / wird ein Theil auß den Bergen / und Erdrich gegraben / und Sal fossilis, das gegrabne Saltz genennet. Die Araber und die Apothecker nennen es Sal gemmae, dasselbig ist ein harter durchsichtiger Saltzstein / wie ein Crystall / und wird sonderlich gut in Clabria gefunden. Etlichs wird am Meer und an den Saltzwassern gefunden / welches an den Ufern von dem Lufft und Hitze der Sonnen ertrucknet / und zu Saltz wird. Etlichs wird im Sand gegraben / ist gestalt wie das Alumen scissile, oder der schlifferig Alaun / und Sal Ammoniacus genennet / das ist / Sandsaltz ...
Das ander Geschlecht deß Saltzes / so da ist das gemachte Saltz / wird auß den gesaltzenen Wassern an gar vielen Orten in Teutschen Landen gesotten / und ist überall gebräuchlich.

Saltz behütet den Menschen für Fäulung / etzet auß und verzehret das faule Fleisch / reiniget und löset die böse Feuchtigkeiten auf. Ist warm oder truckner Natur.

Saltz mit Baumöl gemischt / benimmt das Jucken der Haut / dieselbige damit geschmiert. Deßgleichen auch den Aussatz.

Für Geschwer am Halß. Nimm Saltz / Essig / Honig und Baumöl / jedes ein Loth / vermisch und schmiere die Kehle damit / schluck dieses ein wenig ein / nimmt das Halßgeschwer gar bald hinweg.

Für das Blat in der Kehlen / misch Saltz mit Baumöl / schmier die Keel damit / und streichs in die Keel / es hilfft. Saltz reinigt / zertheilet und vertreibt das geyle Fleisch in Geschweren / und dienet in die Artzneyen deß Grinds. In Augen macht es die Werzlin weich. Man brauchts zum Clystieren / und ist gut den Apostemen der Wassersüchtigen.

(Aus Adam Lonitzers *Kreuterbuch*)

Was du uns gibst, das würze uns wohl

Einheimische Gewürze - Salz - Zucker - Knoblauch - Anpflanzung von Küchenkräutern - Importgewürze - Überwürzung - Kräuterbücher - Küchenkräuter und Wurzeln

Was du uns gibst, das würze uns wohl,
daß in uns eine Hitze entstehe
und dem Trunk ein Dunst entgegenschlage,
wie der Rauch von einer Feuersbrunst,
und wir in Schweiß geraten,
daß wir meinen, im Bade zu sitzen.
Schaffe, daß der Mund uns wie eine Apotheke schmecke.
(Steinmar, um 1250)

Zu den Vorlieben mittelalterlicher Köche zählte das Würzen, ja Überwürzen der Speisen, um manches Mal den Eigengeschmack der Speisen zu übertünchen. Dafür standen ihnen zahlreiche einheimische Gewürze zur Verfügung, wie z. B. Petersilie, Minze, Salbei, Anis, Dill, Kümmel, die verschiedenen Laucharten, Schalotten, Liebstöckel, Fenchelsamen, Galgant, Kerbel, Polei, Senf, Brunnenkresse, Wacholderbeeren, Sellerie und Meerrettich.
Fehlte Salz, wurde stattdessen Pfeffer verwendet. Im späten Mittelalter bildeten sich spezielle Salzmärkte heraus. Das Salz wurde in großen Blöcken transportiert und mußte ebenfalls im Mörser zerstoßen werden. Anders verhielt es

sich mit dem Zucker. Zwar wurde der orientalische Rohrzucker seit dem 12. Jahrhundert durch die Kreuzfahrer und Seehandelsstädte bekannt, blieb aber lange Zeit aufgrund des hohen Importpreises ein Luxusartikel der gehobenen Schichten. So empfehlen spätmittelalterliche Köche oft, wenn kein Zucker vorhanden sein sollte, Honig zu verwenden und so findet sich noch in zahlreichen Rezepten bis zum 16. Jahrhundert der Honig als Süßstoff. Da verwundert es auch nicht mehr, daß bereits ein mit Zucker überstreuter Apfel als etwas besonderes galt.

Knoblauch wurde ebenfalls verwendet, wenngleich sich die Geister wegen des Geruchs stritten. Die Wikinger gaben ihren Seefahrern Knoblauch mit auf die Reise, um sie vor Mangelkrankheiten zu schützen. Eine Knoblauchtunke findet der Leser unter Rezeptnummer 25. König Alfons von Kastilien untersagte im 14. Jahrhundert Rittern, die nach Knoblauch rochen, für einen Monat den Zutritt zu seinem Hof. In Norddeutschland war er nicht sonderlich beliebt. Im 17. Jahrhundert kam er in Deutschland nur noch selten oder gar nicht auf den Tisch. Abschätzig schrieb Johann Sig. Elsholtz 1662, daß er in Polen und Moskau noch auf den Tisch kommt, dort aber mehr als eine Bauernarznei gehalten wird, die man gegen den Stein und gegen Gift gebrauche.

Typisch für das Mittelalter ist die Verwendung von ausländischen, teuren Gewürzen, mit denen oftmals die Überwürzung einherging und die den gehobenen Status des Hausherrn demonstrieren sollten. Zu den am häufigsten verwendeten Importgewürzen zählte Safran, Pfeffer, Ingwer, Nelken *(Negelein)*, Zimt *(Kaneil)*, Muskatnüsse und -blüten. Eine starke Rolle bei ihrer Verwendung spielten die oftmals erwähnte pharmazeutische Wirkung und ihre Hilfe bei der Regulierung der Körpersäfte. Durch ihren Handel gelangten zahlreiche Städte zu großem Reichtum und machten ihre Händler zu sprichwörtlichen „Pfeffersäcken". Ein bedeutendes Gewürzhandelszentrum war Nürnberg. Die Gewürze unterlagen hier der Schau. Fälschungen, besonders bei dem teuren Safran, wofür man oft gelbe Blüten anderer Pflanzen verwendete, wurden hart bestraft. Verdruß bereitete es den Herren, wenn räuberische Söldner wie im Jahre 1447 die Taboriten, Söldner des sächsischen Herzogs Wilhelm, Nürnberger Kaufleuten Safran, Pfeffer und Welschen Wein abnahmen. Das konnte zu schwerwiegenden Konflikten führen. Noch heute ist Safran das teuerste Gewürz der Welt. Das *Wohleingerichtete Koch=Buch, für alle Liebhaber der Kocherey* von 1784 empfiehlt noch, wie man Suppen und andere Sachen gelb machen könne: „Safran im Wasser weichen lassen, so wird das Wasser ganz gelb davon, solches Wasser hebt man zum Gebrauch auf, wenn man nun einer Suppe oder etwas anderes eine gelbe Farbe geben will, so gieße man nur ein wenig von diesem gelben Wasser in das Essen, je nachdem man es gelb haben will. Man langt auf diese Art weiter, als wenn man den ganzen Safran hinein wirft. Es sieht auch schöner aus.“

Das Mittelalter färbte seine Speisen zumeist mit Safran (gelb), Veilchen (blau), Lebkuchen/Pfefferkuchen (braun), Blut (schwarz), Petersilie (grün), Maulbeeren (braun) etc. Das Färben bildete ein deutliches Merkmal der mittelalterlichen Küche. Bei zahlreichen Schaugerichten verwendete man Blattgold oder Blattsilber. Wahrscheinlich in Unkenntnis nutzte man auch gefährlichere Färbemittel, wie Grünspan, weißes Blei und Zinnober. Häufig finden sich diese Gewürze in Kombinationen, die an die Kreationen der orientalischen Küche erinnern und damit auf ihren Ursprung in den morgenländischen Ländern verweisen. Die fremdländischen Gewürze schätzte man mehr als die einheimischen und sie zu verwenden galt als ein Zeichen von feiner Lebensart. Bezüglich der Überwürzung nahm man anfangs an, daß man damit den schlechten oder durch Überalterung hervorgerufenen üblen Geruch des Fleisches, bedingt durch unzureichende Konservierungsmethoden, übertünchen wollte, doch läßt sich das nicht beweisen. Sicherlich konnte man als Meisterkoch durch die Verwendung zahlreicher teurer Gewürze bei den geladenen Gästen Eindruck schinden, aber vielmehr muß man den Grund der Überwürzung im medizinischen Bereich suchen. Man war vom Altertum bis ins 18. Jahrhundert von der verdauungs- und gesundheitsfördernden Wirkung der Gewürze überzeugt und sie galten gleichzeitig als ein Mittel gegen die Pest und andere Seuchen.

Eine spezielle Literatur über Küchenkräuter fehlt und dürfte erst jüngeren Datums sein. Dagegen finden wir schon sehr früh Herbarien und Kräuterbücher, die neben zahlreichen Heilkräutern auch die heilwirksamen, in der Küche verwendeten Kräuter behandeln. Schon bei den Griechen stand die Erforschung der Pflanzen in hoher Blüte, selbst wenn bis zum Ausgang des Mittelalters die Arzneimittelkenntnis nicht über den des griechischen Arztes, Botanikers und Pharmakologen Pedanios Dioskurides im 1. Jahrhundert n. Chr. beschriebenen Arzneischatz hinausging. Das Werk dieses weitgereisten Mannes blieb über Jahrhunderte hinweg die Grundlage für die nachfolgenden Arznei- und Kräuterbücher. Auf seine große Pharmakologie *De materia medica* geht unter anderem eine Sammelhandschrift des 6. Jahrhunderts zurück. 400 Pflanzenaquarelle enthält bereits das *Erbario Carrarese* aus der

Zeit um 1400. Beeinflußt wurden die Werke des 15. Jahrhunderts nachdrücklich auch von den Arbeiten des Mönches Bartholomeus Anglicus und des *Puchs der Natur* des Konrad von Megenberg (um 1350), welches 1475 gedruckt erschien.

Das erste gedruckte, deutschsprachige Kräuterbuch, der *gart der gesuntheit* des Mainzer Domherren Bernhard von Breidenbach stammt aus dem Jahr 1485, gedruckt und verlegt von Peter Schöffer, einem ehemaligen Mitarbeiter Gutenbergs. Dieses Standardwerk stellte einen Meilenstein in der Pflanzenillustration und der Pflanzenbeobachtung dar und wurde aufgrund seiner deutschsprachigen Ausgabe rasch bekannt, was etliche Nachdrucker auf den Plan rief.

Das 16. Jahrhundert brachte auch auf dem Gebiet der Botanik einen bedeutenden Aufschwung, nicht zuletzt durch die drei Väter der Botanik und ihre herausragenden Kräuterbücher: Otto Brunfels (1489 - 1534), Arzt und Dozent in Straßburg; Hieronymus Bock (1498 - 1554), Pfarrer, Arzt, Botaniker und Leonhart Fuchs (1501 - 1566), Professor in Tübingen. Weiterhin müssen das Werk des Eucharius Roesslin und das *Kreutterbuch* des Pietro Andrea Mattioli (1500 - 1577), des Leibarztes von Erzherzog Ferdinand, später Kaiser Maximilian II., genannt werden. In den Jahren 1588-91 erschienen das *New Kreuterbuch mit schönen, künstlichen und leiblichen Figuren und konterfeyten aller Gewächss der Kreuter* des Botanikers, Apothekers und kurpfälzischen Leibarztes in Heidelberg Jacob Theodor, der den Beinamen Tabernaemontanus erhielt. 1.400 Holzschnitte illustrieren dieses Werk, welches für den praktischen Gebrauch gedacht war. Ungemein erfolgreich wurde das *Vollständige Kräuter-Buch* des Adam Lonitzer (1528 - 1586), auch Lonicerus genannt, aus der Mitte des 16. Jahrhunderts.

Anis, Enis, Pimpinella anisum L.: Schon der Grieche Pythagoras lobte den Anis roh und gekocht. Grün und dürr gibt er allen Sachen, die damit eingemacht werden, den besten Geschmack. Die in der Küche sehr geschätzte Pflanze hat harntreibende, menstruationsfördernde und durstlöschende Wirkung und regt die Milchbildung an. Er ist wirksam gegen Kopfschmerzen, üblen Mundgeruch, Wassersucht und weißen Ausfluß.

Galgant, Galanga, Alpina officinarum Hance: Wahrscheinlich entstammt sein Name chinesischen Ursprunges und bedeutet soviel wie „feiner Ingwer". Er ist hitzig und trocken im dritten Grad. Galgant stärkt den Magen, fördert die Verdauung, in die Nasenlöcher gelassen, stärkt er das Hirn und ist gut den zitternden Herzen. Wer einen übelriechenden Mund hat, der siede Galgant in Wein und trinke denselbigen. Er wird wohlriechend und reinigt das stinkende Geblüt.

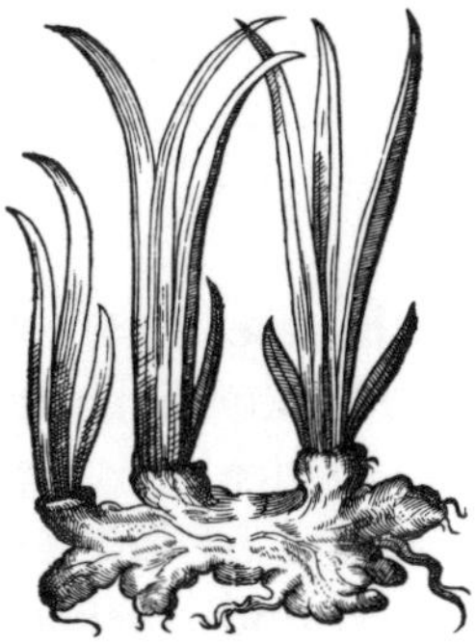

Ingwer, Imber, Zinziber: Ingwer ist hitzig im dritten und feucht im ersten Grad. Er erhitzt den Menschen sehr, hat jedoch Feuchtigkeit in sich und währt deshalb nicht so lange. Ist ganz gut dem bösen erkalteten Magen. Wem die Zähne weh tun, der nehme Ingwerzehen und schneide sie klein, siede sie in Wein und wasche die Zähne nüchtern und warm damit. Ingwer ist allen Menschen gut, die innerlich erkaltet sind, vornehmlich der grüne und eingemachte.

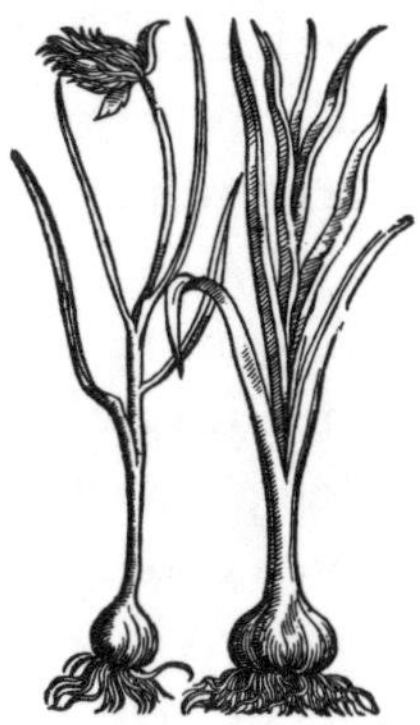

Knoblauch, Allium: Eine weiße Zwiebel von vielen Zwiebeln oder Zehen zusammengesetzt, im dritten Grad hitzig und trocken. Vertreibt die Geschwulst im Leib, erweicht die Geschwüre, öffnet sie und zieht den Eiter heraus, gesotten darüber gelegt. Mit Knoblauchsaft das Haupt bestrichen, tötet die Läuse und Nissen. Ist auch gut wider das Ausfallen der Haare. Die Asche der verbrannten Knoblauchzehe mit Honig und Maienbutter gemengt, soll die Haut glatt machen und von der Räude und dem Aussatz befreien, nach dem Bad damit bestrichen. Knoblauch ist den Augen schädlich, macht eine helle Stimme, bringt den Frauen ihre Zeit und hilft der zweiten Geburt, den Bauch damit bestrichen. Wer viel Knoblauch ißt, verzehrt innen und außen die böse Feuchtigkeit. Kein Tier verletzt denjenigen, der Knoblauch gegessen hat. Sein Geruch vertreibt allerhand giftige Tiere. Knoblauch mit Essig gesotten und das mit Honigwasser getrunken, vertreibt die Spulwürmer und allerhand Würmer im Bauch. Stetiges Knoblauchessen bringt Hauptweh und Unreinigkeit des Geblüts. Knoblauch ist auch den arbeitenden Menschen gut, die stets Wasser trinken und kalte unverdauliche Speisen essen.

Kümmel, Cuminum, Wiesenkümmel, Carum carvi L., Kähm: Der Kümmel, den man in Deutschland gemeiniglich gebrauchte, galt als hitzig und trocken im dritten Grad. Er stärkt die Verdauung und galt als herzstärkendes Heilmittel. Wiesenkümmel ist gut im Brot zu backen und in den Käse getan. Er ist nützlicher als jedes Gewürz aus Arabien, meint Hieronymus Bock. Gegen das Zittern der Glieder bade man in einem Sud aus Kümmelkraut. Ein Umschlag aus Kümmel- und Eichgallenwasser strafft hängende Brüste. Gegen Ohren- und Zahnschmerzen lege man ein in Wein erwärmtes Kümmelsäckchen auf. Jakob Theodor sprach ihm desweiteren wundheilende, entzündungshemmende, blutgerinnselauflösende, wehenhemmende und nieren- und blasensteinauflösende Eigenschaften zu. Wer zuviel Kümmel gebraucht, bekommt eine böse Farbe. Er verzehrt die böse Feuchtigkeit im Menschen. Außerdem vertreibt er die Würmer aus dem Bauch.

Muskatnuß, Nux muschata; Muskatblume, Macis: Herrliche Baumfrüchte, die durch die Holländer nach Europa geschafft wurden. Ihr Geruch ist lieblich, ihr Geschmack balsamisch, und ihre Wirkung ist kräftig und durchdringend. Sie sind beide warm und trocken im zweiten Grad. Diejenigen, die einen flüssigen Bauch haben, sollen Muskatblumen genießen, sie helfen und stärken den Magen. Sie verzehren alle bösen Feuchtigkeiten. Muskatblumen helfen auch bei Herzzittern.

Nägelein, Gartennelke, Caryophilli: Werden so genannt, weil sie die Form eines Nagels haben. Die großen Nägelein nennt man Mutternägelein. Helfen gegen den stinkenden Mund, schärfen die Augen, dienen dem Magen und der Leber, stärken das Herz, stopfen den Bauch und sind verdauungsfördernd. Sie geben dem Leib einen guten Geruch. Von den Nelken pflegt man ein köstliches Öl zu destillieren. Hat alle Tugenden und Kraft des wahrhaftigen edlen Balsams, innerlich und äußerlich zu gebrauchen. Die Blätter, unter die Zunge gehalten, verleihen einen wohlriechenden Atem. Zu den Kleidern gelegt, geben sie ihnen einen guten Geruch und bewahren vor den Würmern.

Petersilie, Peterlein, Garteneppich, Schwarzkraut, Steineppf, Petroselinum crispum A. W. Hill: Die Wurzel und das Kraut gebühren dem Koch, der Samen vornehmlich dem Apotheker. Sie ist von Natur aus heiß und trocken im dritten Grad im Anfang oder am Ende des zweiten Grades. Das Kraut, die Früchte und der Sud fördern die Wundheilung. Als fiebersenkende Arznei empfahl man einen Salat aus Petersilie und Sauerampfer mit Essig. Das *Peterlin wasser* regt die Funktion von Blase, Nieren, Darm und Galle an. Es soll zu Beginn des Herbstes aus der zerkleinerten Wurzel und dem Kraut destilliert werden. Gegen Nieren- und Blasensteine empfahl man mehrmals täglich Petersilie in Erbsenbrühe zu trinken. Die Einnahme der gekochten Petersilienwurzel in Ysopsirup sei gut gegen Bronchitis. Gegen asthmathische Anfälle soll man einen Hahn mit kleingeschnittenem Süßholz, Feigen, kleinen Rosinen, Zimtrinden, Muskatblüten, Salbeiblättern, Merzenviolen und frischer Petersilienwurzel füllen und ihn in einer Fleischbrühe gar kochen. Von dieser Flüssigkeit sollte der Patient dann morgens und abends einen warmen Becher voll trinken. Der Wurzel der Petersilie sprach man entzündungshemmende, blutgerinnselauflösende, schlaffördernde, milchbildende und schmerzstillende Eigenschaften zu. Ausdrücklich warnte man schwangere und stillende Frauen vor der Einnahme der Petersilie, denn sie mache in solchen Fällen unkeusch.

Pfeffer, Piper: Man unterscheidet in den schwarzen, weißen und langen Pfeffer. Der Pfeffer ist hitzig und trocken im vierten Grad. Welcher oft Pfeffer ißt, dem vertrocknet der natürliche Samen. Die Frauen, die oftmals Pfeffer genießen, werden unfruchtbar. Pfefferkörner und gebrannter Knoblauch untereinander gemischt und mit Wermutsaft eingenommen, vertreibt das Grimmen im Bauch. Der lange und der runde Pfeffer fördern die Verdauung und machen auch mager, weil sie die Feuchtigkeit des Menschen vertrocknen und verzehren.

Rosmarin, Rosmarinus: Ist hitzig und trocken im dritten Grad. Der Saft von Rosmarin mit Honig vermischt, nützt den dunklen Augen. Er wird auch verwendet gegen Bauchweh, fördert das Harnen, tötet Würmer, hilft gegen Podagra und Krebs. Siede Rosmarin in Wasser, trinks und misch den Wein damit, bringt Appetit zum Essen. Wer am Leib geschwollen oder mit Gicht behaftet ist, der siede die Blätter in Wasser, tue sie in ein kleines Tüchlein und binds darauf. Mit anderen Dingen gesotten hilft er gegen Wassersucht, fallende Sucht, Ohnmacht oder Unkräfte des Herzens und bringt Fruchtbarkeit. Rosmarinwasser ist für alle oben beschriebenen Krankheiten gut.

Safran, Saffran, Crocus: Ab dem 16. Jahrhundert zog man den Safran um Wien dem Orientalischen und dem Mittelländischen vor. Adamus Lonicerus schreibt über ihn: *„Ist deß Geruchs und Farb halben / in der Küchen und zu der Artzney hoch zu loben / inn= und ausserhalb deß Leibs nützlich zu gebrauchen.“* Safran gibt eine schöne Farbe, stärkt das Herz und macht ein fröhliches Geblüt. Safran in der Speise genossen, macht einen langen Atem und benimmt das Keuchen. Er hilft gegen Geschwüre in der Brust. Bringt Unlust zum Essen und stärkt mit seiner Hitze doch den Magen. Ist gut für die Milz, bringt Begierde zur Unkeuschheit (fördert die Wollust), ist harntreibend und macht ein gutes Geblüt. Safran auf einmal zwei oder drei Quintlein getrunken, ist tödlich. Desweiteren hilft er gegen Hauptweh und Podagra und eröffnet harte Beulen.

Zimtrinden, Cinnamomum: Zimtrinde ist hitzig im dritten Grad und trocken im zweiten. Besänftigt den Husten und nimmt den Schnupfen. Ist gut den Wassersüchtigen, dient dem erkalteten Magen, stärkt die Augen, das Herz und reinigt das Blut.

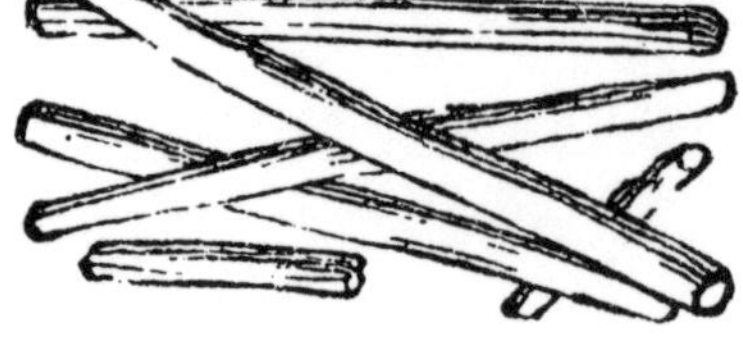

Pfauenfleisch gibt böses Geblüt - Die Viersäfte-Lehre

Kalt und Feucht - Kalt und Trocken - Warm und Feucht - Warm und Trocken

Auf den engen Zusammenhang zwischen Kochkunst und der medizinischen Lehre und Heilkunst wurde schon desöfteren hingewiesen. Über das ganze Mittelalter und die Renaissance hinaus herrschte die sogenannte Viersäfte-Lehre, die auf den griechisch-römischen Arzt Galen (130 - um 201 n. Chr.) zurückging. Nach dieser bestand jeder lebendige Körper aus vier Körpersäften (Feuchtigkeiten): Blut *(sanguis)*, Schleim *(phlegma)*, rote Galle *(cholera)* und schwarze Galle *(melancholia)*. Diesen vier Säften waren Hitze, Kälte, Trockenheit und Feuchtigkeit zugeordnet. Das Temperament eines Menschen wurde dem Vorherrschen eines dieser Säfte zugesprochen. So stand die schwarze Galle für den Melancholiker (kalt und trocken), der Schleim für den Phlegmatiker (kalt und feucht), das Blut für den Sanguiniker (warm und feucht) und die gelbe Galle für den Choleriker (warm und trocken). Auf diese Typen wurden die vier Grundelemente Erde, Wasser, Luft und Feuer übertragen. Das körperliche Befinden des Menschen (auch der anderen Lebewesen) wurde durch das Verhältnis der Körpersäfte zueinander bestimmt. Die ausgewogene Mischung der Körpersäfte *(temperamentum)* bewirkte Gesundheit, das Überwiegen eines Saftes oder ein gestörtes Mischungsverhältnis verursachte Krankheit. Diese wiederum konnte im wesentlichen zwei Ursachen haben, zum einen den Überfluß eines Körpersaftes und zum anderen eine Verdorbenheit der verschiedenen Säfte *(corruptio)*. Diese Harmonie wieder herzustellen war die Aufgabe des Arztes – oder des Koches. Man wußte schon sehr früh, daß die falsche Ernährungsweise die Ursache von Unwohlsein oder Krankheit sein konnte. Konrad von Megenberg schreibt in seinem um 1350 entstandenen *Puch der Natur* darüber folgendes: Das Hirschfleisch ist melancholischer Natur, Igelfleisch hat die Kraft, die Feuchtigkeit zu mildern, vom Aal wird gesagt, er habe böse feuchte Dünste in sich, Bilsenkraut sei ein kaltes Kraut, Ysop sei heiß und trocken oder Reis ist warm und trocken. Die *Kuchemaistrey* von 1485 formuliert kurz und knapp: „Erkennst Du Deine Natur, so erkennst Du auch was schlecht für Dich ist. Danach bereite Dein Essen." Meister Eberhard lehrt, daß zarte, warme Speise den Menschen länger zur Gesundheit verhilft als grobe, kalte Speisen. In dem „Fischbuch" des Gregor Mangolts von 1557 wird festgestellt, daß alle Fische von Natur kalt und feucht sind. Daraus folgt, daß sie keiner Complexion (Ernährungszustand) schädlicher sind als den Phlegmatikern, da bei ihnen die kalte und feuchte Natur ohnehin vorherrscht und noch mehr zunehmen würde, wodurch dann böße Mägen, schädliche Fieber und Wassersucht folgen. Dagegen sind die Fische den Cholerikern überhaupt nicht schädlich. Sie werden mit der Kälte und Feuchtigkeit der Fische etwas temperiert und gemäßigt. Die für ein Temperament geltenden schädlichen Eigenschaften bestimmter Tiere und Zutaten konnten und können natürlich gebrochen bzw. temperiert werden. Zucker galt von alters her als ausgewogen und geradezu ideal zum Temperieren, woher unsere zahlreichen süß-sauren Speisen herrühren.

Im *New Kochbuch / Für die Krancken* von 1545 geht der Mediziner Gualtherus Ryff auf zahlreiche Krankheiten und Gebrechen ein, die seine Zeitgenossen plagten. Vieles plagt uns heute noch, wie Magen- und Bauchweh, Hauptweh, Fieber, Niesen, Angst und Traurigkeit, Schwindel, Blödigkeit des Hirns, Melancholie, Magersucht, Übergewicht, Lenden- und Nierenweh, Schnupfen, Bauchverstopfung, Appetitlosigkeit, Nasenbluten, Schwindsucht, brennender Eiter und Blutharn, Lebersucht, Wassersucht (Tympanites), Katharr, schwerer Atem, Fallsucht, Podagra (Gicht), Mutterweh (Geburtswehen), Syphillis usw.
Im Folgenden haben wir einen Auszug aus dem *New Kochbuch / für die Krancken* vorangestellt, um den geneigten Lesern das Verständnis für die mittelalterlichen Rezepte und ihre Zubereitung zu erleichtern und zu erläutern.

Kalt und Feucht

Semmelbrot oder Weißbrot aus Weizen ist am nützlichsten, Gersten- und Hirsebrot ist nicht mehr im Gebrauch. An Kräutern: Lattich, die krausen Köpfe vom Endivien, der rechte zahme Wegweiß, *Burtzelkraut.* Bei den Fleischspeisen neigt keins zu Kälte und Feuchte, ausgenommen das Fleisch des Kranichs, das Hirn von Tieren ist von kalter und feuchter Complexion, auch das Mark und die Augen. Kuheuter wird langsam verdaut, gibt aber gute Nahrung. Die Lunge ist auch von kalter und feuchter Natur, gibt phlegmatische Nahrung. Davon bereitet man Lungenmuslein oder siedet sie mit halb Wein und Wasser, macht ein gelbes Brühlein oder ein Nelkenbrühlein daran. Die anderen Stücke und Glieder neigen zur Wärme oder sind dem Kranken unbequem, wie die Kuttelflecken. Von Fischwerk dienen die Fische, die im süßen Wasser gefangen werden (im 2. Grad kalt und feucht). Die Meerfische geben aber weniger schleimige Nahrung. Doch kann man diesen Mangel abwenden, wenn man sie mit hellem Feuerlein gut und rasch absiedet, scharf mit Salz oder mit halb Wein und Wasser oder mit Essig blau absiedet und mit gutem Gewürz, Pfeffer, Ingwer und Nelken abmacht. Die Meerfische sind bequemer und leichter verdaulich.
Krebse sind kalter und feuchter Natur, hartverdaulich. Solches wird ihnen genommen, wenn man sie mit Salz, Essig und Pfeffer absiedet und auf dem Tisch mit scharfem Essig, Zucker, Zimt und Pfeffer ißt. Die Meermuscheln und dergleichen welsche Speisen dienen den Kranken nicht. Desweiteren zählt man den Wegweiß dazu. Spinat oder Binetsch ist ein gemeines Gemüskraut und soll seinen Ursprung in Spanien haben, gelinder und besserer Nahrung ist der Mangold. Er soll dem Magen schädlich sein, was man ihm nimmt, wenn man die erste Brühe hinwegschüttet. Weiter dazu zählen: Laktuke (Gartenlattich), Kürbis, Müslein und Brühlein von Kornfrüchten, süße Granatäpfel, Maulbeeren, Pflaumen, süße Äpfel, die richtig zeitig sind, Pfirsiche, Pomeranzen, ungesalzene Limonen, Kirschen, Milch, Sauermilch, frischer weicher Käse, der nicht gesalzen ist. Getränke: Wasser und Gerstenwasser.

Kalt und Trocken

Hirse, Gerste, Amidum oder Kraftmehl aus gutem Weizen, Vogelherzen, Eingeweide und Därme und dergleichen, saure Granatäpfel, Birnen, Nespeln sind dem hitzigen Magen bequem, Saurach (Sauerdorn), Saft von sauren Granatäpfeln, Agrest und Essig.

Warm und Feucht

Borretsch, Ochsenzunge, Hammel, *Spünwiderfleisch* (Fleisch vom Schafböcklein), Hennenfleisch, besonders die jungen, die älteren neigen sich mehr zur Kälte. Hennenfleisch gibt gutes gesundes Blut, Schweinefleisch, junges Fleisch von saugenden Lämmern, Taubenfleisch, Entenfleisch ist das allerhitzigste Fleisch aller zahmen Vögel, die man aufzieht, in allen Fiebern schädlich. Pfauenfleisch ist hartverdaulich und gibt böses Geblüt. Wachteln sind hartverdaulich und reizen zu Fieber. Die Augen von feisten Tieren geben schleimige Nahrung und sind sehr schwer verdaulich. Leber, aber Hühnerleber ist gesund, die Geilen (Hoden) aller Tiere sind unbequem, ausgenommen junge Hähne, die noch nicht gestiegen haben, denn sie geben über die Maßen gute gesunde Nahrung. Rüben, Pastinaken, frische Butter, Eidotter, Feigen sind dem Magen schädlich, Süßäpfel, süße Maulbeeren, süße Mandelkerne, römische Haselnüsse, wohlzeitige Weintrauben, aber frisch vom Weinstock abgenommen, blähen sie sehr und es krümmt sich der Bauch davon. Getränke: frische Milch, leicht geringe Weine, weiß von Farbe und wässerig. Gewürze: Minze, Bachminze, Salbei, *Cappres* (Kapern).

Warm und Trocken

Zimmern (Krametvögel), Amseln, Drosseln sind schwer verdaulich, Turteltauben, Wachteln, alles Wassergeflügel, Hasenfleisch, junge, halbgewachsene Hasen gesotten und eine bequeme Brühe darüber gemacht, ist leicht verdaulich und eine gute Speise. Weiter dazu zählen: Gesalzene Fische, Petersilie, das Kraut stärkt die Verdauung, aber die Wurzel ist hartdauig, Kohlkraut, Majoran, Rosmarin, die beiden letzteren stärken das Hirn und öffnen die Verstopfung der Leber und der Milz, gemeine weiße Erbsen, wenn sie geschält sind, dienen sie der Lunge und der Leber, Reis, Rettich von Wurzeln, Zwiebel, Zwiebellauch, Feigen gedörrt, Nüsse, Kastanien, gesalzene Käse, Honig, Süßwein, Senfsamen, Anis, Fenchel, starker Wein.

Rezepte

Mein Kind, prüfe was deinem Leibe gesund ist,
und siehe, was ihm ungesund ist, das gib ihm nicht.
Denn allerlei dient nicht jedermann,
so mag auch nicht jedermann allerlei.
Überfülle dich nicht mit allerlei niedlicher Speise
und friß nicht zu gierig. Denn viel fressen
macht krank und ein unsättiger Fraß kriegt das Grimmen.
Viel haben sich zu Tode gefressen,
wer aber mäßig ißt, der lebt desto länger.
(Alte Spruchweisheit)

Eine kurze Einleitung

Bevor wir uns nun den Rezepten zuwenden, seien folgende Anmerkungen gestattet. Wir untergliedern den Rezeptteil, wobei in den einzelnen Kapiteln chronologisch vorgegangen wurde. So kann man die kulinarische und sprachliche Entwicklung der Rezepte, Zubereitungsarten und Zutaten vom 13./14. bis 16. Jahrhundert verfolgen. Die Rezepte können leicht über ein Register erschlossen werden. Die mittelalterlichen Köche und noch ihre renaissancezeitlichen Kollegen diktierten zumeist ihre Rezepte einem Schreiber und unterließen es, genaue Mengen- und Zeitangaben preiszugeben. So müssen wir in der Regel mit Umschreibungen wie „Nimm es in Maßen!", „Salze es nicht zu viel!", „Siede es eine Zeit!" und ähnliches klarkommen. Beim Würzen und Salzen gilt, daß es ein guter Koch zwischen Daumen und Zeigefinger hat. Größere Schwierigkeiten bereitet es allerdings, wenn unser Schreiber Zubereitungsgänge vergessen hat, unser Küchenmeister von der Kenntnis derselben ausgeht und sie deshalb „unterschlägt" oder aber, was noch viel schlimmer ist, Zubereitungsgänge vertauscht wurden. Hier ist das Experiment die einzige Möglichkeit, um das Rezept zum Gericht werden zu lassen. Dafür finden sich Hinweise in Klammern. Die Übersetzungen der Rezepte orientieren sich an den Originalen und am spätmittelalterlichen „Satzbau", um dem Leser das Vergnügen der alten deutschen Sprache zu belassen. Begriffe wie Hafen (Topf), sieden (kochen), machen (zubereiten), abmachen (zugeben) usw. wurden nicht übertragen. Sprachgeschichtlich interessante Eigennamen wie *agraz, Mancho Blanko* oder *Galreide* wurden in kursiver Form oder in Klammern mit angeführt. Einige Rezepte verstehen sich als Sprachdenkmäler. Entweder ist eine kulinarische Umsetzung heute nicht mehr möglich, da die zuzubereitenden Tiere unter Naturschutz stehen (Bär, Biber, Neunaugen) oder ausgestorben sind (Auerochse). Bei Überwürzung ist Vorsicht geboten – zahlreiche Gerichte sind für unsere heutigen Gaumen vielleicht nicht genießbar und enden in den meisten Fällen in der Biotonne. Die meisten Kräuter und Gewürze wurden frisch dazugegeben, wenn nicht Pulver zugelassen ist oder empfohlen wurde. Pfeffer im Mörser nicht zu stark pulverisieren, das galt als schädlich.

Von Suppen zu machen

Zu den beliebtesten Suppen des Mittelalters und der Renaissance dürfte zweifellos die Biersuppe zählen, wenngleich sie heute kaum mehr bekannt ist und nur noch bzw. wieder auf Burgen und in Brauereigaststätten serviert wird. In der alten deutschen Küche goß man die Brühe über Fleisch oder über eine Semmelscheibe, die zumeist geröstet wurde, in den Teller. Auf der herrschaftlichen Tafel begegnen wir ab dem 16. Jahrhundert immer wieder der Olla podrida (fauler Topf), einem spanischen Nationalgericht, der schon der spanische Schriftsteller Cervantes ein literarisches Denkmal setzte. Der Freiherr von Rumohr sah in ihr ein „verworren gedachtes Gemengsel eßbarer Dinge" und an anderer Stelle: „Kein Veilchen kann mit dem Duft wetteifern, der eine Olla ankündigt." Bestimmend für den Charakter dieser „Spanischen Suppe" ist die unglaubliche Anzahl von Ingredenzien und eine lange Kochzeit von mehreren Stunden. Zudem setzt sie eine größere Zahl geladener Gäste voraus. Marx Rumpolt, dessen *Hollopotrida* (Nr. 10) von Manfred Lemmer treffend als *Monstre-Suppe* bezeichnet wurde, befindet nur sie und die Hecht- und Mandelsuppe von seinen 63 Suppenrezepten für einen Kaiser würdig. Natürlich kann man eine Olla podrida auch aus weniger Zutaten oder Fischen herstellen.

Um dem Übel angebrannter Suppen zu begegnen, rät ein französisches Hausbuch des Jahres 1393 folgendes: „Um Deine Suppe vor dem Anbrennen zu bewahren, rühre sie oft um. Dabei mußt Du mit Deinem Löffel richtig bis auf den Boden des Topfes kommen, so daß dort nichts ansetzen kann. Sobald Du bemerkst, daß etwas anhängt, höre mit rühren auf, nimm die Suppe augenblicklich vom Feuer, und schütte den Inhalt in einen anderen Topf. Um den angebrannten Geschmack aus Suppen wegzubekommen, nimm einen neuen Topf, und gieße Deine Suppe da hinein. Dann nimm ein kleines Stück Sauerteig, binde es in ein weißes Tuch, und wirf es in Deinen Topf. Laß es aber nur für eine kurze Weile darin. Wenn Deine Suppe zu salzig ist und Du

willst weder etwas hinzutun noch wegnehmen, so lege ein sehr weißes Tuch auf Deinen Topf, und wende es oft. Den Topf mußt Du aber genügend weit vom Feuer entfernen." Übrigens verfaßte ein im Alter vorgerückter Ehemann diese und andere Ratschläge für seine noch junge, unerfahrene Ehefrau von fünfzehn Jahren!
Hielten sich Suppen im Mittelalter eher dezent von der Tafel fern, wurde das 18. Jahrhundert zum Quellmund neuer Suppenkreationen. Im *Neuen Saltzburgischen Koch=Buch* von 1719 gibt Küchenmeister Conrad Hagger 417 Suppenrezepte preis. Er kam auf diese ungeheure Zahl, weil er auf Befehl seines Fürsten Sigismund Ignatio, Bischof zu Chiemsee und Graf von Wolckenstein täglich eine neue Suppe kredenzen mußte und dies ein Jahr lang durchhalten sollte, er aber selbst, seinen eigenen Aufzeichnungen nach, damit sechs Jahre kontinuierte, d. h. er schuf über 2.000 verschiedene Suppen!

1. Eine Mandelsuppe

Wenn du eine Mandelsuppe machen willst, nimm ein Semmleinbrot (Semmelscheiben), backe sie schön und gieß die Mandelmilch daran, willst du eine Suppe haben.

2. Eine Hanfsuppe

Eine Hanfsuppe mach wie folgt: Du sollst den Hanf mit Wein durchschlagen, willst du eine gute Suppe haben, und nimm geröstetes Brot und eine Zwiebel und einen Apfel und hack das klein und schwitze das auf kleiner Flamme in Öl und tue das daran.

3. Brautpupchen, eine treffliche Weinsuppe

Nimm Wein in einen Topf, daß es genug ist auf eine Schüssel, setze ihn zum Feuer und laß ihn aufsieden. Mache ihn süß mit Zucker oder Honig, salze ihn und würze ihn ab mit Ingwer und Zimt und wirf ganze Muskatblumen hinein. Schneide Zwiebeln klein, wirf sie in einen Tiegel, gieße Baumöl oder geschmelzte Butter dazu und setze es über das Feuer, röste sie gut braun ab, tue kleine Rosinen hinzu und schneide Semmeln hinein, wie bei einer rindernen Suppe, lege die Semmel auf eine Schüssel und gieß die vorgenannte Suppe darauf. Hierauf schütte Rosinen und Zwiebeln drauf und gib es hin.

4. Eine höfliche Käsesuppe zu machen

Lange Käse heraus, wasche sie rein aus in einem reinen warmen Wasser, schneide sie klein, tue sie in einen Topf und setze sie zum Feuer mit Wasser. Wirf geschälte Zwiebeln, grüne Petersilie, Kraut und Wurzel und Salbeiblätter hinein, laß das gut sieden und gib acht, daß es nicht anbrennt. Wenn es dann gesotten ist, so treib es durch ein Tuch oder Sieb, tue sie wieder in einen reinen Topf, mache sie fett ab mit Butter, schütte ganzen Kümmel darein, salze sie und bringe sie zu Tisch.
Wenn du aber Klößchen von Käse dabei haben willst, so nimm harte Käse, reibe sie auf einem Reibeisen klein, schlage vier Eier darunter, wo es auf eine Schüssel genug ist und mache es durcheinander, daß es hübsche Klößlein werden, wie von Kalbfleisch. Lege sie in die vorgenannte Suppe und laß sie gut sieden. Wenn sie gut gesotten sind, so richte sie wie vorgeschrieben steht an.

5. Lammfleisch in einer Suppe

Laß das Lammfleisch sieden, nimm drei Löffel voll Suppe, 1 Löffel voll Essig und gib diese Brühe in eine Pfanne. Laß es kalt werden, schlag 20 Eier darein, würze es ab mit Safran, Pfeffer und Ingwer, streichs durch ein Tuch und setz es auf Kohlen, bis es gut schäumt. Tu das Fleisch in eine Schüssel und schütte die Suppe darüber.

6. Linsensuppe

Siede Linsen fein gemächlich, röst eine Zwiebel darein, säure es (mit Essig), gib pulverisierte Gewürze und Weinbeeren dazu, gibs auf ein geröstetes Brot als Nachtessen.

7. Gänsesuppe zu machen

Mach es so: Setz unter die Gans eine weite Pfanne, wenn du sie brätst und laß das Schmalz dareintriefen. Nimm danach eine gute Milch, siede sie mit Zucker und tu das gebratene Gänsefleisch darein.

8. Ungarische Hechtsuppe

Nehmt den Hecht und schindet ihn (enthäutet ihn) und macht ihn zu Stücken. Nehmt einen guten Wein, schneidet Äpfel fein klein, laßt sie eine halbe Viertelstunde darin sieden. Alsdann legt den Hecht darein und laßt ihn darinnen sieden und würzt ihn. Tut ungefähr acht Limonen hinein und ein wenig nicht ganz scharfen Essig und gelbt ihn (mit Safran) und laßt ihn sieden, bis er fertig gesotten ist.

9. Suppe von einer Leber

Nehmt Leber von einem Kalb oder Lamm, siedet sie, bis sie lind (weich) wird, nehmt eine Fleischbrühe, die feist ist, hackt auch die Leber klein und tut Salz, Ingwer und Pfeffer daran und laßt es aufkochen.

10. Hollopotrida zu machen mit allen Zugehörungen

1. Rindfleisch in einer Brühe abgesotten, bis es gar ist, doch daß es nicht versotten ist, aus der Brühe ausziehen, kalt werden lassen und die Brühe aufheben und sauber zudecken. 2. Schweinefleisch, zugerichtet in einem Wasser und gar gesotten, zieh es aus der Brühe und laß es kalt werden. 3. Rückgrat vom Schwein, wohl gesotten aus der Brühe gezogen und kalt werden lassen. 4. Den Schwanz vom Schwein gesotten und kalt werden lassen. 5. Schweineohren gar gesotten. 6. Die Würste auch gebraten. 7. Siede die Leberwürste und schau, daß du sie nicht versiedest. Zieh sie auf ein Brett und laß sie kalt werden. 8. *Zirwonada* (Fleischwürste, auch aus Hirn) auf Welsche Art gemacht, gesotten und kalt werden lassen. 9. Gebratene Kapaunen. 10. Gesottene Kapaunen, die nur halb gesotten sind. Heb die Brühe davon auf, denn man braucht sie mit der Rindfleischbrühe. 11. Gebratene Rebhühner oder Feldhühner. 12. Gesottene Rebhühner, die halb gar sind. 13. Haselhühner, nicht ganz gar gebraten. 14. Gesottene Haselhühner, die halb gar sind. 15. Fasan, der halb gebraten ist. 16. Fasan, der halb gesotten ist. 17. *Hattele* (Fleischröllchen) vom Kalbfleisch, halb gebraten. 18. Hattele vom Rindfleisch, gar gebraten. 19. Kälberwürste, halb gebraten. 20. Geräuchertes Rindfleisch, das nicht gar versotten ist. 21. Geräuchertes Kalbfleisch, das man nicht stark aufsieden läßt und kalt werden läßt. 22. Geräucherte Hennen, die nicht gar gesotten sind. 23. Gänse, die nicht gar gebraten sind.

24. Enten, halb gebraten. 25. Gesottene Enten. 26. Gebratene Krametvögel (Drosseln), die nicht verbraten sind. 27. Allerlei kleine gebratene Vögel. 28. Gesottene kleine Vögel. 29. Gesottene Krametvögel. 30. Knochen vom Kalbfleisch, die nicht versotten sind. 31. Gesottene Kastraun oder Hammelfleisch. 32. Gebratene Kastraun oder Hammelfleisch, das gar ist. 33. Kuttelflecke oder Sülzen, die gar gesotten sind, daß man sie zerschneidet, an ein Spieß steckt und brät, besonders wenn sie sauber und zugerichtet sind, daß sie nicht nach der Herberg schmecken (schlecht schmecken). 34. Gelbe Rüben, fein grob geschnitten und in gesottenem Wasser gequollen und kalt werden lassen. 35. Spinat geklaubt, ein wenig gequollen und aus dem Wasser ausgedrückt. 36. Weiße Stickelrüben, sauber geschält, gequollen und ausgekühlt. 37. Gebratene Hasen, die nicht gar sind. 38. Weiße Wasserrüben, grob geschnitten und in Wasser gequollen. 39. Gebratene Auerhähne, die nicht gar gebraten sind. 40. Gebratenen Indianischen Hahn, der auch nicht gar gebraten ist. 41. Gebratenen Birkhahn oder Birkhenne. 42. Gesottenen Birkhahn. 43. Gebratene Trappen. 44. Gesottene Trappen. 45. Gebratene junge Hühner, die im Saft gebraten sind. 46. Gesottene junge Hühner. 47. Braten von einem Hirsch, nicht verbraten. 48. Braten von einem Reh, im Saft gebraten. 49. Schweinebraten, die nicht verbraten sind. 50. Petersilienwurzel geschabt, gequollen (mit heißem Wasser abgebrüht) und voneinander geschnitten. 51. Allerlei wohlschmeckende gehackte Kräuter und darunter getan. 52. Auch ein wenig Knoblauch. 53. Origanumkraut. 54. Geriebenen Parmesankäse. 55. Geriebenes Roggenbrot. 56. Geräuchertes Schweinefleisch, das nicht versotten ist. 57. Weißkopfkraut, das gequollen ist. 58. Weißkopfsalat, auch gequollen. 59. Hirschohren, die ausgesäubert und gesotten sind. 60. Lämmerfüße, auch nicht gar gesotten. 61. Kastraun oder Hammelsfüße, die nicht gar sind. 62. Kälberfüße, die geräuchert und nicht versotten sind. 63. Ochsenfüße, die nicht versotten sind. 64. Geselchtes (geräuchertes) Lammfleisch, das nicht versotten ist. 65. Gesottenes Lammfleisch, das nicht gar ist. 66. Geräuchertes Geißfleisch. 67. Gesottenes Geißfleisch. 68. Ganzen Pfeffer. 69. Muskatblüte. 70. Gestoßenen Pfeffer. 71. Ingwer. 72. Safran, unter das geriebene Brot und Parmesankäse gemengt, zwischen die Speise gestreut. 73. Rinderlungenbraten. 74. Gebratenen Braten von Gemsen. 75. Braten von einem Steinbock. 76. Gebratenes Murmeltier. 77. Gesottenes Murmeltier. 78. Gebratene Duckenten. 79. Gesottene Schnepfen. 80. Gebratene Schnepfen. 81. Gesottenes Spanferkel. 82. Gebratenes Spanferkel. 83. Gebratene *Küniglein* (Kaninchen). 84. Geräucherte Ochsenzungen. 85. Kuheuter, wenn es gesotten ist, so schneidet man es fein breit, legt es auf einen Rost und bräunt es sauber ab. 86. Schweinefüße und

Ohren, es sei von zahmen oder wilden Schweinen. 87. Grünkohl, überquollen. 88. Pastinakenwurzel, geschabt und gequollen. 89. Kohlrüben, grob geschnitten und gequollen. 90. Pertrumkraut (Ringelblume, im süddeutschen Raum auch für Estragon).

Nimm einen breiten überzinnten Fischkessel und richte das Kräuterwerk und Fleischwerk, es sei gebraten oder gesotten, wie zuvor beschrieben ist, fein ein nacheinander, zettelweise, daß man Gebratenes und Gesottenes durcheinander mengt, grüne Kräuter, die kleingehackt sind, geriebenes Brot und Parmesankäse, den Knoblauch, der kleingeschnitten ist und das Gewürz, welches genannt wurde, durcheinander gemengt, daß nicht alles über einen Haufen kommt. Und wenn es eingerichtet ist, so nimm die Rindfleisch-, Hennen- und Kapaunenbrühe, die fein lind gesalzen, seihe sie darüber durch ein Härintuch (Haartuch oder Seihtuch). Nimm auch ein eingebranntes Mehl darein, setz es auf Kohlen, doch auf ein brennendes Feuer, daß es nicht anbrennt, und schau, daß du es nicht versieden läßt, daß du ein jegliches Stück auf eine Schüssel besonders anrichten kannst. Denn solche Speise kann man nicht lange sieden, weil sie fast schon gar ist. Und eine solche Speise kannst du auf zehn oder zwölf Tische zurichten oder wohl nur auf einen Tisch. Und es muß sich ein Koch flugs tummeln, daß er dieses Zeug alles zusammenbringt. Wer es zurichten will, der muß es zwei oder drei Tage zuvor anfangen, daß er alles zusammenbringt und sauber zurichten kann, das es wohlgeschmack und nicht versalzen wird. Darum nennt man es Hollopotrida, daß „Vielerlei zusammenkommt" und es ist gut für König und Kaiser, für Fürsten und Herren zu geben.

11. Pilzsuppe

Nimm gedörrte Schwämme, wasch sie sauber mit etlichen Wassern aus, setz sie zu mit Erbsenbrühe und klein geschweißten Zwiebeln. Mach es ab mit Essig, Pfeffer, mit Safran und Salz und laß es miteinander eine oder zwei Stunden sieden, so wird es gut und wohlgeschmack.

12. Spinatsuppe

Nimm Spinat, der gequellt ist, hack ihn klein und rühr ihn gut ab mit Eiern. Nimm Erbsenbrühe, die gepfeffert und gegelbt ist (mit Safran), zieh den Spinat darein und rühr es um, bis es aufsiedet. Gib Schmalz und Salz dazu, so ist es gut und wohlgeschmack. Und man nennt es eine Spinatsuppe.

13. Suppe von Feldhühnern

Die Feldhühner bringt man zum Feuer, mit Kapaunen oder Rindfleischbrühe. Danach nimmt man Rinderknochenmark, und wenn die Feldhühner bald gar sind, tut mans darein und nimmt ein klein wenig Safran, wovon es die gelbe Farbe bekommt, ganze Muskatblumen und ein oder zwei Eierdotter, mit ein wenig Wein gebrochen drein. Danach gib Scheiben von weißem Brot geröstet in eine silberne oder zinnerne Schüssel und gibt die Feldhühner angemacht darauf, daß sie warm zu Tisch kommen.

14. Markknochen vom Ochsen

Man siedet die Markknochen mit dem Fleische gar und wenn sie mager sind, schneidet man das Magerfleisch ab und läßt das Feiste (Fett) sitzen und setzt danach die Knochen in einen Hafen (Topf), daß das Mark nicht herausfließen kann. Man füllt dann Rindfleischbrühe auf, dazu auch das Feiste, schneidet Weißbrot in Scheiben, röstet es, begießt es mit derselben Brühe und wenn man sie zu Tische tragen will, streut man Parmesankäse darüber.

15. Biersuppe

Unter den zahlreichen Rezepten für Biersuppe fanden sich naturgemäß etliche Varianten. Entscheidend für eine gute Biersuppe ist jedoch das Bier, denn die Suppen dürfen auf keinen Fall mit Pilsener, Hefeweizen oder alkoholfreiem Bier zubereitet werden. Am besten eignen sich dafür die thüringischen, milden und leicht süßlichen Schwarzbiere. Nimmt man das herbe Watzdorfer (www.watzdorfer.de) dazu, muß man süße Äpfel hinzugeben, um die Bitterkeit herauszuziehen. Das folgende Rezept wurde zwar neu kreiert, dürfte aber den köstlichen Biersuppen der Renaissance sehr nahekommen.

Nimm ausreichend Zwiebelringe und dünste sie in mildem Schinkenspeck, der in kleine Würfel geschnitten werden muß. Lösche mit Schwarzbier ab. Sobald die Zwiebeln, der Schinkenspeck und das Schwarzbier miteinander verkochen, gib in Maßen ungesalzene, kräftige Rinderbrühe hinzu und schmecke häufig nach Belieben ab. Versalze es nicht. Die Rinderbrühe kann mit Zwiebeln und Suppengrün abgemacht sein. Dabei sollte die Rinderbrühe zu gleichen Teilen wie das Schwarzbier zugegeben werden. Je nach Geschmack kann man auch das Suppengrün aus der Rinderbrühe oder weiteren Schinken hinzugeben. Diese Biersuppe, wenn sie eingekocht ist, eignet sich auch hervorragend als Sud oder Soße für Kohlrouladen, Schweinegulasch und Karpfen. Vorher kann man sie noch durch ein Haartuch seihen.

Von allerlei Tunken, Soßen und Brühen

Das Mittelalter kannte keine Soßen, wie sie im 17. und 18. Jahrhundert durch französischen Einfluß, einer „Epochenscheide" auf dem Gebiet der Kochkunst, aufkamen. Die verschiedenen Tunken und Soßen, oft als *condimentlein* oder *condimentum* (Würzbrühe) bezeichnet, stellten eine Besonderheit der mittelalterlichen Küche dar. Da das Fleisch am Spieß oder auf dem Holzrost gebraten wurde, war es nicht möglich, eine Soße zu gewinnen. Man stellte sie separat mit anderen Zutaten her. Die bekanntesten und beliebtesten Tunken waren der *agraz*, die *salse* (von Salz), der *pfeffer* sowie Zwiebel- und Kümmelsoßen. Pfefferbrühe wurde heiß aufgetragen, während der *agraz* und die *salse* kalt zubereitet und gegeben wurden. Zur Bereitung dieser Gewürztunken verwendete man hauptsächlich Essig, Wein und Weintrauben (meist saure), aber auch Blut, Zwiebeln, Mandeln (weiße Soße) und Nüsse. Zu Fischen gab man gern ein Condiment aus Zwiebeln. Als Bindemittel wurde meist Roggenbrot, Weißbrot, Semmelbrösel, Lebkuchen oder Pfefferkuchen verwendet.

In England gab es schon seit dem 12. Jahrhundert feste Regeln, welche Soßen oder besser Tunken zu welchem Essen gehörten, etwa Knoblauchsoße zu Gans, Senfsoße zu Eber, Rind oder gesalzenem Hammel, Ingwersoße zu Lamm, Kitz, Spanferkel oder Rehkalb. In einem Rezept aus dem 15. Jahrhundert wird erstmalig die Mehlschwitze erwähnt, das *Roux*, in Fett angebratenes Mehl. Heute erinnern die mexikanischen *Salsa* oder das von Indonesien her seit dem 17. Jahrhundert die ganze Welt erobernde *Ketchup* an die Tradition der Tunken.

16. Agrest *(agraz)*

Willst du einen Agrest machen, so nimm Weitrauben und zerstoßene saure Äpfel, vermische es mit Wein und drücke sie aus. Diese Tunke *(salse)* ist gut zu Hammelbraten *(scheffinen braten)*, zu Hühnern und zu Fischen und heißt *agraz.*

17. Condiment

Nimm Aschlauch und schäle ihn, reibe ihn mit Salz, mische ihn mit Wein oder mit Essig und drücke es aus. Diese *salse* ist gut zu Rinderbraten. *Unter Aschlauch versteht man eine von den Kreuzfahrern aus Askalon eingeführte Zwiebelsorte (Allium ascalonicum). Noch im 15. Jahrhundert war diese salse gebräuchlich. Man empfahl sie mit Ingwer abzumachen und obendrein zu Wildpret zu reichen.*

18. Ein Salse

Nimm saure Weintrauben und tu dazu Salbei, zwei Knoblauchhäupter (Knoblauchzwiebeln) und Speck und zerstoße dies miteinander, drücke es aus und gib es als eine gute Tunke.

19. Noch ein Agrest

Nimm Holzäpfel und Petersilie und weiße Rüben oder weißen Mangold und stoß das zusammen und drück es aus. Das heißt auch agraz. *Wilde Holzäpfel sind sauer und herb.*

20. Ein Condimentelin

Nimm Rindfleisch, siede es matt (weich), salze es wohl, nimm Aschlauch und Minze dazu, des Gewürzkrautes nimm genug, laß es wohl sieden in einem feisten Sud und gibs hin. *Gewürzkraut ist nicht genauer erklärt.*

21. Eine Salse von Weichseln

Willst du eine gute Salse von Weichseln machen, so tue die Weichseln in einen Hafen und setze sie auf eine Glut und laß sie sieden und dann wieder erkalten. Streich sie jetzt durch ein Tuch und tue sie dann zurück in den Hafen und setze sie wieder auf eine Glut und laß sie gut sieden und rühre sie um, bis sie dick wird. Gib dann Honig daran und geriebenes Brot und Nelken und gutes Gewürz und tue sie in ein Fäßlein. Sie bleibt dir gut drei oder vier Jahre erhalten.

22. Ingwersoße zu gebratenem Kapaun

Nimm guten Wein und von einer Semmel die Brosame und setz das auf das Feuer und laß es sieden. Und wenn es gut aufgesotten ist, so treib es durch ein Sieb, so dick wie möglich, und laß es dann zur Hälfte einsieden. Und dann würze es mit Ingwer und ein wenig Pfeffer, auch ein wenig Safran und Honig, daß es recht lind werde, auch damit es schön steif werde. Und gieß sie dann auf eine Schüssel und leg die gebratenen Kapaune darauf.

23. Eine Nelkenbrühe zu gebackenem Hecht oder Karpfen oder anderem zu machen

Nimm Rosinen, Lebkuchen und von einer Semmel eine geröstete Schnitte oder drei, und tu das in einen Mörser und zerstoß es, daß es wohl klein wird. Und setz es auf das Feuer mit etwas Wein, daß es gut aufsiedet. Und schlag es dann durch ein Sieb, so fein wie möglich, und setz es wieder auf das Feuer. Würz es mit Nelken, Zimtrinden und Pfeffer und ein wenig Safran, tu auch ein wenig ganze Rosinen in die Soße, auch Honig und ein wenig Essig. Und wenn du es anrichten willst, so koste die Soße, daß sie in jeder Hinsicht richtig ist. Und leg die gebackenen Fische darein und richte sie an.

24. Ein Pfeffer zu Wildpret

Nimm eine Pfeffersoße von einem Lämmlein oder von Hühnern und Semmelbrösel und setz das auf das Feuer, daß es aufsiedet. Und schlag es dann durch ein Sieb mit Wein, Essig und Wasser. Und setz es wieder auf und laß es gut sieden. Dann würze es mit Nelken, Pfeffer und Safran. Und mit Honig kannst du es lind machen, und salze es dann, wie es dazu gehört. *Die drei letzten Rezepte entstammen der böhmischen bzw. ungarischen Küche, die sich in einem bayerischen, handschriftlichen Kochbuchfragment des 15. Jahrhunderts überliefert haben.*

25. Knoblauchsoße

Man zerstößt Knoblauch mit Nüssen oder Mandeln und mit Weißbrot und reichere sie mit Wein und mit Honig an. *Im Original wird diese Soße „Sältz" genannt.*

26. Ein Condiment, die *dewericz* heißt

Ebenso nimm saure Äpfel nach St. Martinstag (11. November), schäl sie, schneid sie, danach leg sie in einen Honigtrank (Saft), laß es sieden, so daß es braun wird. Das kannst du ein Jahr lang aufbewahren. Dieses Condiment heißt *dewericz* (Dauerapfel). Man kann auch Krapfen damit füllen.

27. Ein Condiment für Rehfleisch

Ebenso nimm das Rehfleisch, salze es lind, laß es sieden, tue darauf Petersilie, Salbei, gehackten Speck. Wenn es gar gesotten ist, so nimm Roggenbrotrinde, Ingwer, Pfeffer, Essig, misch daraus ein Condiment und laß es darin aufkochen und gib es dann hin.

28. Eine grüne Soße *(sals)*, die mache wie folgt und bewahre sie auf

Ebenso nimm Salbei mit Zwiebeln, Petersilie und alten und jungen Sauerampfer, klaub die Kräuter und wasch sie und dörre sie an der Sonne. Nimm dazu Pfeffer, Galgant, Ingwer, Zimt, Anis, Koriander, Kubebenpfeffer (eine

Pfefferart), Nelken, Muskatblüte, Paradieskörnlein (Cardamom) und ein wenig Artischocke (?), das macht den Salbei schön. Und nimm getrocknetes Weißbrot, aus all dem mach Pulver. Wenn du die *salse* essen willst, so vermisch es mit Wein oder mit Essig und behalte (bewahre) das Pulver solange auf, wie du willst.

29. Ein Condiment, das *kalbedin* heißt

Ebenso nimm Rinden von Roggenbrot, eingeweicht in Essig und nimm dann mehr Ingwer als Pfeffer dazu und ein wenig Kümmel, mach das in Essig und koch das ein, daß es dicklich wird. Gib es zu Fischen. Das Condiment heißt *kalbedin* und man kann es zu allerlei Fischen und Wildpret essen.

30. Eine Soße aus Rosinen

Nimm Rosinen *(weinper)* und koche die in einer Pfanne und schlag sie durch und halte sie über das Feuer, daß sie dick werden. So tu dann Gewürz und Honig daran und laß es noch dicker werden. Danach setz es herab und laß es erkalten, und wenn du sie anrichten willst, so nimm Weißbrot und Essig und zerreibe es und richte es an und gibs hin. Das ist eine gute Soße. *Meister Hannsen verspricht: Ebenso wird auch aus allem Steinobst solche gute Soße, wenn man sie richtig macht.*

31. Eine rote Eintunke zu machen

Willst du eine rechte Eintunke von roten Rüben haben, die sehr gut ist, so wasche die Rüben reine ab, schneide sie in Scheibelein, lege sie in einen Topf und vermache sie oben mit kleinen Hölzern. Nun füge den Topf über einen andern Topf, wo siedendes Wasser drin ist und laß sie hineinstürzen, so werden sie weich. Dann gieß darauf einen guten Senf und laß sie stehen, so wird der Senf schön rot werden und wenn du ihn gebrauchen willst, so gib dazu gebratene Fischlein, gebratene Leberlein, Vögel oder sonst was Gutes zum Braten. Ist gut für Obstructiones (Verstopfung), wie Bruder Kämpfe weiß.

32. Ein guter Sod auf gebratene Trappen, Kraniche, Schwäne, Birkhähne, Auerhühner, Fasane, Pfauen, Siegelhühner oder andere gute Vögel, auch auf eine Rehkeule zu machen

Nimm ungeschälte Mandeln auf eine Pfanne und röste sie gut ab, stoße sie in einem Mörser, wirf dazu etliche gebackene Schnitten von Semmeln und stoß das flugs durcheinander aufs allerkleinste. Nimm dazu einen guten Wein, seihe das alles durch ein Tuch. Gib das Durchgeseihte in einen Topf, laß es darin aufsieden, tue Zucker darein, mache einen lieblichen Geschmack, süßlich und säuerlich, wie es dir am besten gefällt. Würze es ab mit Ingwer, Muskat, Muskatblumen und wenn der Sod fertig ist, so gib es über das oben genannte Geflügel oder Wildpret. Und wenn du es anrichtest, bestreue es mit Zimt und gib es hin.

33. Ein trefflicher Sod auf gekochte junge Hühner

Stoße geschälte Mandeln hübsch klein, gieß Wein dazu und Weinessig, schlags durch ein Tuch oder Sieb, tue es in einen reinen Topf und laß das aufsieden. Dann tue Zucker drein, mache ihm einen hübschen Geschmack (säuerlich) und koste es in richtigem Maße. Setze es vom Feuer und laß es kalt werden. Zerschneide dann die jungen Hühner, eines in vier Teile, setze sie zum Feuer und koche sie. Sind sie gar, so lege sie hübsch auf eine Schüssel und laß sie gut kalt werden. Wenn sie aufgegeben werden sollen, so gieße die Mandelsuppe darauf, schütte große Rosinen oder Zibeben hinzu, und bestreue sie mit Zimt.
NB (lat. abgekürzt für nota bene - merke wohl, Anmerkung). Hat Bruder Johannes mit aus Schlesien gebracht; ist ein wendisches Essen.

34. Ein köstlicher Sod auf Rebhühner, Kapaunen und andere Hühner

Koche die Hühner, daß sie gar werden. Nimm eine Hand voll Reis, koche den gut, danach tue ihn in einen Mörser. Jetzt röste einige Schnitten Weißbrot und eine oder mehrere Hühnerlebern und bräkele (brate) das in einem Tiegel in Schmalz. Danach gib es zum Reis in den Mörser, zerstoße es gut und zerlaß es mit dem Sod, worin du die Hühner kochst. Treibe das durch einen Durchschlag, der nicht weitlöcherig ist und gieß das so auf die Hühner, würze sie mit Safran, Ingwer, Muskatblume, laß das aufsieden und gib es auf die Schüssel.
NB. Ist von meiner Muhme Walpurgis Hartzmannin an mich gelangt, eine feine Kocherin.

35. Einen Kitzing oder Schnappaufchen zu machen

Willst du so einen machen, dann lege Hechtrogen oder Rogen von andern Fischen in heißes siedendes Wasser, und salze ihn angemessen, aber daß er fein ganz bleibt. Dann nimm ihn wieder heraus aus dem Wasser und schneide ihn hübsch in Stücken, so groß wie die welschen Nüsse. Nimm gesottenen Hanf, reibe ihn klein, mache ihn auf mit einem Wasser, fein wie eine andere Hanfsuppe und lege den Kitzig (den gekochten und geschnittenen Rogen) da hinein, setze ihn über und laß ihn damit einsieden. Tue darunter große Rosinen und würze ihn ab mit Pfeffer, Ingwer, Safran. Ist er dann ziemlich, so lege Butter hinein. Das Schnappaufchen hat Bruder Kämpfe aus St. Veit zu Oldisleben (Nordthüringen) mitgebracht.

Da brachte ein Sohn des Gastgebers
Portulak und Lattichsalat
mit Weinessig angerichtet.
Will man bei Kräften bleiben,
sind solche Gerichte auf die Dauer unzuträglich:
man bekommt davon auch keine schöne Farbe.
Diejenige Gesichtsfarbe verkündet die Wahrheit,
die man der Nahrung verdankt.
Aufgetragene Schminke auf der Haut
hat nie lautes Lob eingetragen.
Den schönsten Glanz strahlt meines Erachtens
eine Frau aus, deren Herz beständig und treu ist.

(Aus dem „Parzival“ des Wolfram von Eschenbach)

Von gutem Senf, Mostrich und Essig

Senf erwärmt den Magen und die Leber, verdünnt die Milz, bringt Durst und Unkeuschheit (sexuelle Begierde). Senf ist trocken und heiß im vierten Grad, deshalb muß er gut temperiert werden. Er hilft dem blöden Magen, schadet aber, wenn man zuviel von ihm ißt, den Augen.

36. Von einem guten Senf

Zu gutem Senf nimm Senfsamen und säubere ihn und stoß ihn schön und reib ihn durch ein Tuch, das eng ist, und stoß Zimtblüte, misch sie darunter und menge den Senf zweifach mit Honigseim (dicker Honigsaft) gut untereinander wie ein Mus. Und wenn du ihn machen willst, so nimm ein wenig davon und misch ihn mit Wein, so hast du einen guten Senf.

37. Einen höflichen Senf zu machen

Wenn du einen feinen, wohlschmeckenden Senf haben willst, so nimm denselben und wässere ihn recht rein, schütte ihn in einen Reibetopf und nimm dazu gebrühte Mandeln, und reib ihn gut durcheinander ganz klein, mache ihn auf mit einem Wein und treib ihn durch ein Tuch. Willst du ihn süß haben, so tue Honig und Zucker hinein. Diesen Senf kannst du zu Gebratenem, zu kalten Ochsenfüßen oder Wildschweinhäuptern nehmen.

38. Ein Mostrich - *mostertsenf*

Stoß Mandeln klein und treib sie durch ein sauberes Beuteltuch mit einem Essig. Das nennt man einen weißen Senf. Wenn ihr es gelb haben wollt, so gelbt es (mit Safran). Ihr könnt es zu Kälber- und Hirschfüßen geben.

39. Von gutem Essig und wie man den machen soll

Nimm Weintrauben um St. Michaelstag (29. September), bevor sie ganz reif sind und zerdrücke oder zerquetsche sie mit den Händen und nimm ein glasiertes Peck (Schüssel) und tue das darein und setz es an die Sonne und tue dann die Hülsen davon und gieß das Geläuterte (die Flüssigkeit) in ein Fäßlein, das sauber und schön ist. Und schwenk es mit dem allerbesten Wein, den du bekommen kannst und laß das Fäßlein wieder trocken werden und tue den zuvor beschriebenen Wein in das Fäßlein, nicht gar zu voll und laß es in der Wärme stehen, so hast du den allerstärksten Essig, und der heißt in der Apotheke Acetum fortissimum (stärkster Essig). Willst du aber einen noch stärkeren Essig machen, so nimm Natternzungen und hänge die in den Essig. Niemals hat man stärkeren Essig versucht, je länger die Natternzungen darin bleiben, umso besser, und der Essig bekommt eine Haut, wenn er alt wird. Aus der Haut macht man viel Wunderbares. Du machst sehr starken Essig damit, du machst damit auch Essig auf dem Tisch, wie hiernach geschrieben steht: Ebenso nimm die Haut, die fortissimum heißt, und tue sie in ein verglastes (glasiertes) Pecke und laß sie gut dörren (trocknen). Danach stoß sie klein wie Mehl und tue das in ein Büchslein, das rein sei oder in ein Säcklein, und trag es mit dir, wohin du willst, und wenn du dann essen willst, so tue das Pulver in ein Schüsselein und gieß Wein daran. So ist es guter Essig und besser als gemeiner (gewöhnlicher) Essig.

40. Essig

Der Essig wird mannigfaltig gemacht. Zum Ersten: Nimm die allersauersten Weinbeeren, drücke sie aus, seihe sie durch ein Tuch, gieß darein guten alten Essig, laß es stehn. Wenn es sich gesetzt hat, seihe es durch und tu noch mehr von den ausgedrückten Weinbeeren darein, laß es aber stehen, seihe es wieder ab und tu das so oft, wie du Essig haben willst.

2. Von Wein macht man Essig so: Tu alten Wein halbvoll in ein kleines Fäßlein und setz es an die Sonne oder besser noch zum Feuer. Laß es an der Wärme stehen, so wird es guter Essig.
Nimm einen Krug, der nach altem Essig schmeckt und gieß bis zum halben Teil Wein darein, verstopf ihn gut und setz es in einen Kessel voll siedendes Wasser über dem Feuer, daß er darinnen ein wenig siedet, so wird er zu Essig.
3. Gieß in einen Hafen oder Krug alten Wein, tu guten Roggensauerteig von der Größe eines Eis in einem Tüchlein gut verbunden darein und setz es zum Feuer, laß ein wenig sieden und setz es hin. Da wird guter Essig von.
4. Tu alten Wein in einen Hafen oder in einen Kessel, laß ihn sieden, schäume ihn ab, mach ihn zu, begrabe ihn in einem Keller in der Erde, laß es drei Tage stehen, grab ihn wieder aus und laß es wieder einen kleinen Wall tun (aufkochen), setz ihn hin. Da wird guter Essig daraus.
5. Tu Wein in ein Kolbenglas oder in einen Krug, setz ihn in einen Kessel voll Wasser, darin laß den Wein heiß oder nur gut warm werden. Du sollst aber in den Krug mit Wein Rotweidenholz legen, Ingwer und langen Pfeffer und ein Urhab (Sauerteig) von rohem Teig oder heiß gebackenem Brot. Davon wird der Essig stark.
6. Gewürz und Bier gewärmt, gibt guten Bieressig.

Selbst Herden wissen, wann zur Heimkehr Zeit ist
Und gehn vom Grase willig;
Der Unkluge kennt allein nicht
Seines Magens Maß.

(Spruchweisheit aus der Edda, um 1000)

Von Sülzen und Gallerden

Galrein, Galrat, Gallerde oder Sülze war im Mittelalter genauso beliebt wie die zahlreichen Muse und Marx Rumpolt erwähnt, daß man sie auch aus Italien importierte. Man bereitete Sülzen aus Rehhaut, Feigen, zu gebratenen Gänsen oder als Knoblauchsülze zu einer Gans (der mittelalterliche Autor bemerkt bei diesem Rezept selbst, wie ungewöhnlich es ist). Heute haben sich die Schweinesülze, Hühnerfleischsülze, Karpfen, Aal und andere Fische in Aspik und mancherorts noch die Wildschweinsülze erhalten.
Im „Rheinfränkischen Kochbuch" aus der Mitte des 15. Jahrhunderts findet man neben einigen Rezepten für Galreinen oder Sülzen und Galreinenpulver auch einige sehr brauchbare Hinweise, wie eine Sülze zuverlässig geliert. So wird für eine feste Sülze, die man zu jeder Jahreszeit machen kann, empfohlen, Hausenblase zu verwenden, davon wird die Sülze ohne größere Probleme fest. Desweiteren können auch alle anderen Fischblasen dazu genommen werden. Man könne die Sülze im Sommer auch in ein glasiertes Gefäß geben und dieses Geschirr dann die Spanne einer Hand (etwa 18 cm) tief in der Erde vergraben.

41. Galrein über Fische

Wenn du zur Sommerszeit eine Galrein über Fische machen willst, so behalte die Schuppen von allen Fischen und besonders den Hechten auf und wenn du Sülze willst, so nimm die Schuppen und tu sie in ein weißes Tüchelchen oder Säckelein und siede das mit den Fischen (die für die Sülze verwendet werden sollen) und wenn sie gekocht sind, so drücke das Säcklein aus und tu die Würze und Safran daran und die ausgedrückte Brühe.

42. Ein Galrein von Kälberfüßen

Willst du eine Galrein machen, so nimm Kälberfüße und mach sie rein und siede sie so, daß das Gebein abfällt (die Knochen sich lösen) und daß sie sich zerkleinern lassen wie zu einem Mus. Dann gieß es in ein sauberes Geschirr und laß es an der Luft hart werden wie Lehm und mach es dann zu Pulver und sülze (geliere) damit Fische oder Fleisch, egal in welcher Zeit des Jahres du willst. Du kannst auch Sülze nach einem Jahr oder zwei oder wenn du es willst davon machen.

Küchenmeisterei, Holzschnitt von Johann Knobloch, 1561

43. Eine Galrei von Rehhaut

Willst du aber eine Galrei von einer Rehhaut machen, so nimm die Haut und brühe das Haar davon ab und mache sie sehr sauber und siede sie und krümme sie zusammen (falte sie zusammen), dann zerschneide sie spannenlang und zweier Finger breit und mach eine gute Sülze daraus, die gut geliert. *Der Koch verschweigt in diesem Rezept, welche Gewürze beigegeben werden müssen. Hier sollte man mit anderen Rezepten vergleichen oder je nach Geschmack selbst entscheiden.*

44. Willst du Galreinenpulver machen

Willst du Sülzpulver machen (Geliermittel), so nimm viele Fischblasen und sammle sie und siede sie gar wohl, daß sie sich zerreiben lassen und daß nur wenig Brühe dabei entsteht und gib es in eine glasierte Pfanne und laß sie darin erhärten. Danach stoße sie zu Pulver und wenn du Sülze *(galrein)* machen willst, so nimm von demselben Pulver, wie hier vorgeschrieben ist, und wiege ab, wieviel du brauchst. Du sollst zu jeder Maß ein halbes gedörrtes Lot (etwa 8 g) Pulver nehmen. *Ein Lot entsprechen in etwa 15,6 bis 16,6 Gramm.*

45. Ein weiteres Pulver für Sülzen

Nimm Bohnen-, Erbsen- oder Wickenblüten und dörre diese an der Luft und pulvers (zerstoße sie zu Pulver) und wenn du eine Sülze machen willst, so tu etwas von diesem Pulver in ein kleines Säckelein und siede es mit den Fischen und wenn sie gesotten sind, so drücke das Säckelein aus und gib Würze und Safran dazu, wie du willst und nimm zu jeweils einem Maß (des Fischsudes) zwei Lot des Pulvers.

46. Ein Galrein an Fisch

Willst du ein Galrein an Fisch machen, so wasche die Fische mit Weißwein in einem Kessel und nimm dann den Wein, mit dem die Fische gewaschen wurden und schlage ihn durch ein Tuch auf die Fische und gib noch etwas Wein hinzu und ein wenig Wasser und siede alles miteinander. Jetzt muß man die Gewürze dazugeben. Den Safran soll man in kaltem Wasser schwelen und wenn er gepulvert ist, so ist er umso nützlicher. Den tu auch darein und zu dem jüngsten tu man einen Essig darein und schäume alles vorher und nachher gut ab und laß es zum ersten Mal gut aufkochen. Siede es dann gemächlich. Salzen sollte man es leicht.

47. Eine Galrein von Fleisch, von Hühnern oder von Schweinsklauen

Ebenso mache ein Galrein von Fleisch, von Hühnern oder von Schweinsklauen: Wasch das jeweilige Fleisch sauber in einem Hafen und schütte Wasser darein und schäume es sauber ab und salze es. Wenn du glaubst, daß es gesotten ist, so laß es noch eine Weile dahinsieden und schütte weißen Wein darein. Setze dann den Hafen vom Feuer und laß es grützeln (breiig einkochen) und schütt es dann in einen Kessel. Mach es ab mit Wein und mit Essig und pulvere es, und gib Safran und Essig dazu, wie bei der Fischgalrein (Nr. 46) beschrieben ist. Und vergiß nicht das Fett überall abzutun.

48. Eine meisterliche Galradt über Salmen und andere Rheinfische

Diese Fische haue in gute Stücke, spieß je zwei oder drei gute Stücke an ein hölzernes Spießlein, sied sie so ab mit Wein und Essig, salze und würze. Behalte die Brühe (von den vorher mit Gewürzen abgekochtem Kopf und Gräten). Würde die Galradt zu dünn, so nimm Lorbeerblätter und stoß sie mit gebackenem Brot und mit der Fischbrühe, treib das durch und vermische es. Versuch, ob es richtig gewürzt und gesalzen ist. Danach lege die Fischstücke ein, schütt die Galradt darüber und laß es stehn. Du kannst auch Ingwer oder Zimt oder Muskatblumen darüberstreuen und es gelben (mit Safran).

49. Eine gute Sülze zu machen

Willst du eine gute Sülze auf zwei Schüsseln machen, so gehe folgendermaßen vor: Nimm etwa 6 Hammelfüße, zieh die Haut ab, tu die Gebeine davon und laß sie in einem frischen Wasser 3 oder 4 Stunden liegen. Tu sie anschließend in einen Hafen, worin ein Maß scharfer Essig, ein Maß Weißwein und zum anderen zwei Maß Wasser sind. Gib Salz dazu, bis es genug ist. Laß es allmählich bei einem kleinen Feuerlein kochen. Vergiß nicht, es gut abzuschäumen. Wenn es halb gekocht ist, so schneide lange Pfefferrinden (Pfefferschoten), Pfeffer, Zimtrinde und Spicanarden (gemeiner Lavendel) daran, soviel wie du willst. Tu es in den Hafen und laß es miteinander so lange sieden, bis die Flüssigkeit um ein Drittel eingesotten ist. Nimm die Füße heraus, laß die Brühe wieder sieden, nimm das Weiße von 5 Eiern und rühre es mit dem Kochlöffel gut, bis es Schaum gibt. Laß es solange kochen, bis sich das Eiweiß ein- oder zweimal um den Löffel windet. Nimm es dann und seihe es ein- oder zweimal durch einen Leinensack und gieße gleich die Brühe in eine Schüssel, in der junge Hühner, Zicklein oder Kapaunen, gekocht und zu Stücken zerteilt und ohne Tunke, fein trocken liegen. Stell sie an einen kalten und feuchten Ort, bis sie geliert. So hast du eine gute Sülze.

50. Eine weiße Gallert von Hechten zu machen

Nimm und schuppe den Hecht aufs Allerreinste, wie du es kannst, haue ihn in Stücken, wirf diese in einen Kessel, gieß guten Wein (Malvasier) darauf und setze den Kessel ans Feuer. Dann gib ganze geschälte Äpfel hinein, etwa sechs Stück, und ganze geschälte Zwiebeln und nimm eine Hand voll ganzen Pfeffer und wasche ihn rein aus und binde ihn in ein reines Tuch, dann wirf ihn in den Kessel zu dem anderen. Alsdann nimm gute weiße Hausenblase und lege sie auch in den Kessel. Dann laß alles langsam aufsieden und schäume es rein ab, und wenn es hübsch langsam aufsiedet, so nimm kaltes reines Wasser und gieß es auf den Hecht (der vorher herausgenommen wird) und wasche den Hecht rein aus und lege ihn wiederum in den Kessel zurück. Ist dann zu wenig Sud da, so nimm einen guten Wein oder Malvasier zu Hilfe und laß es wohl sieden. Wenn du glaubst, daß es genug hat, so nimm einen weißen Ingwer und würze den Hecht damit ab. Koste, wie es schmeckt und sollte es nicht süß genug sein, so lege den Fisch fein auf eine Schüssel, doch daß nichts dazu kommt von den Äpfeln und Zwiebeln, und laß den Sud durch ein reines Tuch laufen und gieß ihn danach auf die Fische und laß es

fein gäschen oder gerinnen. Willst du es dann aufgeben, so bestecke es mit Zimt und nimm schöne Mandeln, nimm deren Schalen weg, wasche die Mandeln in reinem Wasser und schneide eine jede der Länge nach halb entzwei, damit bestecke die Gallerte und gib sie hin. Das war des hochwürdigen Bischofs Thilo Leibspeise.
Gemeint ist hier Thilo von Trotha, der von 1466 bis 1514 Bischof von Merseburg war.

51. Eine Geißlutz von Ochsenfüßen

Willst du eine Geißlutz von Ochsenfüßen machen, so nimm die Füße, spalte sie auseinander, lege sie in einen Topf, laß sie gut kochen und salze sie. Wenn sie dann gar gesotten sind, so lies die Beine und schlechten Adern heraus (entferne Knochen und Sehnen), schütte das Fleisch in einen Mörser und stoß es richtig klein. Gieß daran einen lauteren Wein, zieh es durch ein Tuch und gieß davon Schweiß (Blut) von irgendeinem Tier und laß ihn mit durchlaufen. Dann gib es in einen reinen Topf, laß es gut aufkochen und rühre es ordentlich ab, daß es nicht anbrennen kann. Tue Zucker und Honig daran, mache es gut süß, würze es ab mit allerlei Würze und ein wenig Safran, salze es in richtigem Maß und koste es. Wenn das dann fertig ist, so gieß es in eine tiefe hölzerne Schüssel und setze es in irgendeinen Keller und laß es gerinnen. Wenn es geronnen ist, so schneide es hübsch zu Stücken und lege es auf eine Schüssel, bestreue es mit Ingwer oder Anis und schicks ins Refektorium.

52. Willst du die Geißlutz auf eine andere Art haben?

Brate vier Hühner ab. Mache ihnen mit einem Eisendraht die Hälse, daß sie emporragen, und wenn sie gar gebraten sind, so wasche sie tüchtig mit warmem Bier. Setze sie auf eine Schüssel, richte ihnen die Hälse auf, gieß die Geißlutz drüber (weil sie noch warm ist) in die Schüssel, ganz voll bis zum Rand und laß es gerinnen. Wenn es geronnen ist, so stecke Mandelkerne darauf und fein geschnittene Zimtrinde, laß aber die Hälse und Flügel der Hühner hübsch vergolden, wie auch die Mandelkerne, daß es hübsch geziert ist und trage es dann auf den Tisch. Hab ich beim Verlöbnis des Junkers Rudolf von Nehrhoff zum Holdenberg das erste Mal gegessen. Ein lustiges (appetitliches) Gericht.

53. Gallert von Karpfen

1. Die Karpfen wäscht man aus, wenn sie geschuppt sind, in ihrer eigenen Farb (Blut), schlägt Kirschenmus oder reife Pflaumen mit Brühe durch ein Haartuch, machts ab mit Nelken, Pfeffer und Salz. Bindet die Schuppen von den Karpfen in ein Tuch und siedet diese auch mit auf. Besprengt die Gallert, wenn sie kalt geworden ist, mit kleinen Rosinen.
2. Man siedet sie in Essig und Wein, macht Muskat, ganze Muskatblumen, Pfeffer, Ingwer, Zucker und Nelken daran und läßt es gar werden. Achte, daß auch Brühe genug vorhanden ist. Siede danach einen ungeschuppten Karpfen blau ab und achte, daß sie ziemlich abgesalzen werden. Wenn sie dann ein wenig verschlagen sind, setzt man sie aus in ein Silber, ein Stück um das andere, schneidet gekochte Eier einmal durch, legt sie zwischen ein, läßt die Brühe durch ein Haartuch darauf laufen und setzt die Gallert in einen Keller auf Sand, daß sie kalt werden.

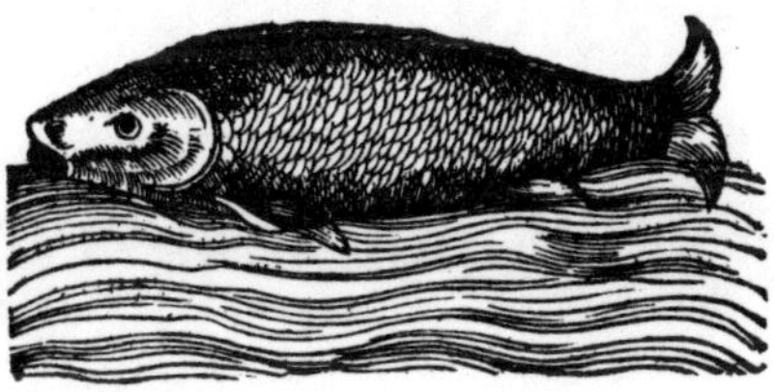

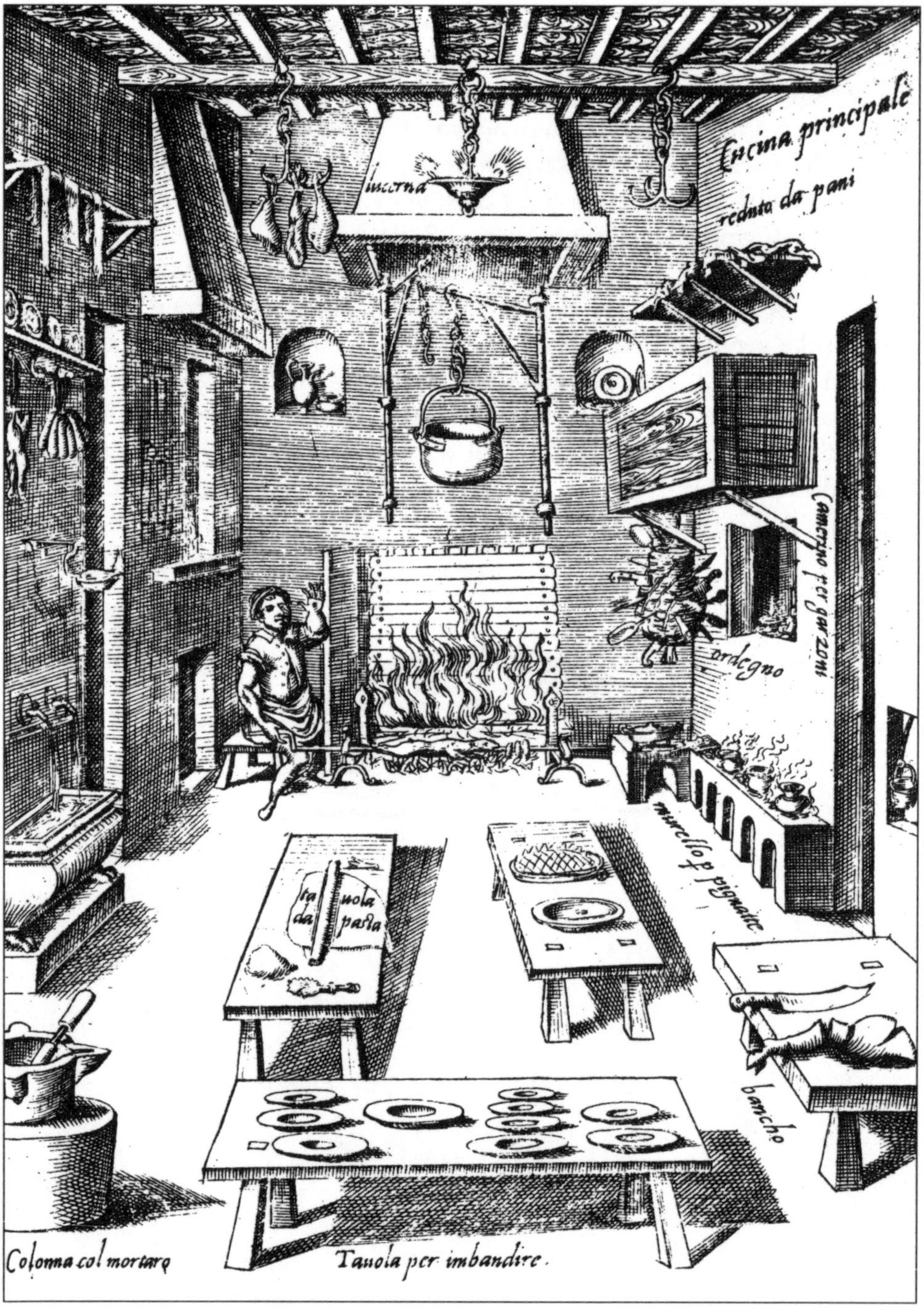
Cucina principale
reduto da pani
lucerna
Camerino per garzoni
ordegno
murello p pignatte
ta uola da pasta
bancho
Colonna col mortaro
Tauola per imbandire.

Allerlei Muse und Breie

Wer ein gut Mus will haben,
der braucht siebenerlei Sachen:
Du mußt haben Milch, Salz
und Schmalz, Zucker, Eier
und Mehl, Safran dazu,
so wird es gel.
(Meister Hanns, vor 1460)

Muse galten bei den adligen Recken höchstwahrscheinlich nicht viel, glaubt man dem Waltharilied. Nachdem der Recke Walther von Aquitanien im Wasgenwald (Vogesen) die Helden König Gunthers erschlug, traten ihm der König selbst und Hagen von Tronje in den Weg. Der König und Hagen von Tronje wurden dabei schwer verwundet: Walther hieb dem König Bein und Schenkel bis zur Hüfte weg, gleichzeitig schlug Hagen Walther die rechte Hand ab. Dieser zückte mit der Linken sein zweites Schwert und traf Hagen an der Schläfe, wobei dieser das rechte Auge und sechs Backenzähne verlor. Jetzt vertrugen sich die alten Kampfgefährten jedoch wieder und begannen, noch blutüberströmt und sich verarztend, zu scherzen. Walther sprach lachend zu Hagen: „Ich werde mit der Linken noch manchen Hirsch niederstrecken, derweil dir Eberfleisch schwerlich munden wird und queren Auges seh´ ich dich blicken. Doch ich schaffe dir Rat: Laß dir Kindelbrei kochen, der behagt zahnlosem Munde.“ Der Recke Walther verrät uns an dieser martialischen Stelle des alten Heldenliedes zwei praktische Gründe für die zahlreichen Musrezepte, die uns das Mittelalter überliefert hat: Kindernahrung und schlechte Zähne oder Zahnlosigkeit.

Das „Buch von guter Speise“ und alle folgenden Kochbücher bis zum 17. Jahrhundert überliefern eine große Zahl an Musen oder Breien von unterschiedlichen Getreidesorten, Fischen, Innereien, Hirn, Erbsen, Quitten, Äpfeln, Mandeln, Lauch, Veilchen, Möhren usw.

54. Mus von Jerusalem

Wenn du ein gutes Fastenmus machen willst, so nimm Barsche *(bersige)* und dicke Mandelmilch darunter und siede es gut in Mandelmilch und tu dann Zucker darauf. Das Mus soll heißen von Jerusalem und das ißt man kalt oder warm. *Dieses Gericht sollen die Kreuzfahrer mitgebracht haben.*

55. Ein Nüssemus

Willst du ein Nüssemus machen, so nimm Nußkerne und stoß sie klein und schlage sie durch ein Tuch mit einer süßen, zahmen (tropfenden) Milch und siede sie mit Bröseln von einem Semmelbrot in einem Hafen und gib Schmalz genug dran und rühre sie gut mit Eierdottern ab und färbe sie gut mit Safran.

56. Ein Mus von Reis

Wer ein Reismus machen will, der nehme gestoßene Mandelmilch und vermenge es mit Reismehl und siede es wohl und nimm einen würfelig geschnittenen Apfel und röste ihn in einem Schmalz und streue das auf das Mus und gibs hin.

57. Ein Birnenmus

Willst du ein Birnenmus machen, so nimm Birnen und beschneide sie schön und siede sie in einem Hafen mit einem Wein und mit Schmalz und schlage es durch ein Tuch und vermische sie dann mit Eierdottern. Das ist alles.

58. Ein Weichselmus

Wer ein Mus von Kirschen machen will, der breche die Stiele ab und siede sie mit ein wenig Wein und schlage sie dann durch ein Tuch mit Semmelbrösel, durchmische alles in einem Hafen und tu Schmalz genug daran und rühre dann Eierdotter daran und streue, bevor man es anrichten will, Gewürze darauf.

59. Ein rotes Mus von Krebsen

Willst du ein rotes Mus von Krebsen machen, so nimm Krebse und zieh das Böse aus den Augen (ungenießbare Innereien) und ziehe auch den Faden aus dem Zagel (Schwanz) und stoße das andere gar wohl (im Mörser) und reibe weiße Brotkrume darunter und treibe es mit Milch durch ein weißes Tuch und klopfe Eier darunter und tu es in eine Pfanne. So wird ein schönes rotes Mus daraus. Du kannst es würzen, wenn du willst.

60. Willst du ein Kürbismus machen

So nimm Kürbisse und schneide die äußere Haut (Schale) ab und achte darauf, daß die Kürbisse nicht zu alt sind und brühe sie in siedendem Wasser und hacke sie dann klein und siede sie mit gutem Hammelfleisch und wenn sie schier (fast) gesotten sind, so nimm das Fleisch heraus und gieße Milch daran und laß sie gut sieden und gib sie zusammen mit dem Fleisch.

61. Lebermus von einer Hirschleber

Willst du ein Lebermus machen, so nimm eine Hirschleber, brate sie und schneide dann den äußeren Teil ab. Zerstoße es gut mit Roggenbrot, mit Honig, Wein und Essig und treibe es durch ein Tuch und würze es gut und laß es aufkochen, so wird es schwarz und gib es kalt zu der Leber. Du sollst aber die Leber vorher nochmals erwellen (aufkochen).

62. Hirnmus

Schlage ein gesottenes Hirn zusammen mit Eiern und Weißbrot durch ein Tuch und siede es mit feister (fetter) Brühe. So wird es ein Hirnmus.

63. Mus von Gebäck

Nimm gebackene Strauben und hack sie klein, siede es in einer dicken Milch, klopf zwei Eier darein und färbe es (mit Safran). Und wenn du es anrichten willst, so tu Gewürz darauf, so wird es sehr gut.

64. Käsemus

Auch mach ein Mus von geriebenem Käse und siede den und tu Milch und Eier dazu und laß es weiß (d. h. färbe es nicht).

65. Mus von Fischrogen

Auch ziehe rohen Fischrogen, Milch und Leber mit weißem Brot durch. Und hacke das Eingeweide ganz klein darein. Und mach ein Mus mit Mandeln und mit Zucker daraus. Das wird das edelste Mus.

66. Mus von Krebsen

Zu einem Krebsmus nimm Krebse und schneide das Böse (Eingeweide) zu den Augen aus und zerstoß das andere in einem Mörser. Und nimm Semmelkrühmel darunter und treib es dann durch mit Milch und tu es dann in eine Pfanne. Mach ein Mus daraus. Das wird rot.

67. Eine Speise mit gedörrten Pfirsichen

Ebenso nimm Pfirsiche und tu die Steine davon und dörre sie in einem Backofen und stoß sie dann in einem Mörser, klopfe Eier und Mehl darunter und schlage das alles durch ein Tuch.

68. Ein Eiermus

Willst du ein Eiermus machen, so mach ein Dinkelmus und laß es überschlagen (lauwarm werden), nimm geläuterten Anken (Butter) und zerschneid ihn klein und gib ihn in das Mus und rühre es gut um und salze es und richte es an.

69. Gerstenbrei

Willst du ein Gerstenmus machen, von dem niemand weiß, was es ist, so nimm die Gerste und siede sie gut und schütte sie über ein weites Sieb, wenn sie gut gesotten ist. Hack sie klein auf einer Bank und gib sie dann in einen Hafen zu einer guten Brühe, es darf aber nicht zu dünn werden und laß es gut sieden. Und wenn du es anrichten willst, so klopfe Eier und nimm dazu Mehl und die Eier und schütte das in den Hafen, laß es aufkochen und salze es.

70. Apfelmus

Willst du ein Apfelmus machen, so beschneide die Äpfel sauber und schneide sie klein und lege sie in einem Hafen zu heißem Schmalz und bedecke den Hafen gut und laß sie sieden und wenn es gesotten ist, so klopf Eier, tu sie darein und seie es durch ein Tuch.

71. Eine braune Farbe für Mus

Nimm Äpfel, Rosinen, Birnen. Willst du nun die Farbe haben, so nimm geriebenen Lebkuchen, Honig, Zucker und guten Wein und auch Gewürze dazu, salze es in Maßen. So kannst du das Mus braun oder schwarz machen, wie du willst.

72. Ein braunes Mus aus Feigen und Rosinen zu machen

Ebenso von einem Mus. Du sollst ein Pfund Weinbeeren (Rosinen) nehmen für ein braunes Mus und ein Pfund Feigen und sollst zwanzig Regelbirnen (eine Art Königsbirne) nehmen, die schwitz schön in Schmalz oder in Öl, wenn du solches hast, trockne es ab mit etwas Mehl und tue es in eine Pfanne und sied es, bis es braun wird und wenn sie nun braun werden, so laß sie erkalten und drücke es zusammen, so geht das Öl davon. Und hacke das klein zu Stücken, damit sie klein werden, und die Feigen sollen gut gesotten sein, und die Rosinen schwitz schön und reib sie durcheinander (zerdrücken und verrühren). Und dann nimm einen guten welschen Wein, Reinfal, Romaner oder Malvasier, und tust Malvasier darunter, und verdirbst sie nicht damit, und du bedarfst gutes Gewürz, und nimm etwas Honig und tu das in einen schönen Löffel. Der Honig soll schön heiß sein, und gieß ihn daran, rühr es, daß es dick werde, tue es dann auf ein Gefäß oder was du hast. Wenn du es anrichten willst und kannst keine Datteln bekommen, so nimm Nelken in das Mus und schneide die Datteln der Länge nach und besteck es damit.

73. Wie man ein gutes Holundermus machen soll

Ebenso nimm Holunderblüten, tue sie in einen Topf, wirf die Stengel weg, gieß Milch an die Blüten und laß es aufkochen. Danach schütte sie auf ein Sieb, daß die Blüten davon getrennt werden, und gieß die Milch wieder in den Topf. Danach nimm eine Semmel und schneid die Rinde ab, lege die Brösel in die Milch und laß es aufkochen und gib ihm Schmalz und Gewürz nach deinem Sinn. So hast du ein gutes Holundermus.
Nach Meister Eberhard ist Holundermus gut für den Kopf und die Sinne.

74. Lebermus

Nimm die Leber von einem Kalb, siede sie und treib sie dann durch ein Tuch mit Weißbrot wie eine Pfefferbrühe, und gieß das dann in heißes Schmalz und ein wenig Essig und Gewürz darein und laß es dann wallen (aufkochen), es wird gut.
Man verwendete in anderen Rezepten des 15. Jahrhunderts auch die Leber von einem weiblichen Kalb oder einem Schaf.

75. Bumbstellerchen

Wenn jemand ein gerührtes Eiermus oder Bumbstellerchen beliebt, so nimm auf eine Schüssel zehn Eier und schlage sie in einen Topf, reibe darein Muskat, zuckre es, daß es gut süß wird und mache es gut gelb mit Safran, salze es ein wenig, achte, daß es süß bleibt und klopfe es gut durcheinander mit der Würze. Hernach nimm ein wenig weißes Mehl, einen oder zwei Löffel voll oder wenn du denkst auch weniger, dann nimm Milchrahm oder Sahne, der gut und süß sein muß, daß er nicht zusammenläuft, ein halbes Quart (125 ml) oder etwas mehr. Tue ihn in eine Pfanne, laß ihn sieden und wenn er gut siedet, so schütte das geklopfte Ding hinein und rühre es fein wie gerührte Eier. Es darf aber nicht lange stehen, ehe man es macht, sonst wird es teigig. Wenn man gleich das Gericht davor ißt, so mußt du das Bumbstellerchen schon anrichten und es mit Zucker bestreuen, bevor du es hingibst.

76. Thüringer Galgenmus

Will man ein Mus von Eiern und Wein auf eine Schüssel machen, so nimm 24 Eier in einen Topf und zerschlage sie. Siede in einem besonderen Topf zwei Quartierchen guten Wein ab. Nimm zwei Semmeln, schneide die Rinde davon, teile eine in vier oder sechs Stücken, wie du willst, und wirf sie in den heißen Wein, daß sie weich werden. Treibe danach die Semmeln mit dem Wein durch ein Tuch und anschließend die Eier. Menge das durcheinander und tue es in einen reinen Topf. Setze es zum Feuer, tue Zucker hinein und Honig, mach es gut süß, lege Butter rein und würze es mit allerlei Würze ab und ein wenig Pfeffer. Nur nimm keine Nelken dazu! Dann koste es und wirf kleine Rosinen hinein. Willst du eine Farbe auf das Mus machen, so nimm geriebene Mandeln. Streich sie fein dünn auf Oblaten, wie man Kreppel zu schmieren pflegt, und wenn du es bestrichen hast, so schütte roten Troy (Pulver aus Zucker und Zimt?) darauf, daß es gut rot wird und streich es hübsch gleich. Dann schneide die Stücken etwa zwei Finger breit und wenn du das Mus auf die Schüssel gibst, so schüttle die Schüssel, daß es gleich wird. Lege die geschnittenen Konfektstücken darauf, ein Stück nach dem anderen, daß es fein wird wie ein Schachzagel (geordnet wie ein Schachbrett) und gib es hin. NB. Dieses Gericht hat ein armer Sünder, Lehmann geheißen, gegessen, als er zum Galgen geführt wurde, warum man es in Thüringen Galgenmus nennt.

77. Ein Mandelmus in vier Farben

Willst du ein Mandelmus in vier Farben machen, so nimm Mandeln, soviel wie du möchtest und auf eine Schüssel paßt und reibe und stoße sie ganz klein. Wenn sie gerieben sind, so nimm die Mandeln zu je vier Teilen, den einen Teil laß weiß, den zweiten Teil mache gelb mit Safran, zum dritten Teil reibe grüne Petersilie aufs Allerkleinste und mache es grün damit, den vierten Teil mache mit Kornblumen blau. Einen jeden Teil dieses Muses nimm gesondert in ein reines gläsernes Töpflein und mache es auf mit einem lieblichen Wein und Zucker. Setze es zum Feuer, rühre es gut um, daß es nicht riechend wird und koste es eigens, daß es ja süß genug ist. Nun laß dir ein Brettlein machen (vom Tischler), das so hoch ist wie die Schüssel tief. Dasselbe Holz laß kreuzweise zusammenschneiden, aber nicht dick, so daß es kaum die Dicke eines Messers hat, und setze dieses Holz in der Form eines Kreuzes in die Schüssel. Schütte das jeweils gefärbte Mus in ein besonderes Fach. Wenn du es daraufgetan hast, so zieh das Holz wieder heraus und bestreue es mit überzogenem Anis von allerlei Farben. Nun gib es zum Tische, kalt oder warm, wie sie es drinne wollen.

78. Erdbeermus

Tue sie in reinen Wein, wirf Semmel darunter und laß sie aufsieden, doch daß sie ja nicht anbrennen! Danach drücke es durch einen reinen Durchschlag oder ein Tuch, wirf es in einen Topf, gib Zucker und Honig dazu und würze es ab mit allerlei Gewürze, nur mit Nelken nicht. Und wenn du es anrichtest, so bestreue es mit Zucker. So mache auch ein Mus von Himbeeren, Kratzbeeren und Maulbeeren. *Bereits aus der Mitte des 15. Jahrhunderts hat sich ein ähnliches Rezept für ein Erdbeermus erhalten.*

79. Ein Mus von gebackenen Birnen

Zuerst nimm sie und wasche sie fein rein aus. Danach lege sie in einen Topf, gieß darauf ein gutes kräftiges Bier, setze sie zum Feuer und lasse sie gut sieden, bis sie weich und trocken sind. Dann schütte sie in einen Mörser, zerstoße sie klein, wirf geröstete Semmel darunter und stoße das gut durcheinander. Gieß darunter ein wenig Wein, nicht zu dick und nicht zu dünn, drücke es durch ein Tuch oder Sieb, tue es in einen Topf und würze es ab mit Pfeffer, Ingwer, Muskat, Muskatblumen, Nelken und Zimt. Dann gib auch gestoßenen Koriander dazu, koste es und bestreue es mit Zucker, darauf gibs hin. Dieses Mus ist sehr gesund und hilft sicherlich gegen Obstructiones und andere Gebrechen des Leibes. Du darfst aber nicht zuviel davon essen, weil es dickes Blut macht.

80. Ein köstliches Mus von Eiern

Du kannst dieses köstliche Essen folgender Gestalt anrichten: Nimm auf eine Schüssel dreißig Eier und zwei Quart Milch (500 ml) , zerschlage die Eier in einem Topf und tu die Milch dazu. Rühre es gut durcheinander, setze es zum Feuer und rühre es ab, doch so, daß es nicht brenzlich wird, aber zusammenläuft. Danach, wenn es zusammengelaufen ist, so schütte es auf einen ganzen Durchschlag oder Sieb, laß es gut trocken abseihen, schütte es in einen Reibetopf und reibe es klein. Gib darunter frische ungesalzene Butter und Zucker hinein, daß es gut süß wird. Auch ist es gut, wenn du es in einem Keller reibst, da bleibt es härter. Dann nimm aber dazu mehr Butter, daß es davon zäh wird. Wenn du das so mit den Dingen gerieben hast, so kannst du es gewaltsam durchtreiben, daß es lange Zöpfe werden. Willst du das aber nicht, so reibe es gut in dem Reibetopf und lege es, daß es fein gleich wird wie Schnee und hebe es mit dem Löffel fein auf die Schüssel wie ein anderes Mus und streue gefärbten Koriander darauf. So magst du auch einen Milchrahm oder Sahne machen mit Eiern und den hübsch dicke machen. Laß ihn weiß oder mache ihn mit Safran gelb, wie du willst. Laß ihn kalt werden und gieß es in das Mus und schicks hinein.

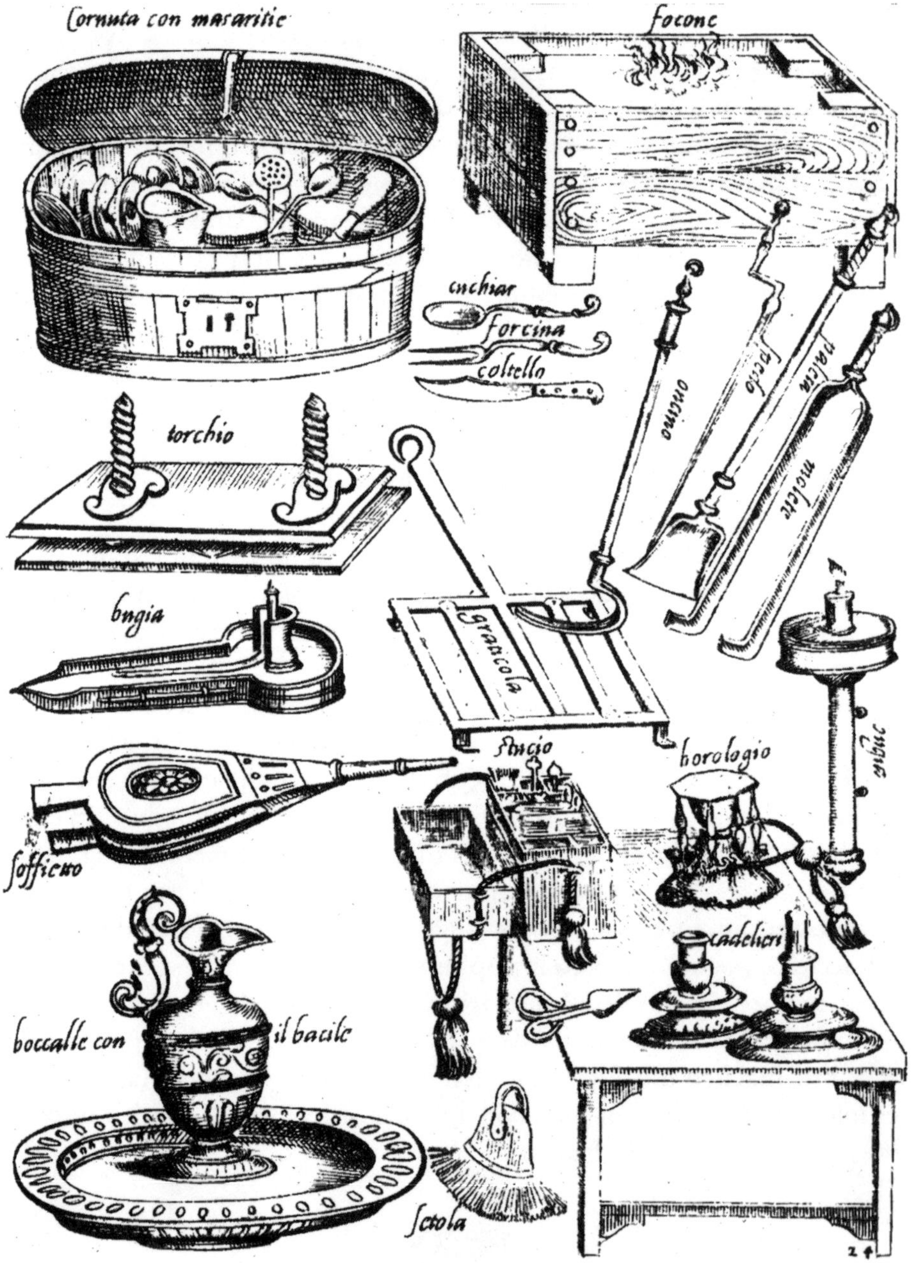
Cornuta con masaritie
focone
cuchiar
forcina
coltello
torchio
oncino
spedo
paleta
molete
bugia
la grancola
stucio
horologio
soffieno
cádelieri
boccalle con il bacile
setola
24

Allerlei Zugemüse

Brauch oftmals die Oliven,
die an den fetten Bäumen stehn',
iß Sauerampfer, grünen Kohl,
der ist gesund, bekommt auch wohl.
(nach Horatius)

Unter Zugemüse darf man sich keinesfalls unser heutiges Gemüse vorstellen, wenngleich einige Zutaten und Rezepte diesem ziemlich nahe kommen. Gemüse kommt vom mittelhochdeutschen Wort *muos,* was eine breiartige Speise beschreibt. Es diente als Sättigungsbeilage und war in der Regel von breiartiger Konsistenz, weshalb sich einige Muse besonders in Kochbüchern des 16. Jahrhunderts bei den Zugemüsen befinden.

Zu den Zugemüsen zählten die seit allen Zeiten verwendeten Rüben und die verschiedenen Kohlsorten. Über die merseburgischen Rüblein berichtet Petrus Albinus in seiner 1589 erschienenen *Meißnischen Land und Berg=Chronica* folgendes: *Auch wachsen in der Marck zu Merseburg kleine Rüblein / die sind eines wilden scharffen geschmacks/ lustig zu essen / bewegen viel Windes im Leibe / und man pflegt sie des Abends mit dem Obs für zusetzen / Werden fern hinweg in viel frembde Städte und Lande geführt.* Beliebt waren zudem die *Borsdörffer äpffel.* Weiterhin verstand man darunter Spinat, Bohnen, Erbsen, Linsen, Petersilienwurzeln, Pilze, Hanfsamen usw., aber auch Gebackenes.

Von dem grünen Kohl, welcher von den Alten Hippolapathum genannt wird

Viele Kräuter sind, den Blättern gleich, hinten breit, vorn spitz wie Ochsenzunge, aber unter ihnen werden zweierlei in der Speise am meisten gebraucht, nämlich der Sauerampfer, der gerieben in Essig eine gute Salse gibt und Lust zu essen macht und allen Ekel vertreibt. Das andere ist der große grüne Kohl, *Hippolapathum* genannt. Dieses Kraut ist ein großes Gewächs mit breiten Blättern, vorn länglich und spitz, mit einem Stengel, der rötlich wird, wenn er reift. Auch hat er eine gelbliche Wurzel. Dieser Kohl hat die Kraft und Natur, wie es die tägliche Erfahrung gibt, daß er alles Fleisch, wie alt oder zäh es sei, wenn er damit gekocht wird, mürbe und schmackhaft macht. Dies geschieht darum, weil der Kohl eine feuchte schlüpfrige Natur hat, womit er hartes Rindfleisch und altes Hühnerfleisch weich oder besser macht. Darum haben die Alten sehr viel des grünen Kohls genutzt, daß er die Speise wohl verdaulicher und schmackhafter macht, dazu den Bauch erweicht. Gleiche Kraft mit diesem Kohl haben auch die Melden (Gartenmelde) und der Spinat.

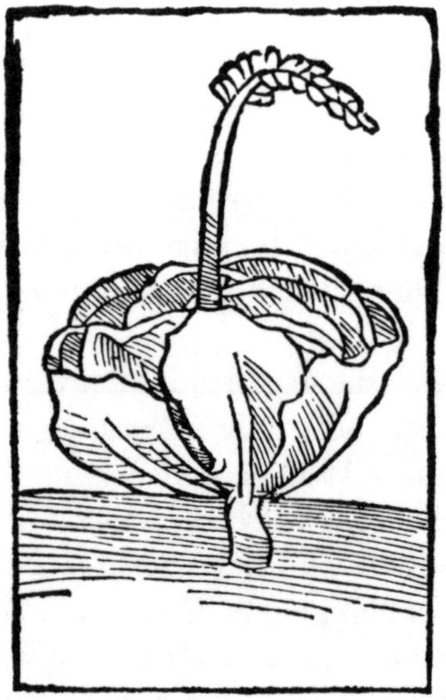

In einem schwäbischen Kochbuch aus dem 18. Jahrhundert wird uns ein Zugemüse überliefert, was man an einigen Orten „Stroh und Leimen“ nannte, eine Mischung aus gekochten Erbsen und Sauerkraut. Dies könnte noch mittelalterlichen Ursprungs sein.

81. Eine Speise von Bohnen

Siede grüne Bohnen, bis sie weich werden. Dann nimm schönes Brot (Weißbrot) und ein wenig Pfeffer, dreimal soviel Kümmel, mit Essig und mit Birnen, mahle das zusammen (vermische es) und gib Safran dazu. Gieße den Sud (das Kochwasser der Bohnen) ab und gieß das Gemahlene darauf und salze es in Maßen und laß es in dem Condiment aufkochen und gibs hin. *Unter grünen Bohnen verstand man im Mittelalter unreife dicke oder Saubohnen. Unsere heutigen grünen Bohnen stammen aus Amerika, kamen also frühestens im ausgehenden 15. Jahrhundert, wahrscheinlich aber noch später nach Europa.*

82. Weiche Hafergrütze oder Weizen oder Hirse, die siede so

Ebenso weiche Hafer- oder Weizen- oder Hirsegrütze. Siede sie mit Milch dünnflüssig, tue Safran in Butter dazu, Salz, koche sie auf und gibs hin.

83. Ein schwarzes Gemüs

Nimm Weinbeeren (Rosinen), Äpfel, Birnen, gebratene oder gesottene, und Zucker, ein wenig Mehl, würze und salze es, zertreib es mit gutem Wein, siede es in einer Pfanne und rühre es gut um.

84. Ein gutes Gemüs von Mandeln und Fischen

Tu das Eingeweide heraus (aus den Fischen), reinige und hack es gut, achte auf die Galle. Siede das Brät der Fische mit Wasser ab, seihe es ab, tu die Brühe hin. Stoß die Fische gut mit Mandelmilch und Weißbrot in Mandelmilch geweicht, treibs durch mit weichgesottenem Reis, laß es über einem Feuer in einer Pfanne erhitzen, rühr es gut um. Ist es zu dick, tu mehr Mandelmilch dazu, machs ab mit Zucker.

85. Einen Spinat auf ungarisch anzurichten

Nimm Zwiebeln, zerschneide sie klein und tue kleine Rosinen darunter. Tue sie in einen Topf und gib den Spinat dazu. Drücke ihn ganz und gedrängt hinein und gieß halb Wasser und halb Weinessig darauf. Laß es flugs einsieden, daß nicht viel Sud darauf bleibt und mache es fein mit Zucker ab, daß es nicht zu süß noch zu sauer wird. Mache es mit einem Baumöl ab, koste und dann salze es. Und wenn du es anrichten willst, so lege darum gebackene Gründlinge oder Weißfischchen. Du kannst auch gesottene Neunaugen nehmen.

86. Ein Meißner Reisigel

Wasche den Reis rein aus, siede ihn ab mit einem Wasser, daß er aber hübsch ganz bleibt, und wenn er weich wird, so schütte ihn auf einen Durchschlag oder Sieb, daß das Wasser davon abläuft und er fein klein und trocken wird. Nimm Baumöl oder Butter in einen Tiegel, schütte den Reis hinein, koche ihn hübsch ab, tue kleine Rosinen und Zucker hinein und salze ihn, wie es sich gehört und gibs hin.

Solchen ganzen Reis lege auf eine Schüssel, drücke es lang wie eine Strietzel oder mache ihn hoch wie einen Haufen, wie du es nun gerade haben willst, und laß ihn richtig kalt werden. Bestreue ihn hübsch mit Mandeln. Mache darum eine Mandelsuppe, die fein dick ist, laß die Suppe kalt werden und mache sie fein süß. Wenn du es aufgeben willst, so gieß die Suppe darauf. Wenn du die Mandeln aufsteckst, nennt man das Gericht im Meißner Lande Reisigel und in Thüringen eine Jungfernsuppe.

87. Erdäpfel

Schäl und schneid sie klein, quell sie in Wasser und drück es gut aus durch ein Haartuch. Hack sie klein und röste sie in Speck, der klein geschnitten ist, nimm ein wenig Milch darunter und laß sie damit sieden, so wird es gut und wohlgeschmack.

Hierhinter dürfte sich die älteste Zubereitungsart für unsere mittlerweile beliebte und in zahllosen Varianten zubereitete Kartoffel finden. Wir verdanken das Rezept dem umtriebigen Meisterkoch Marx Rumpolt.

88. Schmalz Koch

Zerlaß Butter und rühr Griesmehl darein und laß es mit der Butter sieden, bis die Butter lauter und klar wird. Seihe sie ab von dem Gries, den du eingerührt hast, schütt ihn auf ein Sieb und laß die Butter gut davon seihen. Tu es in einen Fischkessel und schneid ein weißes Brot darunter, setz es auf das Feuer und röste es miteinander, versalz es nicht. Und wenn du es anrichten willst, so gib es warm auf einen Tisch, so wird es gut und wohlgeschmack. Und so macht man das Schmalz Koch.

89. Bratäpfel

Höhl die Äpfel aus, tu Zimt und Zucker durcheinander darein, tu sie in eine Tortenpfanne oder schiebs in einen heißen Ofen und brat es. Tu darein frische Butter oder Zuckerkandel, gibs warm auf den Tisch und besträu es mit Zucker.

Wie bei allen Gerichten, so kann man hier natürlich fleißig variieren. Man kann die Bratäpfel auch mit allerlei Marmeladen, Rosinen und Mandeln füllen. Auf Vanille-, Schokoladen- oder andere süße Soßen schmecken sie besonders in der Winterszeit hervorragend.

Äpfel dienten jedoch besonders der ärmeren Bevölkerung als Zugemüß. Rumpolt empfiehlt: Dürre Äpfel kocht man mit lauterm Wasser, besonders der gemeine Mann in den Dörfern, denn er hat nicht viel Zeugs wie ein großer Mann. Mit einem kritischen sozialen Hintergrund fügt er an: Muß sich einer strecken nach der Decken.

90. Spanische Pfantzel

Schlag Eier auf und gut durcheinander, salze sie und laß sie durch ein Haartuch laufen. Nimm eine breite Pfanne, tu Butter darein, daß die Pfanne nur davon warm wird und gieß einen Löffel voll Eier darein, daß du nur den Boden damit bedeckst. Nimm Driet (Zucker und Zimt durcheinander) und kleine schwarze Rosinen darunter, streu es über das Pfantzel in der Pfanne und halte es gegen das Feuer, so wird es trocken und backen. Leg es zusammen, wie du willst. Stürz es um in eine Schüssel. Mach von solchen Pfantzel sechs oder sieben, leg sie nebeneinander in eine Schüssel, gibs warm auf einen Tisch und streu Driet darüber. Diese Speise nennt man Spanische Pfantzel.
Pfantzel sind Pfannkuchen, auf beiden Seiten in Schmalz oder Butter gebackene, flache Kuchen.

91. Schmorren

Mach einen Teig an mit Eiern, treib ihn fein dünn aus, schneid ihn fein einen Finger lang und zwei Finger breit, wirf es in heiße Butter und back es aus. Tu es so warm in heiße Milch und laß es sieden, daß es dick wird, salz ab und machs fein braun. So kocht man die Schmorren in der Milch, die gut und wohlgeschmack sind.

92. Baba von Erbsen

Nimm Erbsen, die gesotten und abgetrocknet sind, in einen Mörser, stoß sie mit Eierdottern, süßer Milch und unzerlassener Butter, tu auch ein wenig Salz darunter und rühr es durcheinander. Nimm eine Tortenpfanne, tu Butter darein und mach sie heiß. Nimm gebackene Schnitten von einem Weck, tauch sie in die Erbsen und leg sie in die Tortenpfanne und wenn du sie aufeinandergelegt hast, so tu die übergebliebenen Erbsen darüber.

Begieß das mit frischer Butter, setz es in den Ofen mit der Tortenpfanne und laß es backen. Nimm eine Schüssel und stürz sie darein und gib sie warm auf einen Tisch.
So essen sie die Böhmen gern und man nennt es in Böhmen ein Baba von Erbsen.
Erbsen und Gerste, mit guter Erbsenbrühe gesotten, nannte man in Österreich „Ritschet". Am Rheinstrom, so weiß Meister Rumpolt, aß man gern durchgetriebene Erbsen, gut geschmälzt und daneben Sauerkraut mit Essig begossen. Durchgetriebene Erbsen, kalt mit Essig übergossen, lobte man im Spessart.

93. Lungenmus von Maurachen

Nimm Maurachen, quell sie in einem Wasser, drück das Wasser wiederum davon, hack sie klein mit grünen wohlschmeckenden Kräutern, tu sie in heiße Butter und röste sie, nimm alsdenn Eier, die aufgeschlagen sind, salze es, pfeffers, machs gelb und rühr es unter die Maurachen, so wird es gut und wohlgeschmack. So kocht man Lungenmus von Maurachen.
Maurachen oder Moren sind Morcheln (Pilze, Morchella esculenta), die nach ihrer Ähnlichkeit mit der Möhre benannt sind.

94. Baba von Mandeln

Nimm gestoßene Mandeln und mach sie mit süßer Milch ab. Mach sie süß mit weißem Zucker, rühr etliche Eierdotter und ein wenig unzerlassene Butter darunter, setz es aufs Feuer und mach es warm. Nimm gebackene Schnitten von einem Weck, stoß sie in die Mandeln und leg sie in die Tortenpfanne. Streu schwarze saubere Rosinen darüber und belege es wiederum mit Schnitten und mit Mandeln. Nimm die übergebliebenen Mandeln, tu sie über die gebackenen Schnitten und gieß Butter, die fein frisch und lauter ist, darüber. Bestreu es mit gestoßenem Zucker, setz es mit der Tortenpfanne in den Ofen und laß es backen. Wenn du es anrichten willst, so stürz eine Schüssel darüber, kehrs um und gib es warm auf einen Tisch und bestreue es mit Zucker. Du kannst es auch in eine andere Schüssel umkehren, so ist es auch zierlich und gut. Und diese Speise nennt man auf böhmisch Baba von Mandeln.

95. Madenmus

Nimm frische Eier, schlag gelb und weiß durcheinander, salze es und zieh es in eine heiße gesottene Milch. Rührs um, bis das es aufsiedet, schütt es auf einen Durchschlag und drück es durch einen Durchschlag in eine Schüssel. So wird es aussehen wie Maden. Wenn du es auf einen Tisch geben willst, so bestreu es mit kleinem Konfekt und schönem weißen Zucker, so nennt man es ein Madenmus.

96. Pappin

Nimm Mehl, Eierdotter und ein wenig Milch darunter, streich es durch ein Haartuch und rühr es in gesottene Milch. Wenn es aufgesotten ist, so rühre frische Butter darunter, die unzerlassen ist und salz es ab. Wenn du es anrichtest, so tu klein geschnittenes Brot darauf. Auch darfst du das Muslein nicht zuckern, denn es ist an sich selber gut und wohlgeschmack. Und das Mus nennt man Pappin.

97. Ein Gandelat

Nimm süße Milch, die dick ist, setz sie auf Kohlen und laß sie aufsieden, bleib dabei, daß sie nicht übergeht, es auch nicht dareinstäubt (Aschenstaub). Setz es vom Feuer hinweg und rühr es mit einem hölzernen Löffel um, setz es in einen kalten Keller und laß es über Nacht stehen, daß es gut kalt wird, so wird es eine dicke Haut darauf gewinnen. Schöpf sie mit einem Schaumlöffel ab und richte es in eine Schüssel oder in ein Silbergeschirr an. Und wenn du es zu essen geben willst, so bestreue es mit schönem weißen Zucker. Und diese Speise nennt man in Italien ein Gandelat. *Eigentlich candito latte, Schneemilch. Bei Meister Rumpolt eine dicke, süße Milch.*

98. Weichselmus

Nimm Weichseln, reiß sie vom Stengel hinweg und wasch sie aus, tue sie in einen Fischkessel und schneid Weck darein. Gieß Wasser darüber und laß es damit sieden, streich es durch ein Haartuch, daß fein dick ist, tu es wiederum in einen überzinnten Fischkessel, rühr gestoßene Zimtrinden und Zucker darunter, setz es auf Kohlen und rührs um, bis das es aufsiedet. Richt es in einer Schüssel an und wenn du es auf einen Tisch geben willst, es sei kalt oder warm, so bestreu es mit überzogenem Fenchel, so ist es gut und wohlgeschmack.

Hie kumen keller/köch/eehaltten
All die des huses sorg/dünt waltten
Die redlich jnn dem schiff dünt schaltten

von kochen vnd keller

Eyn böttlin erst vor vns hyn lyeff
Das froget noch dem narren schiff
Dem goben wir versaltzen suppen
Das er dem fläschlin wol möcht suppen

o .ij.

Holzschnitt aus Sebastian Brants „Narrenschiff", 1494

99. Türkischer Reis

Nimm Reis und wasch ihn aus und setz ihn auf mit Wasser und quell ihn gut, wasch ihn wieder aus und klaub ihn sauber. Nimm abgezogene Mandeln, schneid sie klein und röste sie in Butter, daß sie weiß und knusprig bleiben. Wirf danach den Reis darein und röste es damit. Machs süß mit Zucker und tu schwarze Rosinen darein, gibs trocken oder warm auf einen Tisch. So essen es die Türken gern. Du kannst ihn auch einmachen in Pasteten und Torten.

100. Nudeln nach Tiroler Manier

Mach einen Teig mit lauter Eiern und Mehl, ziemlich hart und wenn er gut gearbeitet ist, so treib ihn fein dünn aus. Bestreu das Blatt, das du ausgetrieben hast, mit lauterem Mehl, wickels übereinander und schneids fein klein. Setze Wasser auf in einem Fischkessel und laß es sieden, zieh den Teig hinein und rührs mit einem Löffel, daß es nicht zusammenkommt. Rühr es um, bis es aufsiedet und schütt es auf einen Durchschlag. Nimm gesottenes Wasser, das ziemlich gesalzen ist und wasch die Nudel damit aus. Nimm einen geriebenen Parmesankäse und geriebenen Weck oder geriebenes Roggenbrot, tu es durcheinander und wenn du es anrichten willst, so schütte zuerst den Käs auf den Boden und richte die Nudel darauf an. Bestreue es danach mit Käse und Brot. Gieß heiße Butter darüber, so wird das Brot fein knusprig, decks flugs mit einer Schüssel zu und gib es warm auf einen Tisch. So richtet man die Nudeln zu, besonders in der Grafschaft Tirol.

101. Panada

Nimm ein Weck, reib ihn und beschneid ihn zuerst, daß das Braune davon kommt. Tu es in einen überzinnten Fischkessel und gieß eine gute, lind gesalzene Hühner- oder Rindfleischbrühe darüber und laß es damit sieden. Und bevor du es anrichten willst, so rühr Eierdotter darein, so wird es glatt, lieblich und gut. Diese Speise nennt man Panada (Brotsuppe oder -mus).

Von Salaten

Salatrezepte finden wir vornehmlich in Kochbüchern des 16. Jahrhunderts, was nicht heißen mag, daß Salate der unterschiedlichsten Art nicht schon in früherer Zeit zubereitet und gegessen wurden. Für Salate wurden Spargel, Rettich, Rotkraut, Laktuke (Gartenlattich), Gurken, Zwiebeln, Kürbisse, Zitronen und vieles mehr zubereitet.

Von der Natur und Tugend des Salats und welchen Leuten er gesund und ungesund ist

Der Salat hat die Natur und Kraft, daß er, wenn man ihn gar zu oft braucht und keinen Senf, Bornkresse oder Studenkraut, sonst Dragum genannt, darunter mischt, dem Gesicht (Augen) schadet, die Klarheit sehr verdunkelt oder trübe macht, und das destomehr, wenn man nicht Wein darauf trinkt. Die Alten haben auch nicht gepflegt, den Salat wie wir am Anfang der Mahlzeit zu essen, sondern zuletzt, nach aller andern Speise. Welches sie nicht ohne Ursache getan haben, denn weil der Salat kalter und feuchter Natur ist, so macht er, nach den anderen Speisen gegessen oder am Ende der Mahlzeit, einen guten Schlaf und kühlt die Hitze vom übrigen Wein. Unsere Leute aber sind es gewohnt, ihn am Anfang der Abendmahlzeit zu essen ... Überdies hat der Salat auch die Natur und Kraft, daß, wenn man ihn vor allen anderen Speisen zu sich nimmt, er desto eher in die Adern geht, das Geblüt kühlt und die Hitze der Leber und des Herzens lindert. Davon kommt es dann, daß, wenn man zuviel des Salates ißt, die Begierden des ehelichen Werkes sich verlieren und man unfruchtbar wird, gleich wie von den Kürbissen, Melonen und Kampher. Darum sollen die Leute, die außerhalb des ehelichen Standes leben und die fleischliche Begierde dämpfen oder den vorwitzigen Kitzel vertreiben wollen, des Salats viel gebrauchen. Die aber im Ehestand leben, sollen von ihm nicht so viel, sondern mäßig essen, wie es ihnen auch gut ist, wenn das Gehirn zu trocken wird, wegen Unmäßigkeit der ehelichen Werke. Aber jederzeit soll die kalte Natur des Salats temperiert werden, mit Vermischung der hitzigen Kräuter, damit nicht der natürliche Samen, mehr als es gut ist, erkaltet und die Natur unfruchtbar oder unkräftig werde.

102. Bunter Salat

Man nimmt zu dem bunten Salat allerlei nützliche und zum Salat gebräuchliche Kräuter und Blumen, (denn es gibt viele Kräuter und Blumen, die dem Menschen schädlich und unnützlich sind, vor denen man sich dann hüten muß) wie Schlautlaktuken, Bolonische Schlutsalat, grüne oder weiße Endivien, Nelken, Marienblumen, Muskatellerrosen, Pimpernellen, Possaleyen, Dragum, die harten Pollen von Fenchel, Barnasen, Ochsenzungen, Bugelosen (Ochsenzunge), weiße oder grüne Succurren, und die Blumen davon, weiße Rosen, Provinziarosen, gelbe Ringelblumen, Leibfarbrosen, Marienblumenkraut, Rapunzelwurzel oder -kraut, Ochsenzungenblumen, Barnasenblumen, Brunnkreßlein, Winterkreßlein, junge Laktuken, junge Rosen und Stichdornblätter, eingemachte Pomeranzen, Granatapfelkörner, Dattelkörner, Datteln, Mandeln, große und kleine Rosinen, Kapern, Betenrüben, gelbe Mohrwurzeln, Pomeranzenblumen, Weinblätter, Stichbirnblätter, danach hartgesottene Eier, Sattureienwurzeln, Petersilienwurzeln und andere gute Kräuter und Wurzeln, die gut in Salaten zu essen sind. Man macht ihn wie einen Stern oder Rosen oder legt ihn wie einen Dorn in die Höhe, man kann ihn auch zu anderen Gestalten legen. Man mache einen jeden Ort oder Schicht ab mit Baumöl, Essig und Salz. Man kann auch Zucker darüber streuen.

103. Von gefüllten Augurken

Die Augurken soll man schälen, wenn sie alt sind, aber nicht, wenn sie jung sind. Man hackt Kalbfleisch mit Eiern, Weißbrot, zerstoßenem Ingwer und ein wenig Salz, füllt die Augurken damit, kocht und macht sie ab mit Kapern und Butter, daß sie kurz von Brühe sind.

104. Von gefüllten weißen, auch gelben Burdfeldischen Rüben und Mohrwurzeln

Man hackt eine Rehkeule mit Eierdotter, Pfeffer, Ingwer und Salz, füllt sie damit, kocht und macht sie ab mit ganzen Muskatblumen und wenn man sie zum Tische geben will, bestreut man sie mit Ingwer.
Ebenso hackt man Lammfleisch mit Petersilie, Muskatblumen und Eiern, füllt sie damit, bringt sie mit Brühe zum Feuer und gießt die Brühe, wenn sie ein wenig gar sind, davon. Man macht sie ab mit frischer Butter, Milch und gehackter Petersilie und wenn man sie zum Tische bringen will, bestreut man sie mit Salz.
Ebenso hackt man Hasenwildpret mit ein wenig Speck oder Unschlitt, Petersilie, Thymian, ganzen Haberköhm (Kümmel), Salz und Eier, füllt sie damit, macht sie ab mit Kirschmus, großen Rosinen, ein wenig Wein und Zucker.

105. Artischocken

Man siedet sie in Kapaunenbrühe, gießt dann die Brühe wieder davon und tut frische Butter darauf, läßt es durchkochen und wenn man es zum Tische geben will, bestreut man es mit Salz.
Ebenso bricht man sie bis auf das Harte ab, schneidet inwendig das Rauhe und unten das Grüne ab, brät sie alsdann fein sanft auf einem Rost, begießt sie dann mit Butter, besprengt sie mit Salz und Pfeffer, untereinander vermischt, wendet sie etliche Mal um, daß sie gar werden, begießt sie mit Butter in einem Silber, setzt sie danach ein wenig aufs Feuer und besprengt sie mit Salz und Pfeffer, wenn man sie zum Tisch tragen will.

106. Savoyerkohl

Man siede ihn in Wasser und gießt das Wasser wieder davon, salz ihn ab, macht ihn ab mit ganzem Pfeffer und Baumöl und bestreut ihn mit Salz und Pfeffer, wenn man ihn zu Tisch tragen will. Oder wenn er gesotten wurde, gibt man das Wasser wieder davon, macht ihn ab mit Knoblauch, zerschnittenem Weißbrot, Baumöl und Salz und bestreut ihn mit Pfeffer, wenn man ihn zu Tisch tragen will. Oder man macht ihn in Kapaunen- oder Rindfleischbrühe gar, macht ihn ab mit gebratenen Feldhühnern, Kapaunenwürste, Bratfett und Pfeffer, deckt ihn zu, läßt ihn dann durchkochen und bestreut ihn mit Salz und Pfeffer, wenn man ihn zum Tisch geben will.

107. Gefüllter Blumenkohl

Man bringt Blumenkohl mit Kapaunenbrühe zum Feuer, vermischt weiteren Blumenkohl mit Eiern und Muskatblumen, tuts auch in den Kohl samt zweien Feldhühnern mit Speck, die mit Muskatblumen bestreut wurden und tut Kapaunen- oder Rindfleischfett darein und läßt ihn damit durchkochen.

108. Salat von roten Rüben

Man macht rote Rüben in heißer Asche oder Wasser gar, läßt sie kalt werden, schneidet sie in Scheiben, schneidet auch etliche Stücke lang, macht sie ab mit Baumöl, Salz, Pfeffer und Zucker.

109. Karottenwurzelnsalat

Man siedet sie und legt sie in ein Silber, einem Stern gleich. Wenn sie kalt geworden sind, macht man sie ab mit Baumöl, Weinessig, Salz und Zucker.

110. Pfifferlingssalat

Wenn sie erst hervorkommen, schält man sie und siedet sie in Wasser, nimmt sie aus dem Wasser und macht sie ab mit Baumöl, Weinessig, Salz und Pfeffer. Oder man siedet sie samt Laktuken, macht sie ab mit Baumöl oder frischer Butter, Salz und Pfeffer.

111. Winterkressensalat

Man wäscht Winterkresse aus und legt sie danach eine halbe Stunde in reines Wasser, schneidet zwei oder drei Zwiebeln in Scheiben und legt sie auch in ein anderes Wasser. Legt beides danach zusammen in ein Silbergeschirr, macht sie ab mit Baumöl, Weinessig und Salz.

112. Spargelsalat

Man siedet ihn in Wasser. Danach legt man ihn in kaltes Wasser, nimmt ihn dann wieder heraus und macht ihn ab mit Baumöl und Weinessig, bestreut ihn mit Salz und Pfeffer.

Vom Kompott

Als *cumpost* bezeichnete man seit dem 14. Jahrhundert eine Vorform unseres heutigen Kompotts. Das Wort stammt aus dem lateinischen *(compositus)* und bezeichnete ursprünglich das Einlegen von Oliven in Salzlake, wurde dann aber auch auf andere Arten des Haltbarmachens bezogen. Sauerkraut, durch Einsäuern haltbar gemachter Kohl, wurde dann ebenfalls als *cumpost* bezeichnet. Ebenso bezeichnete man eingekochte und gewürzte Früchte so. Wurden diese noch weiter eingedickt, entstand *Latwerge*, die als Konfekt benutzt wurde.

113. Ein Cumpost von Weichseln

Derjenige, der ein Kumpost von sauren Weichseln machen will, der nehme saure Weichseln, brech ihnen die Stiele ab und siede sie in einem Hafen in ihrer eigenen Brühe und wenn sie gekocht sind, so schütte sie aus und laß sie kühlen. Schlage sie durch ein Tuch und schütte sie dann in einen Hafen, der gepicht ist. Schütt die Kirschen darein und menge sie mit Honig und tu Galgant dazu und streue Würze darunter. Der es sogleich essen will, der laß die Gewürze weg.

114. Kaltes Kompostkraut

Nimm einen sauberen Hafen und brich unten Hölzlein hinein, eine Hand hoch, und gieß guten roten Wein darein, nicht ganz bis an die Hölzlein. Dann nimm das gut gesäuberte Kraut, spalte es bis zum Strunk in vier Teile, achte aber, daß es ganz bleibt und lege den Hafen mit einem anderen Kraut aus. Stürze nun den Kohlkopf in den Hafen (mit dem Strunk nach unten auf die Hölzer) und drücke ihn mit dem anderen Kraut gut zusammen. Setz ihn auf einen Dreifuß und mach ein ziemliches Feuer darunter. Laß es solange stehen, wie ein Kraut sonst zu sieden hat. Danach tu es heraus und laß es erkalten. Nimm von dem roten Wein aus dem Hafen und gieße ihn in ein Pfännlein. Siede Kümmel, Schlehen und Wacholderbeeren darin, schütte es dann in das Haupt, verteile es gut und laß es sich setzen. Zerspalt es dann, gieß Essig oder Senf daran und trag es auf.

Der Hausherr hatte angeordnet,
daß eine Menge guter, frischer Speisen
gebraten und gekocht würden,
sowohl Fisch als auch Fleisch,
Wildpret und Fleisch von Schlachttieren.

Mit Geschmack wurde
eine kleine Tafel aufgestellt,
und für den Markgrafen (Willehalm) allein hergerichtet.
Als er seine Hände gewaschen hatte,
trug ihm der Hausherr mit Kultur
und nach bester Kaufmannssitte
mehrere Gänge
mit Gebratenem und Gekochtem auf.
Jeder Bedürftige, der so bedacht worden wäre,
hätte sich darüber gefreut.
Solche Getränke
hätten auch dem Kaiser angeboten werden können.
Den Genuß all dessen wollte sich der Markgraf
nicht gönnen. Das hatte er gelobt
und hätte an seinem Verstand gezweifelt,
wenn er nun mehr als Brot gegessen
und Wasser getrunken hätte. Wollte er doch Entbehrung
leiden, bis ihm der Allmächtige
in Orange ein liebes Pfand ausgelöst hätte.
Ein gebratener Pfau stand vor ihm
mit der besten Soße,
die der Hausherr zu bereiten verstand.
Kapaun, Fasan,
Lampreten in Gelee
und Rebhühner ließ er liegen.

(Aus dem „Willehalm“ des Wolfram von Eschenbach)

Von etlichen köstlichen Fleischspeisen

Das Rind galt als Bauernspeise und fehlt in den Kochbüchern des 14. und 15. Jahrhunderts.
Meister Rumpolt begann allerdings seine Fleischspeisen mit Gerichten vom Rind. Über den Stier vermerkte er, daß man aus ihm das gleiche machen könne wie aus dem Rind. Im Herbst galten die Ochsen am feistesten.
Im 18. Jahrhundert aß man noch die Milz des Ochsen. Für das Einpökeln empfahl man, gut ausgemästetes Ochsenfleisch von einem Ochsen, der mindestens 6 Jahre alt ist, zu nehmen.

Das Hausschwein galt vom Mittelalter an bis heute als „Hauptlieferant“ von Fleisch. Noch heute wird in den Dörfern und kleineren Städten geschlachtet, wobei die Kinder schon mit sechs oder sieben Jahren herangezogen werden, vornehmlich zum „Blutrühren“. Danach gibt der Fleischer dem Kind den „Anstrich“; er zeichnet es im Gesicht mit Blut. Vom Schwein wird bis auf den Schwanz und die Ohren alles verwertet. Den Schwanz steckt man aus Schabernack der Mutter oder Großmutter an den Rock, die Ohren werden im Garten an ein Holz für die Krähen genagelt. Vielleicht verbirgt sich hierhinter noch ein alter abergläubischer Brauch.
Geschlachtet wurde vornehmlich in den kalten Monaten, was seinen Hintergrund im hygienischen Bereich hat. Auch brauchte man die Tiere nicht durch den Winter zu füttern. Hinzu kam, daß das Wirtschaftsjahr am 11. November (Martinstag) begann und die Naturalabgaben fällig wurden, die unter anderem an Schlachtfleisch und Geflügel geleistet wurden. Normalerweise wurden die Tiere in Ställen gehalten, aber auch Keller (sogenannte Kellerschweine) oder Turmwächterstuben sind verbürgt. Zahlreich sind die oft greulichen Unfälle mit Hausschweinen.
Das Fleisch wurde vielfältig verarbeitet: Schinken (geräuchert und gekocht), Schinkenspeck, Schweinekopf (gebraten, gepreßt oder gekocht), Innereien (Nieren gekocht, Lungenhaschee, Hirn), Gehacktes (roh, gekocht als Kesselklöße), Würste (Brat-, Leber-, Blut- u. a.), Eisbein, Sülzen, Preßkopf, Fleischbrühe, Fett, Knochen zum Kochen usw. Die Borsten gab man im Bau Estrichen zu. Die Ferkel kamen zumeist bei Festtagen als Spanferkel (gefüllt und ungefüllt) auf den Tisch.

Über das Ziegen- oder Bockfleisch bestanden unterschiedliche Meinungen. Einige wollten es unter die ungesunden Speisen rechnen, hingegen lesen wir, daß die heiligen Väter im Alten Testament öfters junge Ziegenböcklein zu ihrer Speise gebrauchten. Die alten Ärzte hielten das Ziegenfleisch für sehr gesund und Plinius (23 - 79) berichtet, daß man aus den Ziegen wohl tausend Arzneien bereiten könne. Die Ziegenmilch ist sehr lieblich, galt geronnen aber als schädlich. Ziegenmilch soll in ihrer Eigenschaft die beste nach der Frauenmilch sein. Nach Aristoteles (384 - 322 v. u. Z.) sei der Ziegenkäse zu nichts nütze. Man gab aber dem Lammfleisch den Vorzug, denn das Ziegenfleisch galt als hitzig, trocken und *bössafftig mit einer Schärfe*. Wieder andere meinen, Ziegenfleisch behält einen geilen Geschmack. Fleischer und Garköche ließen manchmal ein wenig von dem Fell an den Lämmerschwänzen, damit man diese von den Ziegen unterscheiden konnte. Meister Rumpolt weiß, daß bei eingemachtem Geißfleisch, welches man mit Agrest kocht, ungarische Köche oft Ingwer daruntemehmen, wovon es aber bitter wird. Die wilde Ziege wurde Gemse genannt. Aufgrund ihrer Fähigkeit, in der Nacht genausogut wie am Tage zu sehen, empfahl man denen, die diese Fähigkeit verloren hatten, die Leber der Gemse zu essen. Legte man die Bocksgalle auf die Augenbraue, so sollte sie die Augentrübung vertreiben. Ganz frisches und noch warmes Bocksblut soll die Eigenschaft haben, den harten Diamanten zu zerbrechen, den kein Eisen brechen kann. Vergleiche hierzu auch Rezept Nr. 274, wo zum Steineweichkochen ebenfalls Bocksblut gebraucht wird.

Von Rind, Kuh und Kalb

115. Rindfleisch in einer Salse

Nimm gutes Rindfleisch und koche es gar. Danach wasche Aschlauch, so viel dich dünkt, zerreibe ihn klein und zerlaß ihn in einem sauren Wein oder Essig. Wenn das Fleisch gekocht ist, so gieß das alles oben auf und denke an das Salz. Eine andere Salse dazu: Nimm saure Weinbeeren, Salbeiblätter, zwei Häupter Knoblauch, zerreibe das miteinander und tu Petersilie dazu, so wirst du eine gute Salse haben. Wenn das Fleisch gekocht ist, so gieß sie darauf.

116. Gorgel vom Ochsen

Setz sie in einem Wasser zu und laß sie eine Stunde sieden. Nimm sie heraus und säubere sie aus, so läßt sie sich fein voneinander lösen. Mach einen linden Pfeffer von Hühnerschweiß und mach es sauer oder laß es süß, so wird es gut und wohlgeschmack.

117. Ein Rinderbraten

Nimm einen Rinderbraten und beize ihn über Nacht, tu halb Wasser und halb Essig, auch gestoßenen Knoblauch in die Brühe und ein wenig Salz, laß den Braten über Nacht darin liegen und in des Morgens Früh tue ihn aus der Brühe und salze ihn ein, steck ihn an und laß ihn braten. Nimm die Brühe, wo der Braten dringelegen hat, seihe sie ab, so bleibt das Dick auf dem Boden. Tue es in einen kleinen Fischkessel, mit ein wenig gestoßenem Pfeffer und frischer unzerlassener Butter und laß es sieden. Setz es in einer überzinnten Bratpfanne unter den Braten und begieß den Braten damit, so ist es ein gutes Essen für die ungarischen und polnischen Herren.

118. Von einem gebratenen Ochsen

Man brennt einen ganzen Ochsen in Wasser wie man ein Schwein brennt, läßt den Kopf daran sitzen, die Beine aber bindet man einwärts mit Bast zusammen, schneidet ihn unter dem Bauch auf oder an der Halb, weidet ihn dann aus, doch so, daß die Brust und das Eisbein nicht aufgeschnitten werden, sticht ihn dann an einen Spieß und näht ihn mit Bast wieder zu. Der Spieß aber wird so gemacht: Man schmiedet eine eiserne Stange, die auf beiden Seiten vier oder fünf Schuh (etwa 1,50 m) durch den Ochsen geht. Danach macht man auf beiden Seiten Wellen, damit man den Ochsen umwendet. Man macht auch durch den Spieß Löcher, wo dann der Ochse, wenn er gebraten werden soll, mit andern kleinen Speisen befestigt werden kann. Alsdann legt man ihn auf einen Bratbock, der dann auch besonders danach gemacht und in der Erde befestigt sein muß. So macht man dann auf beiden Seiten zwei große Feuer oder man macht eine mannshohe Mauer (etwa 1,80 m) und macht auf einer Seite Feuer. Wenn er dann eine oder drei oder vier Stunden gebraten ist, soll man die Haut dünn davon schneiden und ihn dann mit nachfolgenden Tieren und Vögeln spicken: Lamm, Spanferkel, Kalb, Gänse, Enten, Hühner oder Kapaune, Hasen, Kaninchen und kleinen Vögeln. Diese Vögel werden nun auf kleine Spielen (Holzspieße) zusammengestochen und auf den Ochsen verteilt und darauf gespießt. Man legt den Ochsen, wenn er gespickt werden soll, auf einen hölzernen Sägebock, dasselbe, womit man ihn spicken will, legt man zusammen in eine Mulde und steckts zwischen die Rippen ein. Man zerbricht auch etliche Rippen. Die großen Stücke aber, womit man ihn spicken will, soll man an den Bauch und oben an den Rücken, auch in die hintern Viertel stechen, die kleinen Stücklein

aber sticht man an kleine Spilen darein. Dazu muß man dann zwei große kupferne oder eiserne Bratpfannen haben und lange Kellen, damit er begossen wird. Man macht auch einen Tisch mit Handhaben, macht unten Rollen, darauf legt man den gebratenen Ochsen, trägt in dann zum Tisch und legt ihn auf zwei verzinnte, kupferne Bratpfannen, die auch besonders dazu gemacht sein müssen. Danach legt man ihn, wenn er wieder vom Tisch soll, auf den vorigen Tisch und trägt ihn wieder weg.
Will man ihn aber nicht zum Tisch geben, so gibt man ihm zum besten und hängt Narrenkolben dazu, womit sich das gemeine Gesinde schlägt.
Auf diese Weise kann man auch einen Hirsch oder ein anderes Stück Wild anrichten und braten.

119. Rinder- und Kuhkaldaunen

Man brät Speck und Nieren und schlägt es in eine Pfanne, gibt gerührte Eier und Weißbrot hinein, hackts mit Majoran klein, füllt die Kaldaunen damit und speilt sie zu. Nun gibt man sie in einen Hafen, macht sie in Wasser gar, macht sie mit in runde Scheiben geschnittene Limonen ab und schlägt zwei oder drei Eierdotter mit Wein durch. Wenn zuviel Brühe darauf ist, soll mans abgießen und das Feiste wieder aufgießen, läßt es durchkochen und gibts zu Tisch.
Oder man schneidet Kaldaunen in Würfel, schwitzt sie in Butter ab und gibt klein geschnittene Zwiebeln und Äpfel dazu. Wenn sie gar sind, macht man sie mit Zucker, Weinessig und Zimt ab und streut Zucker und Zimt darüber, wenn man sie zu Tisch tragen will.

120. Schnitten von Kalbshirn

Das zuvor gehäutete und sauber gewaschene Kalbshirn siedet man ein wenig mit Fleischbrühe und hackt etwas Petersilie, ein paar Schalottenzwiebeln und ein Stückchen Mark oder groben Speck. Nun gibt man das Gehackte in eine Schüssel, das gesottene Kalbshirn, zwei bis drei in Butter gerührte Eier, Salz, Muskat und ein geriebenes halbes Milchbrot dazu, rührt dies zusammen, schlägt das Weiße von 2 Eiern zu einem Schaum, tut ihn auch an die Masse, streicht sie auf dünne Schnitten und bäckt diese in Schmalz gelb.
Dieses Gericht wurde so oder ähnlich bereits im 13. Jahrhundert gekocht.

121. Ein Fladen von Kalbslebern

Willst du einen guten Fladen von Kalbslebern machen, so nimm Kalbslebern und hacke sie klein und tue ausreichend grünen (frischen) Speck und genug Gewürze darunter. Nimm dann einen gut gemachten Holbraten, gut zwei Finger breit geschnitten und fülle ihn mit den Kalbslebern und dem Speck. Setz ihn in einen Fladen und backe ihn gut und trage ihn heiß hin.

Die Bedeutung des Holbratens (Spießbratens) ist hier nicht ganz klar. Kleingehacktes, mit Eiern, Mehl und Gewürzen vermischtes Fleisch wird über einen dicken Spieß geschlagen und gebraten. Anschließend wird der Hohlraum des Bratens mit Obst, Fisch usw. gefüllt. Ein Rollbraten oder ein Braten, dessen Leibeshöhle mit einer Farce gefüllt wird, könnte sich ebenfalls dahinter verbergen.

122. Ein Frauenessen

Willst du ein Frauenessen machen, so siede ein Euter von einer Kuh in nicht zuviel Brühe. Nimm von dieser Brühe die Hälfte und nimm zwei Scheiben von einem Weißbrot, backe diese auf einem Rost, bestreiche es mit drei Eierdottern und treibe sie mit der Brühe durch ein Tuch. Schneide das Euter zu Schnitten und röste es auf einem Rost. Schneide das Euter dann klein und gib alles in die Brühe, in der es gesotten wurde und nimm ein Schüsselein und tu dann Ingwer und Safran daran. Und wenn sie recht dünn wird, so ist es richtig.

123. Holbraten von Kalbfleisch

Hack das Fleisch (vom Kalb) schön klein, tue es in einen Mörser, schlag gute Dotter von Eiern darein und ein wenig Weizenmehl, würze es im Mörser mit Salz und stoße alles untereinander. Das Eiweiß streiche auf einen Gänsespieß und nimm dann das Fleisch aus dem Mörser, netze die Hände ebenfalls in dem Eierklar und kleibe (bestreiche) das Fleisch länglich und von gleichmäßiger Dicke um den Spieß und drücke ihn schön mit den nassen Händen daran fest. Lege ihn zum Feuer. Brate ihn zuerst leicht, dann aber mit stärkerem Feuer und begieße ihn mit einem zerlassenen alten Specklein oder Milchschmalz (Milchrahm). Du kannst auch die Speckschnitzlein oder den Milchrahm schon vorher hineintun, so wird es saftiger und brät sich besser. Wende ihn aber ohne Unterlaß um, dann wird er schön knusprig und schneide lange Schnitzer hinein und streue in diese Ingwerstaub. Stich mit einem Holz darein. Nimm eine Fleischbrühe, die färbe schön gelb. Gib Schmalz daran und erhitze sie. Begieß den Braten, wenn er abgenommen ist, in einer Pfanne damit, so bleibt er weich.

124. Zungenkrapfen, von einem Kalb zu machen

Nimm eine Zunge, die gar gesotten ist und hack die klein mit kleinen schwarzen Rosinen. Wenn es klein gehackt ist, so nimm darunter gestoßenen Zimt, auch zwei oder drei Dotter von Eiern und ein wenig Zucker. Hack es durcheinander, nimm danach ein schönes weißes Mehl und eine Rindfleischbrühe oder warmes Wasser. Tue schöne geschmelzte Butter darein, gieß es in das Mehl, daß die Butter auf dem Wasser schwimmt, so blase es fein samt dem Wasser herab in das Mehl und mach einen Teig daraus. Arbeite ihn gut, solange er von der Brühe warm ist, denn er klebt nicht an den Händen an wie ein anderer Teig, weil Butter darunter ist. Mach ihn nicht zu dünn, auch nicht zu dick, treib ihn aus mit einem Walgerholz, auf das dünnste, und wenn du es ausgetrieben hast, so leg die Zungen in den Teig, die du gehackt hast, so groß wie eine welsche Nuß nebeneinander, schlag den Teig darüber

und schneid es mit einem Redlein (Kuchenrädchen) ab. Und das nennt man Krapfen von einer Kälberzunge.
Wenn sie gemacht sind, so nimm Butter in eine Pfanne und setze es aufs Feuer. Machs warm, doch nicht gar zu heiß und tu die Krapfen darein. Back sie so, daß sie nicht schwarz werden, sondern fein weiß bleiben. Und du wirst bald sehen, ob der Teig hart ist in der Butter. Nimm alsdann die Krapfen heraus, versuch sie, so wirst du sehen, wie gut sie sind und wenn du sie auf ein Silberblatt oder Schüssel anrichtest, so bestreue es mit weißem gestoßenen Zucker, so ist es ein herrliches Essen für Fürsten und Herren, für Arm und Reich.

125. Priesel, vom Kalb zu braten

Nimm sie und leg sie in ein Wasser, daß es das Blut herauszieht, so wird es fein weiß. Quell es danach in einem anderen Wasser, doch so, daß es nicht voneinander fällt. Stecke es danach an einen hölzernen Spieß und schneide Speck dazwischen. Nimm das Euterlein von dem Kalb und brat es zusammen mit dem Priesel und wenn du es miteinander gebraten hast, daß es nicht verbrennt, sondern fein braun wird und du es anrichten willst, so nimm eine braune Brühe von einem Braten (mit einer Hennenbrühe übergossen, wird die Brühe fein braun), gieß es über die gebratene Priesel, auch über die gebratenen Euterlein, so ist es lind und wohlgeschmack. Ist gut zu essen für Kranke und Gesunde. Und nimm kein Gewürz darein, weder Pfeffer noch Ingwer, denn die Kranken essen nicht gern Gewürz, zumal es ihnen zu stark ist, wenn man solche kleinen Speisen viel würzt.
Unter Priesel müssen wir hier die Thymusdrüse (Kalbsbries) noch nicht geschlechtsreifer, sehr junger Kälber mit zartem Fleisch verstehen, die als Delikatesse galt.

126. Kälberhaxen

Hau die Haxen voneinander, wasch sie aus, bespreng es mit ein wenig Salz, stecks an und laß sie braten. Wenn es gebraten ist, so zieh das Fleisch ab, hacks gar klein und tu ein wenig Meerzwiebeln (am Strand südlicher Meere wachsendes Zwiebelgewächs) hinein. Hacks darunter, daß man es nicht sehr sieht, denn die Zwiebeln machen es wohlgeschmack und wenn du es gehackt hast, so nimm eine Rindfleischbrühe, mache eine gute braune Brühe von einem Braten, gieß es in das Gehack und laß es damit sieden. Nimm auch ein wenig gestoßenen Pfeffer darein, ein wenig Rinderfett, so wird es mild und nicht herb. Ist auch wohlgeschmack. Salze es nicht viel, damit du es nicht versalzt, denn die braune Brühe, die man über das Gebratene gießt, ist vorher schon gesalzen. Darum mußt du sehen, daß du den Braten nicht salzt. Wenn man die braune Brühe macht, so wird das Gehack nicht versalzen. Du kannst es sauer machen oder in seiner braunen Brühe bleiben lassen, so ist es auf beide Manier gut. Und solche Speise kann man einem König und Kaiser geben.

127. Geräucherte Kälberfüße zu kochen

Schneid die Füße von einem Kalb, wenn man es absticht, laß das Haar daran und brüh sie nicht, schneide sie nur voneinander und salze sie ein. Salze auch ein gutes, frisches und breites Rindfleisch mit ein, so gibt es einen roten Saft, von welchem die Kalbsfüße rot werden. Laß die Kalbsfüße in diesem Sud vierundzwanzig Stunden lang liegen. Hänge sie danach in einen Schornstein und laß sie wohl beräuchern, besonders zur Winterszeit und wenn sie wohl geräuchert sind, so setze sie zu in einem Wasser und laß sie sieden, bis das Haar herabgeht. Und wenn das Haar herabgeht, so kühl sie aus in einem kühlen Wasser und erhitze es dann, daß das Haar davon hinwegkommt. Tu sie wieder in einen Fischkessel, seihe darauf eine gute Rindfleischbrühe und grüne Petersilie und laß es damit sieden und schau, daß du es nicht verkochst. Richte es an wie das geräucherte Kälberfleisch, denn es ist ein seltsames Essen für einen großen Herrn, besonders, wenn er gern etwas Seltsames essen will. Alsdenn kostet das nicht viel. Man hat aber große Mühe bei einer solchen Speise und ist auch gleichwohl nicht zu verachten.

128. Hattele von Kalb- oder Lammfleisch

Man beschneidet die Hinterviertel vom Lamm oder Kalb. Alsdann schneidet man Hattele (kleine Fleischstückchen) davon, hackt Rinderunschlitt (Fett), Petersilie, zwei Eierdotter und ein wenig Ingwer durcheinander, bestreicht sie damit, sticht sie an hölzerne Stecken und spickt ein Stück ums andere, begießt sie dann ein wenig mit Feist oder Butter und wenn man sie zum Tisch geben will, bestreut man sie mit Salz. *Ansonsten versteht man unter Hattele auch kleine gefüllte Fleischröllchen.*

Vom zahmen Hausschwein

129. Gepreßter Schweinskopf

Siede den Kopf in einem sauberen Kessel, daß sich das Bein ablöst, säubere ihn schön, zieh das Bein heraus, schneide die Schwarte davon, hack das andere. Nimm die Ohrwangen und die Zunge, zerstoße dies in einem Mörser mit ein wenig Brühe. Das mach ab mit Gewürzen und geriebenem Lebkuchen, soviel wie du willst. Leg die Schwarte auf ein feuchtes Pfeffertuch (hier Seihtuch aus grobem Gewebe), tu das Gehackte in einen Mörser zu der Zunge, temperiers (stell das richtige Mischungsverhältnis her) und schlag es nicht zu dünn auf die Schwarte. Du kannst auch Rosinen darein tun. Richte es mit den Händen auf einem Tuch zu (in welchem der Schweinskopf gepreßt werden soll), schlage das Tuch herum und hefte es mit einem Faden zu. Leg das alles in eine Presse zwischen zwei Bretter, die breit genug sind oder beschwere das Tuch mit Steinen. Laß es Tag und Nacht trocknen. Schneide Stücke davon und gib sie in einem Pfeffer. *Ein anderes Gericht empfiehlt den Schweinspreßkopf in Scheiben am Spieß zu braten.*

130. Ein gefülltes Ferkel oder junges Schweinlein, fein knusprig zu braten

Willst du ein gefülltes Ferkelein fein knusprig braten, so salze es in einer Mulde oder Schüssel, stecke es an einen Spieß und brich ihm den Rücken, daß er krumm wird, lege es zum Feuer und laß es hübsch braten. Wenn es nun trocken ist, so nimm warmes Wasser in einen Topf, das salze gut und bestreiche das Ferkel immerzu, drei oder viermal damit. Wenn es trocken und beinahe gebraten ist, alsdann bestreich es mit einer Schwarte (Speck) und gib ihm eine gute Hitze, so wird es fein saftig. Danach bespreng

es wiederum mit Salz ohne Wasser, so wird es hübsch knusprig werden, und nun gib es hin.
Ein Rezept aus der Mitte des 15. Jahrhundert empfiehlt dem Ferkel noch eine Wurst in das Maul zu stecken.

131. Die Füllung zum Ferkelein

Das Füllsel zum Ferkelein wird so gemacht: Nimm alles gute Eingeweide vom Schweinlein, das heißt Niere, Herz, Leber und Lunge, nicht aber die Därme und den Magen und siede das gut. Dann schneide die Füße aus und hacke sie auch dazu. Dann nimm Petersilie, Majoran und Rosmarin, was du am liebsten haben willst, und Krume von einer altbackenen Semmel, soviel du dessen bedarfst, ein gutes Stück reinen Speck, hacke das gut durcheinander. Schlage dann fünf Eier daran oder auch mehr, je nachdem wie groß das Schweinlein ist. Achte aber darauf, daß das Füllsel nicht zu dünne wird, sonst läuft es aus. Würze es auch noch mit Pfeffer und Safran.

Hausschlachten im 16. Jahrhundert, Holzschnitt, 1518

132. Schweinskeule

Man macht eine Schweinskeule in Wein oder Wasser gar, löst die Schweinskeule auf und schneidet das magere Fleisch inwendig daraus, hackt dasselbe klein und macht es mit drei oder vier Eierdotter, Pfeffer, Gartenlattich und Feigen ab. Damit werden die Keulen wieder gefüllt, steckt sie mit kleinen Holzstecklein zu, läßt sie gar werden, rührt drei oder vier Eierdotter in dieselbe Brühe und wenn man die Keule zu Tisch tragen will, gießt man sie darüber.

Vom Hammel-, Lamm- und Ziegenfleisch

133. Schöpsenfleisch, in seinem eigenen Sod zuzurichten

Koche das Fleisch gut. Wenn du es gekocht hast, so seihe etwas von der Fleischbrühe durch ein Tuch und gieß etwas Essig dran. Nimm Salbeiblätter, wirf die ebenfalls dran, koche sie und gibs hin, so haben die Brüder ein gutes, albernes Essen.

134. Hammelsgeil oder Bockshoden

Nimm sie und wirf sie in das Feuer, so springt die zähe Haut von Stund an hinweg. Nimm sie wieder heraus, tu sie in ein kaltes Wasser und säubere sie aus. Schneide die zähe Haut herab, setz sie auf in einem Wasser und quells wohl ab, daß der Geschmack und die Galle davonkommt. Mach ein Pfeffer von einem Hühnerschweiß, der wohlgeschmack ist, mit einer Rindfleischbrühe, säuerlich mit Essig, Brot und Äpfeln, laß es durcheinander sieden und wenns gesotten ist, so streich es durch, daß es glatt wird. Mach es danach mit lindem Gewürz an, mit Nelken, Zimt, Pfeffer und Safran, laß es wiederum aufsieden. Danach tu die Hoden darein und laß sie auch mit sieden. Willst du aber geschweißte Zwiebeln darein haben, so nimm die Zwiebeln und schneid sie klein. Hack sie danach, daß sie noch kleiner werden, schweiß sie in einer Butter oder in Schweineschmalz und wenn sie geschweißt sind, so mach sie ab mit Gewürz, wie bereits beschrieben wurde. Laß es mit dem Pfeffer sieden, so verliert sich der Zwiebelgeschmack unter dem Pfeffer. Das wird gut und wohlgeschmack. Denn es ist ein großes, einen Pfeffer richtig zuzurichten, besonders wenn man auf Banketten kocht, da man auf zehn oder zwölf Tischen Pfeffer machen muß. Da ist Aufsehens (Konzentration und Überblick) vonnöten, daß man ihn nicht anbrennen läßt.

135. Gefüllter Geißmagen

Man kocht die gefüllten Geißmagen in einer Rindfleischbrühe mit Petersilienwurzel, es sei gelb oder weiß. Man kann sie auch gut einmachen. Wenn sie schon ausgefüllt sind oder wenn sie gefüllt und gar gesotten sind, so bräunt man es auf einem Rost, gibt es trocken auf einen Tisch und bestreut es mit Ingwer. Wills einer nicht essen, mag ers zum Fenster auswerfen.

136. Von kleinen Ziegen- und Lämmerbraten

Wenn man sie ganz braten will, kann man ihnen die Haut abziehen oder in Wasser brennen. Man soll auch nicht die Brüste und Eisbeine aufschneiden und den Kopf daran sitzenlassen, auch soll man sie nur allein mit Brühe und Fett begießen.

Man brät sie kurz an und spickt ein ganzes Lamm, wenn es gebraten ist, mit Petersilie und anderen Kräutern, begießt es mit Bratfeist und besprengt es mit Salz.

Oder man wäscht es in Wasser, spickt das Vorderteil mit Speck, das Hinterteil aber mit Nelken, besprengt es, wenn es gar ist, mit zerriebenem Weißbrot, Salz und Zucker und läßt es danach ein wenig braten.

Oder man spickt das Vorderteil mit Speck und das Hinterteil mit Zimt und brät es dann. Danach kocht man in einem Silbergeschirr Wein, Bratfeist, drei oder vier Eierdotter und Zucker, gibts über den Braten und bestreut es dick mit Anis und Zucker.

Oder man brät das Vorderteil, legt es danach in ein Silber, begießt es mit Bratfeist und Brühe, bestreut es mit zerstoßenem Muskat und drückt auch Pomeranzensaft darüber. Die Pomeranzen aber legt man dazu, deckt es zu und öffnet es nicht eher, bis man es auf den Tisch bringt.

Starker Hunger verdrängt in mir das Verlangen
nach Liebesgenuß selbst schönster Frauen.

(Abu Tammam, arabischer Dichter)

Von allerlei edlem Wildpret

Der Hirsch galt im Mittelalter als das vornehmste Wild, gefolgt vom Eber, wegen der Gefährlichkeit der Jagd auf ihn. Schon zur Zeit der fränkischen Könige war die Jagd eine Leidenschaft. König Chlodwig gelang auf der Jagd einer seiner Siege. Während des Krieges gegen die Wisigoten entdeckte er eines Tages eine Hirschkuh, die er sogleich erlegte. Er entdeckte dabei aber auch die Furt, die es ihm ermöglichte, seine Feinde zu besiegen. Auf die gleiche Weise soll Karl der Große die Gironde-Furt entdeckt haben, bei der er die große Brücke von Bordeaux bauen ließ.

Der Hirsch (manchmal auch die Hirschkuh) wurde im Mittelalter gern mit Speeren gejagt, aber auch der Bogen und seltener die Armbrust sind bezeugt. Um Michaelis (September/Oktober) galten die Hirsche als feist und gut zu erlegen, die beste Jagdzeit aber war um Magdalena (13. Juli). Meistens verfolgte man den Hirsch zu Pferd und ließ ihn von Hunden hetzen. Während einer Hirschjagd des Kürfürsten Friedrich des Weisen von Sachsen im Jahre 1529 hetzte man die Tiere in einen Fluß und ließ sie noch mit Armbrüsten niederstrecken. Auch das Hetzen in Teiche, Seen und Flüsse ist überliefert. Gleich den Wildschweinebern verteidigten sich große Hirsche manchmal auch mit Erfolg gegen die hetzende Hundemeute und so mancher Hund hauchte, zerfetzt vom spitzen Geweih, sein Leben aus. Weiße Hirsche, ein seltenes Wild, spornte die Jäger besonders an. Frauenzimmer gehörten auf die Hirschjagd und nicht auf die Schweinehatz.

In einem französischen, mittelalterlichen Gedicht, welches in Form eines Dialogs zwischen einem erfahrenen Jäger und einem Novizen abgefaßt ist, wird unter anderem auch die Zerlegung des Hirsches beschrieben: „Ist der Hirsch endlich gestellt, so bläst der Jäger viermal lange Signale, worauf sich die Hunde, die Diener und Jagdgenossen versammeln. Darauf durchschneidet man die Flechsen der Kniekehle des Hirsches, und wenn er gefallen ist, stößt man ihm ein schmales Messer zwischen das Geweih und den Hals, man nickt ihn ab. Jetzt werden die Hunde zur Tränke geführt und der Hirsch auf den Rücken gelegt. Die kunstreiche Zerlegung beginnt. Die Haut wird zuerst von den Hoden bis zum Kopf aufgeschnitten und dann abgestreift. Die Wirbel soll man nicht hinwerfen und würde einer gegen dieses Gebot verstoßen, sollte er ohne Erbarmen einen kräftigen Puff bekommen. Die Schulterstücke werden abgelöst, ebenso die untere Gurgel, der Pansen und die Kehle. Dann kommt die Brust dran. Die Leber übernimmt ein sicherer Mann zur Verwahrung (Nr. 137). Den Labmagen samt den Hoden und der Gurgel reserviert man für die Hunde. Dann nimmt man den Lendenbraten heraus. Die Keulen sollen noch zwei Wirbel vom Rückgrat behalten. Dann werden die Rippenstücke zurechtgelegt. Den Schwanz behält der Jägermeister. Die Gelenke werden vorn und hinten eingeschnitten. Die stinkenden Innereien steckt man den Raben und Raubvögeln an die Baumäste. Das Herz bekommen die Aussätzigen. Den Knorpel im Herzen gibt man einer schwangeren Dame. Nachdem dies alles arrangiert ist, wird das Wildpret aufgeladen." Der zerlegte Hirsch wird auf Pferde oder, wie im Nibelungenlied beschrieben, auf einen Wagen gepackt. Zum Schluß folgt die Curée, die Fütterung der Hunde. Vom Hirsch gehören dem Jäger die Haut, der Lendenbraten und die Vorderkeulen. Den Knechten, wenn sie sich gut betragen haben, der Hals.

Wer gegen die Regeln des Weidmannsbrauches verstieß, der wurde über den erlegten Hirsch gestreckt und erhielt vor der versammelten Jägerei drei Schläge mit dem Weidmesser. Dazu rief alles: „Hoho, das ist für meine gnädige Herrschaft!", beim zweiten Schlag: „Hoho, das ist für Ritter und Knecht!", beim dritten: „Hoho, das ist das edle Jägerrecht!" Die Jägerei lüftete dabei die Hirschfänger, und zum Schluß mußte sich der Schuldige noch für die Strafe bedanken.

Jägerei war und ist eine Welt für sich. Die Sprache wurde ein eigenes Idiom der Jäger und in der Zeit der adligen Jägerei avancierte sie geradezu zu einer Art Geheimsprache. Das Blut der Tiere heißt Schweiß, die Ohren des Hasen Löffel, der Schwanz des Fuchses Lunte, der Falke hat keine Füße, sondern Ständer usw. Noch heute verlangt man von einem weidgerechten Jäger die Beherrschung der Weidmannssprache. Nicht unerwähnt bleiben soll an dieser Stelle, daß die einfache Bevölkerung die Jagd fürchtete, da sie gezwungen wurde, die großen Jagdtrosse zu beherbergen und die Jagdschäden zu tragen.

Die Salben, die man aus dem Mark des Hirsches machte, sollten die Hitze von Kranken mildern. Das Fleisch des Rehkalbs, welches im Leib der Mutter getötet worden ist, sollte gegen Vergiftungen und Schlangenbisse helfen. Im Herz des Hirsches vermutete man einen Knochen, der der Grundstoff des Herzens sein soll. Wenn man diesen herauszieht, hart werden läßt und daraus ein Pulver bereitet, so Konrad von Megenberg, hilft es gegen Herzleiden und Schwindelanfälle. Dem Fleisch des Hirsches schrieb man eine schwarzgallige (melancholische), dabei schwerverdauliche Natur zu. Das Fleisch des Hirschkälbchens galt als besser, und kastrierte man es, sei es noch besser, denn dann sei seine Hitze und Feuchtigkeit geringer als vorher. Aus Hirschköpfen machte der Meisterkoch Rumpolt so manches Mal Schauessen. Legt man die Kutteln vom Hirsch in kaltes Wasser, so der Meisterkoch an anderer Stelle, treibt der Gestank den Gast aus der Herberge. Die stinkenden Eingeweide fraßen nicht einmal die Hunde. Das Hirn vom Dendelwildpret (Damhirsch) war nach seiner Meinung weder Männern noch Weibern gesund.
Die Jagd nach Wildschweinen, der Lieblingsspeise des Ritters Hetzbold, war sehr gefährlich und so mancher Jäger konnte sich nur durch einen kühnen Schwung auf einen Baum retten. Die großen Hauerzähne konnten eine Länge von einem halben Fuß erreichen – der längste, der auf der Runneburg gefunden wurde, maß fast 20 cm. Nach Konrad von Megenberg waren sie in der Lage, genauso scharf zu schneiden wie gestähltes Eisen. Man ging gegen den Keiler (*bernswin* – wildes Eberschwein) mit breiten, starken Speeren, den sogenannten Eberspießen vor. Es wurde unterschieden zwischen Eber und Sau, auch bei den Rezepten.
Eine abenteuerliche Wildschweinjagd beschreibt der *Roman du Renart* aus dem 13. Jahrhundert: „Der Ritter hatte einen Kolben in der Hand. Mit dem schlug er auf das Buschwerk, und die Jäger stießen in ihre Hörner, so laut und hell, daß das ganze Gehölz vom hellen Ton der Hörner widerhallte. Plötzlich sprang ein Keiler aus dem Gebüsch, der den Lärm gehört hatte und wendete sich durch den Forst zur Flucht, so schnell er konnte. Hinter ihm her jagte ein Windhund, der groß und kräftig war, und erreichte den Keiler, der sich auf der Flucht verborgen hatte.
Von den anderen einen Pfeilschuß entfernt, folgte ihm der Windhund und packt ihn beim Ohre. Er wollte ihn zurückhalten. Aber der Keiler schlug mit den Hauern und traf den Windhund so, daß er ihm eine Seite aufschlitzte. Dann lief er auf ihn zu, packte ihn grimmig mit den Zähnen und schleuderte ihn an eine Eiche, so daß ihm der Schädel zerschmettert wurde und die Eingeweide heraustraten. Die anderen Hunde hetzten hinterher. Das Wildschwein brach jäh aus dem Gehölz aus und floh an ein fließendes Gewässer.

Herr Heinrich Hetzbold von Weißensee, Codex Manesse, um 1340

Der Ritter folgte ihm, denn es verdroß ihn sehr, daß der Keiler den Forst verlassen hatte. Mutig sprang das Schwein in das tiefe Wasser und wiegte sich in Ruhe. Doch ein Windhund sprang ihm auf den Rücken und packte ihn mit den Zähnen im Genick. Ehe ihn jedoch seine Gefährten unterstützen konnten, hatte der Keiler ihn so schwer getroffen, daß er ihn unter sich ertränkte. Die anderen waren darüber erschrocken, schwammen aber trotzdem dem Keiler nach. Der Ritter und die anderen Teilnehmer der Jagd, sehr betrübt über die Hunde, die das Wildschwein getötet hatte, kamen mit eingelegten Lanzen hinterher. Sie schwammen allesamt bis ans andere Ufer. Das Schwein floh in scharfem Trabe, die ganze Meute hinterher. Ein weiterer Windhund versuchte sich an dem Keiler und wurde von diesem in die Luft geschleudert. Beim Niederfallen gab er ihm einen solchen Hieb, daß ihm sein Gehirn zerschmettert wurde. Jetzt war die ganze Hundemeute heran und fiel über den Keiler her. Der Ritter wurde sehr unmutig und leistete einen Eid: Er wolle nicht eher mit der Jagd aufhören, so lange noch einer seiner Hunde lebte, wenn der Keiler nicht schon vorher gefaßt wäre. Und das Schwein, das durch das Laufen in Schweiß gebadet war, stürmte weiter im Galopp, kam an das Wasser zurück und sprang hinein. Hinterdrein alle Windhunde, die Jäger bereits in Unordnung. Ohne Aufenthalt floh das mittlerweile ermattete Schwein in den Forst zurück, verfolgt von der gierig nachdrängenden Windhundmeute. Einer der Hunde sprang voran und packte das Wildschwein an der Brust, aber auch er wurde von dem rasenden Keiler an einer Buche zerschmettert. Der Ritter war sehr ergrimmt, als er seine Hunde so zerfleischt sah. Vier von vierzehn hatte ihm der Keiler getötet. Auf einem Umweg schließlich umging er das Schwein und kam ihm einen Armbrustschuß weit zuvor. Der Keiler kam auf ihn mit offenem Rachen zu. Der Ritter hielt seinen mächtigen Spieß und lehnte sich an eine Eiche an. Das Schwein, welches soviel gelaufen, daß es vor Müdigkeit und Wut ganz blind war, rannte gerade auf den Spieß los, und der Ritter hielt sich so, daß er es in der Schulter traf. Das Schwein kam auf ihn mit solchem Ungestüm heran, daß es sich den Spieß wie ein Rasiermesser in den Leib rannte. Alle Eingeweide waren ihm durchbohrt. Der Schaft war in zwei Stücke gebrochen. Das Eisen blieb im Leibe. Da ist das Wildschwein ganz tot niedergefallen."

Der Auerochse, auch Ur oder Auerrind, war größer als ein gewöhnliches Rind und wenn man von Widerristhöhen von etwa 2 m ausgeht, kann man sich erst vorstellen, was für gewaltige Tiere unsere europäischen Wälder einst belebten. Bereits im hohen Mittelalter unterschied man deutlich zwischen Ur und Wisent. Hartmann von Aue sagt an einer Stelle seines *Iwein:* „Da nahten mit Grimme, mit greulicher Stimme, Wisente und Urrinder." Sehr bekannt ist auch jene Stelle im Nibelungenlied, wo es von Siegfried heißt, er habe auf der Jagd im Wasgenwald (Vogesen) einen Wisent und vier starke Ure erlegt. Um 1240 treffen wir die Ure und Wisente noch im Lande Braunschweig an. In Frankreich dagegen traten die letzten ihrer Art im 13. Jahrhundert auf. Die Milch der Kühe heilte frische Wunden oder diejenigen, die Gift genommen hatten. Seine Galle galt ebenfalls als heilkräftig, denn sie beschleunigte die Vernarbung von Wunden und half bei Ohrenschmerzen. Gegen Ende des 15. Jahrhunderts finden wir sie noch im Neuenburger Wald in Niederbayern, und 1501 stellte Maximilian I. fünf lebende Ure öffentlich in Nürnberg zur Schau. Am längsten hat sich der Auerochse in Litauen erhalten. 1320 erlegte Gedymin, Fürst von Litauen, bei Swintoroh einen sehr großen Ur. Dieses Ereignis war die Ursache für die Gründung der Stadt Kiew. Hörner und Haut des Tieres wurden im Kronschatz aufbewahrt. Aus den Hörnern machte man Trinkgefäße, was bereits Caesar für Germanien beschreibt und noch im 13. Jahrhundert in Britannien gang und gäbe war. Eines der Hörner bekam Kaiser Sigismund als Geschenk. Auch die Hörner des Wisents wurden als Trinkhörner hoch geschätzt. Aus dem Tresslerbuch des Deutschen Ordens (15. Jahrhundert) erfahren wir, daß in Gold und Silber gefaßte Wisenthörner als wertvolle Gaben verschenkt wurden. Der König von Ungarn erhielt 1408 zwei vergoldete Wisenthörner. Als das Konstanzer Konzil (1414 bis 1418) tagte, schickte der König von Polen dem römischen König drei Ure, die aber nicht lebend in Konstanz ankamen.

Der österreichische Chronist von Herberstain, der 1517 und 1526 das damalige Litauen bereiste, beschreibt seine Beobachtungen wie folgt: „Den Bison nennen sie nach ihrer Sprache Suber, aber wir Deutschen pflegen ihn Auerochs zu nennen. Das andere Tier, das lateinisch Urus heißt, nennen sie Tur, wir Deutsche aber Bisont, wiewohl mit Unrecht. Denn der Tur ist aller Gestalt nach ein recht wilder Ochs, ganz tiefschwarz, nur längs dem Rückgrat mit einem grauen Strich. Der Suber dagegen hat keine Ähnlichkeit mit einem Ochsen. Denn er hat langes Haar auf der Stirn und unterm Kinn einen Bart, ist auch am Kamm langhaarig, mit grobem hartem Haar. Das Haupt ist kurz, die Augen groß und grimmig, wie feurig, die Stirn breit, weit ausgeworfen die Hörner, dann wieder zurückgebogen zu Wehr und Kampf gerichtet. Man hat sie so ausgebreitet gefunden, daß drei große Männer dazwischen sitzen können ... Der Rücken erhebt sich wie ein Höcker, und das Tier ist vorn höher als am hinteren Teil. Darum erachte ich, der Suber sei der Bisont, wie er auch auf Latein genannt wird, und das andere Tier, der Tur, dessen Namen in der lateinischen und moskowitischen Sprache ähnlich ist, sei der Auer- oder Urochs; wie denn in der Schweiz der Ort Uri eben diesen Tierkopf auch schwarz mit gleichen Ochsenhörnern im Schilde führt." Hier erinnern wir an den Stierkopf im Mecklenburger Wappen, der gleichfalls auf den Ur zurückgeht. Die Deutschen verwechselten also schon im 16. Jahrhundert sprachlich den Wisent mit dem Ur.

Eine Bisonjagd konnte folgendermaßen ablaufen. Diejenigen Männer, die den Bison jagen, „müssen gar kräftig, behend und geschickt sein. Sie stellen

sich an Bäume, die richtig auseinander und nicht zu dick noch zu dünn sind, damit man rasch um sie herumkommt und doch von ihnen geschützt wird. Wenn dann die Hunde das Tier aufgejagt und wild gemacht haben, tritt einer neben seinem Baum vor und schreit: Lu, Lu, Lu. Dann läuft der Bison auf ihn zu, er tritt hinter den Baum und sticht ihn in seinem Vorbeilaufen mit dem Spieß. Der Bison wendet sich um und versucht, ihn vom Baum wegzureißen. Darum muß er den richtigen Baum dafür haben, denn wenn das Tier mit seiner scharfen und rauhen Zunge sein Kleid fassen kann, reißt es ihn an sich, und er ist gewiß des Todes. Wenn er geschickt ist, gibt er ihm viele Stiche, und es kann viele vertragen, ehe es fällt. Wenn er aber müde wird, kann er seinen roten Hut hinwerfen, dann wütet das Tier gegen den Hut. Der andere Jäger, ebenso an einen Baum gestellt, läuft wie der erste vor, dann läuft er diesen an. Solchermaßen fällt man das Tier. Man sagt, daß es mit seiner Stärke Roß und Mann hoch in die Luft werfe." Etwas „weniger" gefährlich war die Jagd nach dem Auerochsen, die man versuchte, in tiefe Gruben zu stürzen.
Der Auerochse oder Ur verschwand in Europa im Verlauf des Mittelalters bis ins 17. Jahrhundert hinein von Westen und Süden aus, fortschreitend nach Osten und Norden, anfangs langsam, zum Schluß immer schneller. Die letzten ihrer Art sollen 1669 im Tiergarten des ehemaligen Königsberg in Preußen gesehen worden sein. Einzelne Wisente durchstreifen noch heute die baltischen Wälder.

Der Elch ist größer als ein Reh und kleiner als ein Hirsch. Einige antike und mittelalterliche Gelehrte verglichen ihn mit der Beschaffenheit des Hirsches. Tatsächlich findet sich der Elch heute wieder auf zahlreichen Speisekarten. Sein Fleisch ist grob, faserig und erinnert an Rindfleisch, dabei dunkel- bis rotbraun und vom Geschmack dem Hirsch ähnlich. Empfehlenswert, weil auch preiswerter als Hirsch.

Die Tatzen oder Tappen von Meister Petz galten als Delikatesse, zum anderen wußte man aber, daß das Bärenfleisch trichinenhaltig war. Sehr gesucht war das weiße, nie hart, nie ranzig werdende Bärenfett, welches, um gut zu schmecken, mit Zwiebeln abgedämpft werden mußte. Man glaubte zudem, wahrscheinlich, weil der Bär ein so großes und schweres Fell hat, daß es den Haarwuchs befördere. Auch die Galle gebrauchte man. Den Zähnen und Klauen wurden geheime Kräfte nachgesagt. Interessant sind Knochenfunde auf der Wartburg, die vom Braunbären stammen und ins 15. Jahrhundert datiert werden können. Konrad von Megenberg schreibt, daß der Bär so sehr

Koch, einen Hasen ausweidend, Holzschnitt von Hans Baldung Grien, 1511

verseucht, daß kein Tier das Futter frißt, das er berührt oder angeblasen hat. Das Bärenfleisch „wächst", wenn man es kocht, weiß der Römer Plinius. Platina di Cremona schrieb 1542: „Sein Fleisch ist schwerlich zu verdauen, schadet der Milz und der Leber, macht viel Unflat, vertreibt die Lust zu essen." Da der Bär ein wildes, zorniges und rachgieriges Tier ist, meinten viele, so

Amaranthes, könne sein Wildpret als etwas Ungesundes nicht verspeist werden. Lonitzer schreibt, daß das Bärenfleisch schleimig und unverdaulich sei und böse Nahrung gebe. Daher gehöre es mehr zur Arznei als zur Speise. Andere hielten das Gehirn des Bären für giftig, weshalb sie die Bärenköpfe verbrannten, damit es niemand esse und von Sinnen komme. Es herrschten aber auch andere Meinungen, die daß Bärenwildpret nicht nur für ein feines, weißes und süßes Fleisch hielten, sondern viele Leute hielten solches besser als das Reh. Im 18. Jahrhundert war das Bärenwildpret jedenfalls sehr beliebt und an großer Herren Tafeln wurden Bärentatzen und der Kopf als eine Delikatesse aufgetragen. In Brehms illustriertem Tierbuch von 1875 schreibt Schödler, daß das Fleisch junger Bären sowie die Keulen und Pranken der alten, gut zubereitet, als Leckerbissen geschätzt werden. Noch 1895 findet man in Robert Stutzenbachers Buch *Das Diner* in den Tabellen zur Zusammenstellung von Menüs gebackene Bärentatzen (Pates d´ours frits) und Bärenkeule bei den Braten (Quartier d´ourson).

Die Bärenjagd war gefährlich. Als gängigste Jagdmethode diente die Jagd per Grube, denn da Bären auf Honig versessen sind, träufelten die Jäger Honig auf den Weg zur Falle, damit er dem Honig folge und dann in die Grube falle.

Die Jagd nach Hasen war ebenfalls ein Privileg des Adels, wurde aber auch Bürgern mit besonderen Verdiensten gestattet. Die Lunge des Hasen war gut für die Augen, legte man sie darauf. Zerrieb oder zerstieß man sie und machte sie feucht, linderte sie als Salbe die müden Füße. Das Lab (Enzym im Magen) des Hasen half bei Durchfall. Das Alter eines Hasen konnte man an der Zahl der Löcher unter dem Schwanz erkennen, wobei ein Loch einem Jahr entsprach.

Alles, was man vom Hasen machen konnte, machte man auch vom Kaninchen. Ob ein Kaninchen fett war, konnte man feststellen, indem man eine Sehne oder den Hals zwischen den Schultern fühlte. Wenn auf der großen Sehne dickes Fell war, würde man es hier entdecken. Weiterhin empfahl man, ihm einen seiner Hinterläufe zu brechen, wollte man herausfinden, ob ein Kaninchen zart ist.

Vom Hirschwildpret

137. Von einer Hirschleber

Wenn du eine Hirschleber lange haltbar machen willst, brate sie auf einem Rost und schneide sie in dünne Scheiben. Nimm einen reinen Honigschaum und koche ihn. Nimm dann Ingwer, Galgant und Nelken, zerstoße sie (in einem Mörser) und wirf sie in den Honig. Nimm dann ein Faß oder einen Schaffen, worein du sie tun willst, und wasch das Gefäß rein aus. Gieß nun eine Schicht Honig hinein und lege eine Schicht Hirschleber darüber und verfahre immer so fort. Lege alles fest aufeinander, dann stelle sie weg. *Honig muß die Hirschleber bedecken, die als besondere Delikatesse galt.*

138. Hirschlummelbraten

Willst du guten Hirschlendenbraten machen, dann nimm die Nieren, schlage sie, wasche sie sauber, nimm den Schweiß, reibe Lebkuchen hinein und treib es durch ein Tuch. Tu es in einen Hafen und gieße Wein und Essig hinein. Will der Schweiß nicht gut durchgehen (durch das Seihtuch), gieß Wein hinzu oder Fleischbrühe und reibe dann den Lebkuchen und den Schweiß durch. Laß es stehen und schneide die Nieren und das Fleisch (die Hirschlenden) in Würfel. Tue es darein und laß es sieden und menge es mit Salz und schwarzfärbenden Gewürzen (Nelken und Pfeffer) ab.

139. Hirschwildpret mit einem thüringischen Sud

Nimm das Wildpret, wasche es gut und drücke es dann in Wein aus. Zerhacke es in Stücke und nimm eine gute Fleischbrühsuppe, die nicht allzusehr

gesalzen ist, samt dem Wein, siede das Wildpret in dem Sud und laß es gut weich werden. Wenn es eine Weile gesotten ist, schlage es in eine Mulde, greife das Wildpret heraus und treibe den Sud durch ein Tuch, daß er nicht so dick ist. Lege das Wildpret wieder hinein und gib eine gute Hand voll Rosinen, zerschnittene Mandelkerne, Würze, Pfeffer, Ingwer, Nelken und Safran dazu und laß es sieden, bis es gar wird.
Solches Gericht hat der Pater Küchenmeister der Benediktiner in St. Veit zu Oldisleben (Nordthüringen) unserem Bruder Sebastian Kämpffen, als er daselbst hospitierte, ehrlich angetraut.

140. Hirschziemer

Nimm einen guten feisten Hirschziemer (Rückenstück vom Hirsch), schneide davon Stücken in der Größe einer Semmel oder wie du sie sonst haben willst. Wasche sei rein aus, damit sie nicht nach dem Eingeweide duften, lege sie in einen Topf und gieße süße Langweil (Bier) darauf. Schneide Zwiebeln und Äpfel rein, dann setzte es zum Feuer, gib Essig dazu und laß es sieden, doch daß es nicht zusammenläuft. Und wenn es gut gesotten ist, so nimm es wieder aus dem Sud und schneide es in kleine, feine Würfel. Wenn du es geschnitten hast, so tue es wieder in den Topf, treib den Sud durch ein Sieb und gieß es wieder auf den zerschnittenen Hirschziemer. Setzte es zum Feuer und laß es aufsieden, würze es ab mit Nelken, Pfeffer, Ingwer, salze es rechtmäßig und trag es hinein. *Wollte man einen guten Ziemer haben, so empfahl man im 16. Jahrhundert ihn von den Hinterfüßen, wo die Gelenke sind, abzuhauen, aber so, daß der After daran blieb. Den Schwanz sollte man mit einem Tuch beim Waschen umwickeln.*

141. Nieren vom Dendel

Schneid die Nieren vom Damhirsch samt dem Fett heraus. Wasch sie in kaltem Wasser aus und schneid sie voneinander, und stecks an einen Spieß oder brate es auf einem Rost oder machs ein auf allerlei Manier, besonders böhmisch. Nimm Zwiebeln, schneid sie klein, setz sie in einem Wasser zu und laß sie einen Sud auftun. Schütte sie auf ein Durchschlag oder Sieb, so kommt das bittere Wasser davon hinweg. Tu sie wieder in einen Kessel, mach sie mit gestoßenem Pfeffer ab, gieß Rinderfett daran, und wenn die Nieren aufgekocht sind, so schneid sie darein. Laß sie einen Sud auftun, so wird er gut und wohlgeschmack. So essens die Jäger gern, wenn sie von dem Weidwerk fertig sind.

Vom Rehwildpret

142. Rehleber

Willst du eine Rehleber machen, so nimm die Rehleber und röste sie oder siede sie gar wohl (ausreichend) und hacke sie danach klein und zerstoße sie dann mit Roggenbrot (in einem Mörser). Gib an die Brühe Weinessig und siede das, so wird es schwarz. Danach hacke Speck klein und gib ihn darein und wenn es gar gesotten ist, so mach ein Blatt von Eiern in einer Pfanne (einen dünnen Eierkuchen) und wenn du es anrichtest, so legst du dasselbe Blatt darauf.

143. Einen Rückenbraten vom Reh

Spick ihn gut mit kleinen Speckstücken, bespreng ihn gut mit Salz, wirf Pfeffer, Ingwer, Kümmel darauf. Bewinde ihn mit einem Teig wie für Kräpflein, laß ihn backen in einem Ofen und beobachte an der Farbe des Teigs, ob er ganz gebacken ist. So kannst du auch den Hasen im Ganzen braten.

144. Geschmorte Rehkeulen

Man soll sie schäumen, ziemlich absalzen, quer aufschneiden und in der Länge spicken. Man wäscht die Keulen aus, spickt sie mit Speck, eines halben Fingers dick, bringt sie mit kurzem (wenig) Wasser zum Feuer, macht sie ab mit Datteln, kleinen *Schwetzken* oder großen Pflaumen, kleinen und großen Rosinen, gestoßenen Nelken, Pfeffer und Muskatblumen und deckt den Hafen oder Kessel zu, daß keine Luft herauskomme.

Oder man schneidet das Fleisch von den Rehkeulen, hackt es mit Speck, Weißbrot, zwei oder drei Eierdottern, kleinen Rosinen, Muskatblumen, Pfeffer, Thymian und Lorbeerblätter, schlägt es in ein Netz (Haut um den Eingeweiden), näht es zu, bringt es zum Feuer und machts mit Lorbeerblättern ab, alsdann gibt mans warm zu Tisch.
Oder man legt sie eine Nacht in Bieressig. Alsdann bringt man sie mit Wasser zum Feuer. Wenn sie ein wenig gesotten und abgeschäumt sind, gibt man den Essig, in dem die Rehkeulen gelegen haben, darauf. Danach macht man sie ab mit zerhacktem Speck, ganzem Kümmel, ein wenig zerriebenem Brot und ganzem Pfeffer, läßt es mit kurzer Brühe abkochen und gibts warm zu Tisch.
Oder man macht sie in Wasser gar und hackt Unschlitt von Rindernieren darauf. Danach schlägt man Petersilienwurzel, nimmt dann Brühe darauf und tut die geschlagenen Wurzeln samt trockenem Gartenköhm (Kümmel) und zwei oder drei Eierdotter mit derselben Brühe darauf und bringt es warm zu Tische.
Oder man brät sie zuerst auf einem Rost an. Danach spickt man sie und brät sie am Spieß halb gar. Nun läßt man sie mit rotem Wein, Roggenbrot, Zucker, Zimt, Nelken und Muskatblumen durchkochen und bestreut sie mit Zucker und Nelken, wenn man sie zu Tisch geben will.
Oder man brät sie halb gar und kocht sie samt braunem Kohl in einem Hafen. Wenn man sie zu Tisch geben will, tut man Bratfeist, Rinderfleischbrühe, abgeschweißte Zwiebeln und ganzen Pfeffer darauf.

Vom Wildschwein

145. Eberkopf

Mache einen Wildschweineberkopf oder Schweinskopf (von einem zahmen Schwein) sauber und zerteile ihn in zwei Teile und siede ihn sehr gut. Schneide die Haut würfelförmig ein, aber so, daß sie am Bein (Knochen) haften bleibt. Leg ihn auf einen Rost und gieße heißes Schmalz darauf und streue Gewürz in die Wunden (in die aufgeschnittenenen Stellen) und gib es trocken.

Ebenso: Nimm einen Eberkopf und senge ihn sehr gut ab und leg ihn auf einen Rost und brat ihn sehr gut und bestreue ihn sehr gut mit Gewürz. Wenn du ihn geben willst, so gib einen schwarzen Pfeffer dazu.

Einen schwarzen Pfeffer mach so: Nimm geröstetes Roggenbrot und durchtränke es mit der Brühe und mit Wein und mit Essig, bis es genug ist und würze es. Und tu Speck darein und koch das Wildpret darin.

Danach schneide von dem Eber die Hände und die Füße und siede sie sehr gut. Nach der Länge den Zehen zu, soll es geschnitten werden und gib eine Pfeffersülze dazu.

Eine Sülze kann wie folgt gemacht werden: Nimm Wein, Essig, Honig und Lebkuchen und zerstoß es miteinander. Seihe es durch ein Tuch und siede es und gieß es in etwas hinein und laß es kalt werden.

146. Schinken vom wilden Eber

Nimm die Eberschinken oder Eberklauen, stecke sie in einen Topf und gieß Wasser darauf, laß sie gut sieden, so lange bis die Haut davon abgeht. Ist die Haut herunter, dann lege sie wieder in reines, kaltes Wasser, wasche sie tüchtig ab, lege sie in einen Topf und gieße reines Wasser darauf und setze sie zum

Feuer, salze sie gut und laß sie ganz weich sieden. Dann nimm das Eberwildpret und zerschneide es in Stücken und mache darauf einen braunen Sud von Pfefferkuchen oder gutem Bier und würze es ab mit allerlei Würze, schütte Rosinen darein, mache ihm einen süßen oder säuerlichen Geschmack, salze in richtigem Maße und richte es an. Einen solchen Sud kann man auch auf einen Biberschwanz machen. Willst du aber die Eberklauen ganz haben, so laß sie kalt werden und reibe einen Senf fein klein, nimm Mandelkerne drunter und verreibe es untereinander. Mache ihn auf mit einem guten süßen Wein oder Bier, treibe ihn durch ein Tuch oder Sieb. Tue darunter Zucker oder Honig, mache ihm einen guten lieblichen Geschmack, und wenn du die Eberklauen aufgeben willst, so lege sie auf eine Schüssel und gieß darauf einen solchen geriebenen Senf und gib sie hin. So kann man es auch mit den Füßen von einem Ochsen oder dem Haupt von einem wilden Schwein machen.

147. Schweinswildpret

Wenn du ein gutes Schweinswildpret von einer wilden Sau, die man auch Bache nennt, anrichten willst, so siede das Wild in Wasser ab, salze es ab und wenn es gesotten ist, so schneide es in hübsche große oder kleine Stücke, wie du nun gerade willst. Nimm geröstete Semmel oder Pfefferkuchen in einen Topf, gieße einen guten Wein oder süße Langeweil (Bier) darauf, setze das zum Feuer und laß es gut aufsieden. Tue Zucker oder Honig daran und mache ihm einen lieblichen Geschmack. Würze es mit Pfeffer, Ingwer, Nelken und ein wenig Safran, daß es fein bräunlich wird, salze es und koste es. Schäle weinsaure Äpfel, schneide sie in vier Teile, lege sie in einen Tiegel, tue dazu große Rosinen, gieß dazu Schweineschmalz und ein wenig Wein. Mache sie gelb mit Safran, setze sie auf das Feuer, koche sie gut weich, richte das Wildpret an und streue diese Farbe darauf und gib es hin. So kannst du auch das Fleisch vom Seeschwein (Sauhund, eine Art Haifisch oder Saurüsselfisch, eine Art Spiegelfisch) oder Bärenwildpret anrichten. Manche bereiten auch den Dachs gleichermaßen zu. Ich habe ihn aber einmal zu Kelbra gegessen, da war er mir zu stracklich fett.

Vom Auerochsen und Elendtier

148. Auerochsen- und Elendwildpret

Willst du ein gutes Auerochsen- oder Elendwildpret haben, so siede das ab mit Wasser und mache einen Weinsud darauf, braun oder gelb. Willst du es aber mit Zwiebeln haben, so siede sie erst und rühre sie dann ab in einem schwarzen Sud und würze es mit Nelken, Ingwer, Pfeffer und gieß die Zwiebeln darauf. Nimm dazu geschälte Zwiebeln, hacke sie aufs Allerkleinste klein, tue sie in einen Tiegel und gib Schweineschmalz hinzu. Setze sie über ein Kohlenfeuer und röste sie ganz braun ab, schütte sie auf einen Durchschlag, daß das Schmalz davon abgeseiht wird und schütte sie so über das Fleisch.

Vom Bärenwildpret

149. Bärenkopf

Nehmt einen Bärenkopf, nachdem derselbe wie ein Schweinekopf abgeschnitten wurde und brennt ihn wie einen Schweinekopf mit einem heißen Eisen ab. Wenn ihr diesen nun genügend abgebrannt habt, so schneidet ihm vorn am Maul das Fleisch los, schneidet ihm auch die Nase inwendig entzwei, damit sie überbrochen werden kann. Hierauf wascht den Bärenkopf sauber ab, setzt ihn in Wasser, Wein und Essig zum Feuer, werft viel Salz daran, allerlei Kräuter wie Thymian, Salbei, Ysop, Lorbeerblätter, Rosmarin, Zwiebeln und dergleichen, worin er solange kochen muß, bis er weich wird. Ist er nun gar, so hebt ihn vom Feuer weg, und laßt ihn so in der Sülze erkalten. Soll er endlich angerichtet werden, müßt ihr ihn aus dem Topf herauslangen, gut beschneiden und ihn so schön wie ihr könnt auszieren, auch eine Zitrone oder einen schönen Borsdorfer Apfel ins Maul geben, dann ist er zum Auftragen fertig.

150. Bärentatzen

Nehmt die Bärentatzen, wie sie unten um den Knorn (Knorpel) weggehauen werden, wascht sie sauber aus und setzt sie mit Wasser ans Feuer, woselbst solche solange, bis sie die Haare und Haut fahren lassen, kochen müssen, welches ebenfalls die Zubereitung ist, derer man sich bei Hirschohren und Hirschmaul bedient. Zieht ihnen hierauf die Haare samt dem Häutchen fein sauber herunter, und seht wohl zu, daß nicht viel vom Fleisch weggerissen wird. Sind die Bärentatzen nun aufs Reinlichste abgeputzt, so legt sie in kaltes Wasser und laßt sie eine Weile liegen, worin sie endlich weiß werden. Man kann die Bärentatzen auf unterschiedliche Art zubereiten, wie es beliebt: Bärentatzen mit einer Schweißbrühe (Brühe mit Blut), Bärentatzen mit Mandeln und Zibeben braun, Bärentatzen mit der gelben Polnischen Brühe und Bärentatzen mit Senfbrühe.

Vom Hasen

Es ist ein altes Sprichwort, wenn der Bauer einen Hasen fängt, kocht er ihn mit Rüben. Man schneidet die Rüben in große oder kleine Stücke und zerhaut den Hasen auch zu Stücken oder nimmt das Hinterviertel, kühlt es in Wasser aus, bringt ihn mit den Rüben, Wasser oder Rindfleischbrühe zum Feuer und macht ihn ab mit Butter oder Feiste. Man tut auch wohl eine gepfefferte Wurst samt Pfeffer drein und bestreut ihn mit Pfeffer, wenn man ihn zu Tisch tragen will. Auf diese Weise essen die Bauern die Hasen gern, wenn sie nur welche zu bekommen wissen (Frantz de Rontzier).

151. Vorgericht vom Hasen

Willst du ein Vorgericht *(voreszen)* vom Hasen machen, so nimm die Lunge, die Leber, die Baucheingeweide und schneide es in kleine Würfel und fange das Blut des Hasen in einem Gefäß mit Wein oder Essig und siede es damit und tu ein wenig Brühe daran und Wein und Essig, daß es ausreichend ist und hacke Speck daran.

152. Eine herrliche Speise von einem Hasen

Nimm den Schweiß (Blut) vom Hasen, Lunge und Leber, überbrühe oder überquells in einem Wasser, nimm es und kühl es aus. Hacke es klein mit gutem frischen Speck und wohlschmeckenden Kräutern, tue ein wenig Zwiebeln, Safran, Pfeffer und etliche Eierdotter und Salz darunter. Wenn du das Gefüllt (Füllung) gemacht hast, so füll den Hasen damit und brat ihn also ganz. Nimm von dem Hasen den Schweiß und eine kalte Rindfleischbrühe, die wohlschmeckend ist, reib ein wenig Roggenbrot darunter, laß es mit dem Schweiß aufsieden, streich es durch ein Haartuch und tu es in ein kleines Fischkesselein. Mach es ab mit gestoßenem Zimt und Pfeffer und ein wenig Safran, daß es eine liebliche Farbe gibt. Laß es wieder damit aufsieden. Du kannst es süß oder säuerlich machen. Und wenn du den Hasen anrichtest, so gieß den Pfeffer darüber, so hast du eine herrliche Speise, die man einem König und Kaiser auftragen könnte.

153. Ein gutes Essen von ungeborenen Hasen

Wenn man einen frischen Hasen gefangen hat, der Junge in sich hatte, hab ich sie herausgenommen und die Häutlein abgezogen, fein sauber ausgewaschen und ausgeweidet, den Schweiß davon genommen, den Hasen also ganz gebraten, den Schweiß mit den Lungen zugerichtet und gekocht. Und wenn die Hasen gebraten waren, so hab ich, wenn man es auftragen wollte, den Schweiß darunter getan. Es kann süß oder sauer sein. Und solche kleinen Hasen, die gebraten sind, sind gut zu essen. Sie sind auch gut gekocht in einer Brühe. Man kocht sie mit dem Bein in einer Kapaunenbrühe, nimmt dazu Pinienkerne, die man in der Apotheke findet und treibt die Kapaunenbrühe durch ein Härintuch. Laß es wieder damit aufsieden, gibs einem zu trinken oder mit Löffeln zu essen.

Brat-, Leber-, Blut- und andere Würste

Die Herkunft der berühmten Thüringer Rostbratwurst schildert folgende, zwar nicht historisch belegbare, aber schöne Geschichte, die beweist, daß Bratwürste nicht nur nahrhaft, sondern auch wehrhaft sind: Mitte des 15. Jahrhunderts entbrannte der sogenannte „Schwarzburger Hauskrieg“ um das in drei Grafschaften zerteilte Schwarzburger Land. Der Kurfürst von Sachsen zog im Jahre 1450 als einer der kriegführenden Herrscher die Ilm aufwärts bis vor das Städtlein Stadtilm, welches er aber nicht erstürmen konnte. Also begann er die Stadt zu belagern und hoffte, durch Aushungern den Widerstand der Bürger zu brechen. Fast wäre ihm das auch gelungen, wenn nicht der Ratsmeister Simon Stuff auf eine rettende Idee gekommen wäre. Das letzte Schwein im Ort besaß der Nagelschmied Vogt. Es wurde geschlachtet und zu Bratwürsten verarbeitet. Da jeder Einwohner noch eine erhalten sollte, wurde nur soviel Fleisch in die Därme gestopft, wie es dafür nötig schien. So entstand auch die Länge der Bratwurst. Sie wurden dann den Belagerern gut sichtbar und vor allem gut riechbar gebraten. Der verlockende Duft zog bis in das Lager des Kurfürsten und verwirrte hier die Sinne der Angreifer. Man kam zu dem Schluß, die Proviantvorräte der Stadtilmer doch falsch eingestuft zu haben und brach die Belagerung erfolgreich ab.

Würste aus Schweine- und/oder Kalbfleisch sowie Wildpret und Fisch sind schon sehr früh bezeugt. Es handelte sich zumeist um gekochte oder gebratene Würste. Im 14. Jahrhundert war es in Niedersachsen üblich, die Rotwurst zuerst halb gar zu kochen und dann zu braten. Spätestens ab dem 16. Jahrhundert wurden die Würste auch geräuchert. Die älteste Rechnung für Därme für *brotin wurstin* (Bratwürste) stammt aus dem Jahr 1404 des Jungfrauenklosters in Arnstadt. Bereits 1432 stellten ebenfalls Thüringer Fleischhauer in einer Fleischhauerordnung so etwas wie ein Reinheitsgebot für die Brat, Leber- und anderen Würste auf. Darin wird die Trichinenschau vorgeschrieben und wie die Fleischer das Fleisch zu verkaufen haben. Interessant ist die Bestimmung, daß nur Schweinefleisch verwendet werden darf und daß Herz, Nieren und andere Innereien strengstens verboten sind. Eine Verordnung aus dem Jahre 1613 für das Fleischerhandwerk zu Weimar, Jena und Buttstädt untermauert das: „Eine Bratwurst für einen Groschen soll dreiviertel Pfundes von dem Gewicht haben und von lauterem Schweinefleisch gefüllt sein. So aber einer oder der andere Kalbs- oder anderes Fleisch dazu nimmt, der soll, so er dessen überführt wird, nicht allein der Würste verlustig sein, sondern auch einen halben Gulden zur Strafe geben."

154. Thüringer Rostbratwurst

Schneide Schweinefleisch (2 kg) in kleine Stücke, gib Salz (9g pro Pfund), Pfeffer (5 g), 1 Prise Muskat, 1 Prise gemahlenen Kümmel, zerdrückten Knoblauch (1/2 Zehe) und Eier daran. Masse durch den Wolf drehen. Ist die Masse naß, ein wenig Semmelmehl zugeben. Die Masse muß Bindung haben und sich wie Watte anfühlen. Etwas Milch erhöht die Geschmeidigkeit. Därme zweimal mit lauwarmem Wasser durchspülen.
Dieses Rezept wurde dem Buch „Thüringer kennen nicht nur die Bratwurst" von Ernst Stahl entnommen. Es stammt vom Arnstädter Fleischermeister Herbert Tatzel. Sicherlich ist dieses Rezept (oder ähnlich) etliche hundert Jahre alt.

155. Eine gute gefüllte Wurst

Willst du eine gute gefüllte Wurst machen, so nimm den hinteren Darm von einem Kalb und schabe ihn mit heißem Wasser aus. Mache ihn rein, hacke die Lunge und Speck, würze es gut und fülle es in den Darm. Auch nimmt man gern das Hirn und Eierdotter, Petersilie und Milch dazu, dann heißt es

Hirnwurst. Danach siede sie und brate sie dann auf einem Rost und gib es trocken (ohne Soße) oder mach eine gelbe Soße und gieße ein wenig Wein darüber und würze es.

156. *clapworst* von einer Leber

Willst du eine Presswurst aus einer Leber machen, so nimm die Leber und hacke sie klein, solange sie frisch und roh ist. Hacke Eier darein (gekochte) und Weißbrot. Würze und färbe es, winde es in ein Netz und brate es. *clapworst entspricht Klobwurst, hier eine Wurst im Klob- bzw. Fettdarm.*

157. Eine gute Wurst zu machen

Willst du eine gute Schweinswurst machen, so nimm Reis, soviel dich dünkt, daß es genug sei und wasche ihn rein aus. Nimm gut gequollenes Schweinefleisch darunter, schneide es fein in Würfel, nimm darunter guten Pfeffer, Milchrahm oder Sahne und Majoran, salze es, menge es untereinander und fülle es in die Würste oder Schweinemagen und laß das gut sieden.

158. Kleine Würste zu machen

Willst du kleine Würste machen, so nimm Schweinefleisch und laß das kleinhacken. Dann schütte gestoßene Nelken, Pfeffer, Ingwer darein und würze es wohl, und fülle es in große Ochsendärme, eine gute Spanne lang davon, binde sie an beiden Enden zu und hänge sie in den Rauch. Wenn du sie brauchen willst, so wasche sie rein ab, siede sie mit Rindfleisch oder mit ganzen Hühnern und wenn du sie aufgeben willst, so schneide sie hübsch in Scheiben und lege sie fein um die Schüssel. Willst du sie aber ganz lassen, so kannst du darauf einen braunen Sud machen.

159. Würste, auf eine andere Art zu machen

Man kann Würste auch auf eine andere Art machen. Nimm rohe Kalbsleber und guten reinen Speck, hacke beides recht klein untereinander, würze es ab, schlage Eier darunter und menge es gut durcheinander, aber mache es nicht zu dick und nicht zu dünn, und fülle es nunmehr in Ochsendärme, doch daß sie nicht zu voll werden und aufreißen. Quelle sie in einem Topf oder Kessel, mache darauf einen Sud oder gebrauche sie, wie vorgeschrieben steht.

160. Blutwurst von einem wilden Schwein

Wenn ein wildes Schwein nicht weidewund (verwundet in den Eingeweiden) ist oder wenn man es lebendig fängt, daß man es abstechen kann wie ein einheimisches Schwein, so nimm das Blut und rühre es gut um. Schneide Speck darunter, nimm ein paar Weck, beschneid sie oder reibe sie auf dem Reibeisen, weich sie in eine Milch und gieß das miteinander in das Blut. Tu Pfeffer, Ingwer und Muskatblüten darunter und schau, daß du es nicht versalzt, so werden die Würste mild und gut, das macht die Milch und das Brot. Nimm danach einen sauberen Reis, der fein ausgequollen und geklaubt ist. So machen es die böhmischen Bauern mit der Gerste und dem Heidenbrei (Buchweizen). Ist auf allerlei Manier gut. Wenn man sie füllt und quellt in einem Wasser, so legt man sie auf ein sauberes Stroh und läßt sie über Nacht liegen, so kann man es danach kochen, wie man es haben will. Wenn es aufgekocht ist, so gibt man gestoßenen Meerrettich oder Krehn darunter, mit einer guten Rindfleischbrühe angemacht. So essen es die böhmischen Bauern gern.

161. Würste vom Hecht

Nimm den Hecht und siede ihn trocken ab, dann lege ihn auf ein Brett und laß ihn kalt werden. Zieh danach die Schuppen herab samt der Haut, brich den Fisch voneinander und klaub die Gräten heraus. Nimm ein Weck darunter, der im Wasser geweicht wurde, drücke ihn wieder gut aus und tue es unter den Hecht und hack es klein. Wenn du es kleingehackt hast, so nimm etliche Eierdotter, ein wenig Ingwer und Butter, die unzerlassen ist, seihe es durch ein Sieb und hacke es durcheinander. Mach dünne Pfantzel (Kuchen aus Mehl und Milch, in einer Pfanne gebacken), schlage die Fülle darein und mach Würste daraus. Back sie in einer Tortenpfanne und setz es auf Kohlen. Setze einen blechernen Deckel darauf und lege glühende Kohlen darüber, daß sie von oben und unten Hitze bekommen, und schau, daß sie nicht verbrennen. So macht man Würste von einem Hecht. Und die Würste kannst du auch backen. Du kannst auch den Hechtmagen damit füllen.

Mann auf dem Weg in die Speisekammer, Holzschnitt, 1499

162. Hirschmörbratenwurst

Man hackt Hirschmörbraten mit Speck, ganzem Pfeffer, Haberköhm (Kümmel), Salz und Weinessig und machts in Schweinedärme. Wenn sie ein wenig trocken geworden sind, brät man sie auf einem Rost, beträuft sie mit Bratfeist, kocht in einer Pfanne Bratfeist, zerstoßenen Haberköhm und Weinessig, gibts über die Wurst, und wenn man sie zu Tisch geben will, besprengt man sie mit Salz. *Unter Mörbraten muß man hier den Braten vom zarten Fleisch unter den Nieren am Rückgrad verstehen.*

163. Rehwurst

Man wäscht Rehwildpret in Rotwein aus, hackts mit Speck, zerstoßenem Pfeffer, Muskat, Nelken, Rosmarin und Salz durcheinander und machts in Ochsen -oder Schweinedärme.
Oder man hackt Rehwildpret mit Speck, Salz und Knoblauch, macht da Würste von und wenn sie trocken sind, brät man sie auf einem Rost und gibt sie mit Senf zum Tische.

164. Hasenwildpretwurst

Das Hasenwildpret hackt man klein mit in Würfeln geschnittenem Speck, Ingwer, Zimt, Nelken, ziemlich viel Zucker, Salz und ein wenig Wein und macht kleine oder große Würste in Schweinedärmen davon. Man kann sie kochen oder braten.

165. Polnische Würste

Man hackt frische Schweineschinken, Schwein- und Rindermörbraten und Speck (den vierten Teil davon) aus dem Rücken klein durcheinander, macht es ab mit ganzem Pfeffer, zerstoßenem Ingwer, ziemlich viel zerstoßenem Muskat, Salz und ein wenig Wein, macht es dicht in die Därme, besprengt sie mit Salz, läßt sie dann eine Nacht liegen. Alsdann hängt man sie auf, wenn sie dann vierzehn Tage im Rauch gehangen haben, schmiert man sie mit Butter und hängt sie wieder an einen Ort, wo sie nicht zuviel Rauch und Luft haben.

166. Kalbsleberwurst

Man macht gehackte Kälberlebern ab mit Speck, Pfeffer, Ingwer, Eiern, Weißbrot und Salz und wickelt es in ein Kälbernetz. Man kann sie sieden oder braten.
Oder man hackt verwellte Kalbslebern mit Eiern, Weißbrot, ein wenig Rinderunschlitt, Rosmarin, Muskatblumen, zerschnittenen Feigen und vermischt es mit in Würfeln geschnittenem Speck, wickelts in ein Hammelnetz, kocht es und macht es ab mit kleingeschnittenen Feigen und Äpfeln.
Ebenso hackt man Kälberlebern mit Rinderunschlitt, Ingwer, Safran, Petersi-

lienwurzeln und rohen Eiern, schneidet hartgesottene Eier in Viertel, legt sie der Länge nach auch in die Würste, siedet sie in Wein und Weißbrot, was man zuvor durch ein Haartuch getrieben hat. Man läßt sie sauer oder macht sie süß ab.

167. Rotwürste

Man schneidet ein wenig vom Stiche (Brust) in Würfel, vermischts mit Schweinfarb (Blut), geriebenen Semmeln, großen Rosinen, Pfeffer, Muskatblumen, Salz, ein wenig Nelken und machts dann in Därme.

168. Weiße Würste

Man vermischt Milch, Semmel und Schweinflomen (Nierenfett), daß es dick wird. Danach hackt mans mit Ingwer, Zucker, kleinen Rosinen und Salz und macht da Würste von.

169. Metwürste

Man hackt das Fleisch vom Eisbein des Schweins und Schweinmörbraten durcheinander, salzt es ab, machts in dicke Rinder- oder große Schweinedärme, die zuerst in Salz und danach wieder in Wasser ausgewaschen sein müssen und legt sie dann auf einen Tisch, daß das Wasser wieder daraus zieht. Diese Metwürste werden auch mit Kümmel, Koriander und Wacholderbeeren abgemacht.

Bei den letzten acht Würsten gilt, daß sie alle in Wasser verwellt werden müssen. Danach aus dem Wasser nehmen, kalt werden lassen und zum Kochen oder Braten verwenden.

Dereinst schwamm ich im Wasser klar,
dereinst der Stolz der Vogelschar,
als ich ein schöner Schwan noch war.
Schmerz, o Schmerze!
Lauter Schwärze,
verbrannt von Kopf bis Sterz!

Zuvor war ich so weiß wie Schnee,
der schönste Vogel auf dem See,
jetzt schwärzer als ein Rab' , o weh!
Schmerz, o Schmerze!
Lauter Schwärze,
verbrannt von Kopf bis Sterz!

Das Feuer mich gewaltsam brät,
der Bratenspieß sich dreht und dreht,
der Koch mich auf die Tafel lädt.
Schmerz, o Schmerze!
Lauter Schwärze,
verbrannt von Kopf bis Sterz!

Wie wohl fühlt ich im Wasser mich,
wie leicht flögs in den Lüften sich,
doch hier im Pfeffer schwimme ich.
Schmerz, o Schmerze,
Lauter Schwärze,
verbrannt von Kopf bis Sterz!

Nun lieg ich in der Schüssel schon,
der Fliegekunst nicht mehr gewohn,
und seh gebleckter Zähne Hohn.
Schmerz, o Schmerze!
Lauter Schwärze,
verbrannt von Kopf bis Sterz!

(Des Schwanes Abschiedslied aus den *Carmina Burana*)

Von allerhand Federwildpret und edlem Geflügel

Die schon öfters genannte Äbtissin Hildegard von Bingen, die es trotz langer Krankheit auf ein stolzes Alter von 81 Jahren brachte, gibt in ihren Büchern eine Menge diätetischer Ratschläge und schreibt auch über den Verzehr von Federwild, das große wie das kleine. Den Kranich empfiehlt sie Gesunden und Kranken, aber nicht die Eier des Kranichs. Die wilde Ente zieht sie in der Krankenküche der Hausente vor. Der Auerhahn, das Birkhuhn, die Möwe und die Schnepfe duldet sie noch, das Fleisch der Rohrdommel sei aber höchst schädlich. Von Lerchen und Wachteln will sie ebenfalls nichts wissen – die fetten Wachteln erfordern einen guten Magen. Eine besondere Pike hat sie auf die Rebhühner, die ihr einmal recht schlecht bekommen sind und nach ihrer Meinung gar nichts taugen – alle Sättigung sei von Übel, sagt sie, das Rebhuhn aber am allerschlechtesten. Nach Hildegard haben die Vögel reineres Fleisch als die Tiere der Erde, weil sie nicht aus der Mutter hervorkommen, sondern mit einer Schale bedacht sind. Eine besondere Heilkraft sprach sie dem Herzen des Grünspechts zu.

Rudolf Kleinpaul bemerkt 1895 zu den Wertungen der heiligen Hildegard folgendes, küchenhistorisch höchst interessantes: „Man hatte damals mehr Edelgeflügel als heutzutage. Das Fleisch des Auerhahns, wenigstens das der jungen Hähne und der Hennen essen wir noch jetzt; aber das der Rohrdommel ist uns zuwider, es schmeckt uns tranig, während es in Griechenland und in ganz Südeuropa noch immer geschätzt wird. Das Wildbret des Kranichs, schon im Altertum berühmt, ist gegenwärtig selten; doch weiß man noch, daß es eine vortreffliche Suppe gibt. Junge Möwen, die Jugend empfiehlt ja bei den Vögeln immer, brät man auf Helgoland, doch schätzt man die Eier und die Federn im allgemeinen höher als das Wildpret. Die ersteren kommen im Handel vielfach als Kiebitzeier vor. Die Wildenten spielen heute noch dieselbe Rolle wie im Mittelalter, ihr Fleisch ist vorzüglich, namentlich das der Knäkenten und der kleinen Krikenten, die auf der Insel Sylt gefangen werden; desgleichen Birkhühner, Rebhühner, Schnepfen, Lerchen (bei Halle und Leipzig) und Wachteln (an den mittelalterlichen Küsten des Mittelmeers). Dagegen hätte die heilige Äbtissin heute nicht mehr nötig, Gesunden und Kranken den Pfau zu untersagen, der übrigens in Europa zum Geflügel und auf den Hühnerhof gehört, den wir daher vorläufig noch beiseite lassen wollen. Nur in Ostindien wird der halberwachsene Pfau, wo er nicht heilig gilt, gejagt, und zwar des wohlschmeckenden Fleisches halber. Außer den genannten wilden Vögeln gab es auf dem wohlbesetzten Tische des Mittelalters noch: wilde Gänse, Trappen, Reiher, Fasane, Schwäne, Regenpfeifer, Seetaucher, Kalanderlerchen, Drosseln, Sperlinge und anderes kleines Volk. Um bei den großen zu bleiben, so gab der gebratene Reiher, dessen Eier und Jungen in der Tat eßbar sind, dem Pfauenbraten nicht viel nach. Schwäne pflegen noch heute des Fleisches halber gejagt zu werden, alle nördlichen Völkerschaften stellen ihnen nach, namentlich während der Mauser, wo sie sehr fett sind und einen vortrefflichen Braten liefern. Junger wilder Schwan ist zarter und feiner als junge Gans. Das Fleisch der Trappen hält jedermann für gut, und mit dem Fasan wird auf unseren Tafeln ein ähnlicher Kultus getrieben, wie er einst dem Pfau zuteil geworden ist. Von den Reihern, den Schwänen und den Trappen muß man schon zugeben, daß sie unmodern und selten geworden sind. Andere Vögel, wie die Seetaucher, haben wir gänzlich ausgeschieden, ihr Fleisch erscheint uns ungenießbar."
Im Mittelalter beizte man gewöhnlich das Geflügel, welches mit Bogen und Armbrust schwer zu treffen war, vornehmlich mit Falken. Ein berühmtes Buch über Falken und die Jagd mit ihnen stammte von keinem Geringeren als Kaiser Friedrich II. Die seltensten, größten und wertvollsten Falken waren die Gerfalken. Weiterhin griff man auf die Hilfe von Falcones sacri, Bergfalken, Pilgerfalken und den gewöhnlichen Edelfalken zurück. Dann folgten

die Habichte, die Sperber, die Sperberweibchen, der Zwergfalke und der Terz. Je älter ein Jagdvogel wurde, umso höher stand er im Ansehen. Man jagte den Kranich, den Reiher, Schwan, Trappen, Fasane, Feldhühner, wilde Gänse, Enten, Tauben, Brachvögel, Kiebitze, Stare und Lerchen. Neben den Geflügelarten jagte man mit ihnen auch Hasen und andere kleine Pelztiere. Da der Falke erst dann zur Jagd zu gebrauchen war, wenn das zu jagende Geflügel aufflog, so nahm man besonders abgerichtete Vogelhunde mit, die das Geflügel aufstöberten und aufscheuchten. Nachdem die Vögel aufgescheucht waren, beobachteten Damen und Herren mit größter Spannung, wie der Falke oder die geschickten Federspiele, wie man sie nannte, das scheue Geflügel erfaßte, bezwang und mit ihnen zurückkehrte. Man mußte natürlich immer gut überlegen, ob die Kraft des Jagdvogels der des gejagten Vogels angemessen war. Reiher und Kraniche konnten einem kleinen Sperber oder Terzel schon gefährlich werden und ihm die Lust aufs Jagen für immer verdrießen. Es geschah aber auch, daß der Jäger selbst zum Gejagten wurde. Allegorisch steht dafür Kriemhilds Traum, in der ihr Falke von zwei Adlern gejagt und getötet wird. Der Falke war der Liebling der Ritter und Frauen. Häufig wurde die Geliebte oder der Geliebte von unseren Dichtern mit dem Lieblingsfalken verglichen. Übrigens findet sich kein Rezept für den Falken, wohl aber für den Adler.

Der Fasan zählte zum allerbesten Federwildpret und wurde in allem mit den Kapaunen verglichen. Was man aus Kapaunen machen kann, kann auch von Fasanen gemacht, zugerichtet und verkocht werden. Der Fasan sei auch kostbarer und besser am Geschmack. Sie wurden meistens zum Braten oder in die Pasteten genommen, auch als Rarität, wenn sie sehr fett waren, auf das Sauerkraut gelegt (18. Jahrhundert).

Hildegard von Bingen beschrieb in ihrem „Buch der Vögel“ den Pfau, wenngleich ihre Schilderung voll dem mittelalterlichen Wissen und Wesen entspricht. „Bevor es den Pfau gab, haben gewisse wilde Tierlein in ihrer Begierde bei der Begattung sich mit gewissen Vögeln vermischt. Aus dieser Verbindung entstanden die Pfauen. Der weibliche Pfau muß sich wegen seiner Brut vor dem männlichen ziemlich in acht nehmen. Darum versteckt das Weibchen seine Eier, damit das Männchen sie nicht sieht, wie wenn er sich schämen würde, Eier hervorgebracht und nicht ein Junges mit nacktem Fleisch erzeugt zu haben, sondern mit einer Eierschale bedeckt. Daher haßt er die Eier und zerbricht sie, wenn er sie findet. Die Mutter muß auch nach dem Schlüpfen noch sehr auf der Hut sein. Erst wenn die Jungen größer werden und der Vater sie gehen sieht, spendet er Beifall mit seinen Flügeln und zeigt seine Freude.“

Der Koch, Holzschnitt von Jost Amman, 1568

Im 18. Jahrhundert empfahl man die Zubereitung des Schwanenvogels wie folgt: Wenn man einen Schwan verkochen will, so haut man ihm anfangs den Hals samt dem Kopf, die Flügel und den Schweif ganz, samt den schönen Federn herab, rupft den Leib und zieht ihm die schwarze und grobe Haut ab. Dann wird er ausgenommen, gebeizt, gespickt und gebraten oder in einer Pastete kalt oder warm mit aufgestecktem Kopf, Flügeln und Schweif aufgetragen. Er wird auch sonst in allem der Gans gleich verkocht, sauer und süß eingemacht.

Das Fleisch des Auerhahns galt als sehr zäh, weshalb sich nicht zu viele Gerichte von ihm erhalten haben.

Das Fleisch der Schnepfen wurde als sehr zart, delikat und süß gepriesen. Man stellte ihnen in den Wäldern und grasigen Orten Netze und pflegte sie auch mit Schlingen und Fallen zu erhaschen. Man aß sie mit ihren Eingeweiden. Im 16. Jahrhundert bereitete man aus ihnen Gehacktes, Pasteten und *Karwenada* (auf dem Rost gebraten). Magen und Leber wurden auch gebraten. Gehack von Schnepfen in guter Rindfleischbrühe und kurz vor dem Aufgeben in ein wenig mit Weinessig angemachtem saurem Senf gesotten, soll nicht nur wohlschmeckend sein, sondern auch das Haupt purgieren (reinigen), weiß Meister Rumpolt.

Von Gänsen, Enten, Fasanen
und anderem Federvieh

170. Ein Gericht von einer Gans

Nimm eine Gans, die nicht alt ist. Nimm das Gekröse aus, schneide die Flügel und die Oberschenkel ab, stecke sie in einen irdenen Hafen, der enge ist, gieße Wasser auf, bis sie bedeckt sind, setze sie auf einen Dreifuß, der unten offen ist und bedecke den Hafen, daß der Brodem nicht entweicht. Siede das Gekröse besonders, salze die Gans, siede die Gans in dem Sud, bis dieser fast verkocht und sie gar ist. Nimm dann süße Milch und sechs Eidotter und zwei Haupt Knoblauch, die groß sind, und schäle sie gut, zerstoße sie mit ein wenig Salz, vermenge das mit der Milch, den Dottern und tu Safran dazu und gieße das Condiment auf die Gans. Laß sie aufkochen und gib sie hin.

171. Eine Gans zubereiten und wie folgt zu machen

Nimm ganze Gänse, aber ohne Köpfe, und zerstoße sie oder gib sie in einen irdenen Hafen und gieß Wasser daran und laß sie sieden von unten her und auf einem Dreifuß. Verschließe den Hafen, daß der Dunst nicht heraus kann und schür ein kleines Feuer dazu, und laß es sieden, bis sie anfangen zu „schnattern“. Dann nimm zwei Knoblauchhäupter (Knollen), die laß zusammen und laß sie mit der Gans und mit Safran sieden, und gib sie ganz hin zu essen.

172. Eine Füllung für Gänse

Zerstoß Knoblauch, Wacholderbeeren, Speck, Pfeffer, kleine Birnen und Weißbrot, Eier und grüne Trauben miteinander und fülle eine Gans damit.

173. Gekröß von wilden oder zahmen Gänsen

Man kühlt es aus, siede ihre eigene Farb mit Essig, gibt dann die ganzen Kröse darein, brät in Würfel geschnittenen Speck in einer Pfanne, gibt ihn auf das Gänsegekröse, machts ab mit Pfeffer, zerstoßenem Ingwer und Salz.

174. Von wilden Enten

Man brät Zwiebeln, Salbei und Petersilie in Butter, rührt es mit Eiern, ein wenig Weißbrot und Salz durcheinander, füllt die Ente damit und brät sie.
Oder man schneidet Äpfel in Viertel, Speck in Würfel, tut da ein wenig Pfeffer ein, füllt sie damit und brät sie.
Oder man brät sie, kocht dann Senf und Zucker durcheinander, begießt sie damit, besprengt sie mit Zucker.

175. Von einem Fasan

Man spickt ihn mit Nelken und schneidet Speck dünn. Dann legt man es auf Papier, besprengts mit zerstoßenen Nelken, Pfeffer und Salz, bindet es zusammen um den Fasan, sticht ihn an einen Spieß, läßt ihn gar werden und läßt das Papier solange darum, bis man ihn zu Tisch geben will. Ehe man ihn jedoch zu Tisch gibt, macht man das Papier davon und legt Speck auf ihn und begießt ihn mit seinem Bratfett.

176. Wachteln mit Rahm. Ein köstliches Essen.

Koche die Wachteln, daß sie gar werden. Danach wasche sie rein aus und klaube die kleinen Federchen aus. Dann nimm süßen Rahm, laß den sieden und würze mit Pfeffer und Safran und beliebt es dir, tue auch Muskatblume hinzu. Lege dann die Wachteln hinein, laß sie aufsieden und gib sie auf die Schüssel.

177. Von Trappen

Die Trappen brät man zuerst auf glühenden Kohlen an und brät sie dann langsam (am Spieß), denn sie haben ein hartes Fleisch. Man spickt sie klein, brät sie und besprengt sie mit Zucker und Zimt, wenn man sie zum Tisch tragen will.
Oder man siedet sie halb gar in Wasser und Essig und tut Salz und Rosmarin darauf. Danach brät man sie, begießt sie mit Butter, tut in die Bratpfanne Weinessig, Pfeffer, Nelken, zerstoßenen Muskat und Ingwer und begießt sie damit, wenn man sie zum Tisch tragen will.

178. Gebratene Tauben

Wenn man die Tauben trocken säubert und sie brät, so schmecken sie gleich wie Feldhühner und wenn man sie füllen will, brennt man sie in Wasser. Sie werden auch allzeit begossen und wenn man sie zum Tische geben will, besprengt man sie mit Salz.
Oder man spickt sie klein, brät sie und bestreut sie mit zerstoßenem Ingwer und Zucker, wenn man sie zum Tische geben will.
Oder man brät und bewindet sie mit Speck, sticht Nelken in den Speck und läßt sie braten.

Oder man brät und bewindet sie mit Speck, legt sie danach, wenn sie gebraten sind, auf geröstetes Weißbrot, gibt darüber Malvasier, läßt sie aufkochen und besprengt sie mit Zimt, wenn man sie zum Tische bringen will.
Oder man rührt Eier mit Speck, vermischt sie dann mit Zwiebeln, zwei oder drei Eiern, Weißbrot, gestoßenem Ingwer, Zucker und Safran, samt ein wenig Weinbirnen, füllt und brät sie damit und bestreut sie mit Zucker.

179. Pfauenbraten

Man macht einen Pfau bis auf den Kopf und Hals rein, den Kopf biegt man an den Hals und wickelt ein Tuch darum, brät ihn zuerst auf Kohlen, brät und begießt ihn dann mit Bratfeist und wenn man ihn zum Tisch geben will, bestreut man ihn mit Salz und Granatapfelkörnern und löst dann das Tuch wieder vom Hals.
Wenn man ihn als Mörbraten will, soll man ihm Branntwein eingeben und nach drei Stunden ihm den Hals mit einem Strick zuziehen, ihn mit Speck bewinden, der zuvor mit Salz vermischt werden muß, begießt ihn mit Bratfeist und besprengt ihn mit Salz und gibt ihn kalt oder warm zum Tisch.

180. Vom wilden oder zahmen Schwan

Man steift einen Schwan (brät ihn auf Kohlen), spickt ihn mit ganzen Nelken, brät und begießt ihn mit Butter. Wenn er bald gar ist, besprengt man ihn mit Nelken, Pfeffer, Muskat und Salz, läßt ihn danach gar und wieder kalt werden und besprengt ihn danach wieder mit den genannten Gewürzen. Man tut geschnittene Pomeranzen samt Zucker, gestoßenen Ingwer, Muskat und ein klein wenig Butter oder Bratfeist und Wein in eine Pfanne, daß es aufkocht und gibt es über den gebratenen Schwan.

181. Vom Auerhahn

Man klopft die Brüste mit einem Beil, legt ihn danach auf Kohlen, daß er dicht werde, legt ihn auch ein wenig in Essig oder Wein, spickt ihn mit Nelken, brät ihn geschwind ab und begießt ihn mit Butter. Wenn er gar ist, zieht man ihn vom Spieß, legt ihn in ein Silber, siedet Pfeffer und Nelken gar kurz in Essig, gibt es über den Auerhahn und besprengt ihn mit Salz und Pfeffer.

182. Birkhühner und Enten in Zwiebeln

Brate die Vögel gut ab und schäle Zwiebeln, hacke sie fein klein, röste sie in einem Tiegel bis sie braun werden, danach zerhacke die Enten und Birkhühner und koche sie in einer Rindfleischbrühe, bis sie vollends gar sind. Danach menge die gerösteten Zwiebeln mit einem guten Wein und würze sie mit Pfeffer, Safran, davon aber nicht zu viel, und Nelken und tue die Zwiebeln oben darauf in den Kessel oder Topf. Schau zu, daß der Sud nicht zu dünn ist und gib es den Gästen. Ist des Syndici Gustavi Körners Leibspeise.

183. Reiherbeine

Stoß Reiherbeine klein, alsdann nimm das Fleisch davon und hack es klein und zerstoß es in einem Mörser mit Weißbrot und Eiweiß *(ayer klar)* und schlage es miteinander durch (vermische es) und laß es gut aufkochen und würze es gut und gibs hin. *Frantz de Rontzier bemerkt, daß der Reiher beinahe den Geschmack von Fischen hat.*

184. Eingemachte Schnepfen in einer aschfarbenen Brühe

Wenn du die Schnepfen abgebraten hast, so nimm darüber eine gute Rindfleischbrühe, Petersilienwurzel, Safran, ein wenig gestoßenen Pfeffer und eingebranntes Mehl. Laß das miteinander einsieden und versalze es nicht, so wird es fein grau. Wenn du es kurz einsiedest, wird es gut und wohlgeschmack.

185. Große Vögel lange roh und gut zu erhalten

Willst du große Vögel lange roh und gut erhalten, so nimm Wacholderbeeren und Kümmel, schütte sie in einen Mörser und stoße sie klein. Rupfe die Vögel hübsch rein, nimm sie aus und lege sie in einen Topf und schütte dazu diese gestoßenen Gewürze. Dann gieße ein Quart Weinessig (250 ml) darauf, salze es und mach es fest zu, so daß die Fliegen nicht daran kommen. Wenn du die Vögel brauchst, so wasche sie rein aus, wässere sie einige Stunden lang und wenn es dir gefällt, so kannst du sie braten.

186. Wie man gebackenes Geflügel die Fastenzeit über bis nach Ostern halten soll

Willst du wissen, wie man allerlei Geflügel über die Fasten bis nach Ostern lang halten kann, es können Rebhühner, Haselhühner, Birkhähne, große und kleine Vögel sein, so brate sie ab und salze sie gleich am Spieße oder in der Pfanne. Alsdann nimm Semmel und Pfefferkuchen und gieß einen Wein oder süße Langweil (Bier) in einen Topf und lege dazu den geriebenen Pfefferkuchen. Laß das gut sieden und wenn es gesotten ist, so treibe es durch ein Sieb und gib es wieder in einen reinen Topf. Setze es zum Feuer und tue Zucker oder Honig darein, mache ihm einen säuerlichen Geschmack, würze es wohl ab mit Pfeffer und Safran und salze es und schmecke es ab, und wenn es mit der Würze gesotten ist, so setze es vom Feuer und laß es kalt werden. Nimm dann ein warmes Tischbier und wasche damit das Geflügel. Dann nimm ein Fäßlein und lege die Vögel hinein. Dann laß es fest zumachen und bohr in den Boden ein Loch, nimm ein Trichterlein und fülle den kalten Sud hinein, bis es voll ist und schlage dann einen Zapfen darauf, und wenn es sich gesetzt hat, so ziehe in zwei Tagen den Zapfen wieder heraus und fülle es wieder voll und stopfe es fest zu. Wenn es so acht Tage gestanden hat, so zapfe den Sud rein heraus, tue es in einen Topf und setze es zum Feuer, erfrische es mit einem Wein und schäume es rein ab, laß es wieder schön kalt werden und fülle es in das Fäßlein, stopfe das fest zu und stelle es in ein kühles Gemach und drehe es oft um. Wenn du Geflügel brauchst, so nimm aus dem Fäßlein soviel, wie du dessen bedarfst und erfrische es wieder, wie oben steht, mit Wein und allerhand Würze, tue darein kleine oder große Rosinen und gibs den Brüdern, kalt oder warm, wie es ihnen beliebt.

So werden nun in der Speise allen andern fürgezogen die Hüner / welche nicht zu jung noch zu alt seyn / und die auch keine Eyer gelegt haben. Dann solche seyn mittelmässiger Natur / gebären weder Schleim noch Gall / geben gute Nahrung und stärcken wol / und sind derowegen den schwachen krancken Menschen / und denen / welche sich wider von der Schwachheit aufmachen / sehr bequem.

Die gar junge Hünlen oder Vögel seyn nicht so fast nützlich / dann sie gebären viel schleimige Feuchtigkeiten. Dergleichen die gar alte Hüner und Vögel verdauen sich schwerlich / dieweil sie so gar zähe und trocken seyn. Doch mag man die alten Hüner oder Cappaunen für die Krancken bereiten / also / daß man sie wol siede / und darnach in einem Mörsel zu einem Gemüß Stosse / und mit der gesottenen Brühe durchschlage / darnach mit Saffran und anderer Specerey nach deß Krancken lust und wolgefallen / abbereite.

Die alte Hanen sollen die Krancken gantz und gar vermeiden / dergleichen die Gänß / Enten / Kranich / Pfauen. Dann sie verdauen sich schwerlich / trucken den blöden Magen / bringen Febres / und sonderlich das Entenfleisch.

(Aus Adam Lonitzers *Kreuterbuch*)

Von Hähnen, jungen Hühnern und alten Hennen

187. Von Gebratenem oder Rheinische Hühner

Brate ein Huhn und röste Semmeln, denen rundherum die Rinde abgeschnitten wurde, brate dies rotbraun in Schmalz und schneide sie zu kleinen Bissen wie zu einem Brotmus, zerkleinere das Huhn und brate sechs Birnen. Mache ein Condiment aus Wein und Honig. Da reibe Gewürze rein, Pfeffer und Anis, und mache ein Blatt von fünf Eiern, schlage sie in eine Pfanne, so daß ein Ei neben das andere kommt (sozusagen fünf zusammenhängende Eier). Nun werden Hühnerfleisch, Weißbrot und Birnen gemischt und auf diese Eierdecke geschüttet. Dann lege das Blatt aus Eiern zusammen, decke eine Schüssel darüber und kehre die Pfanne um. Schneide das Blatt oben auf und gieß das Condiment darein, begieße aber dabei nicht das Blatt. Dies nennt man Hühner vom Rheingau *(huenre von rinkauwe)* und gibs hin.

188. Mörserhühner

Zergliedere ein gebratenes Huhn in kleine Stücke und nimm das gebratene Fleisch davon (löse die Knochen aus), und nimm einen dünnen Eierteig und von Pfeffer, Anis, Safran und stoße es in einem Mörser zusammen und back es ein wenig in Fett, das sind Mörserhühner.

189. Ein Essen von Hühnern, das man *lanncz* nennt

Nimm Hühnerleber und Mägen und schneide sie dünn und back es in Schmalz. Tue dazu Schmalz, Pfeffer, Eier, Kümmel, Salz, rühr es untereinander weich, wie gefüllte Eier. Streich sie in siedendes Schmalz in einen Schaffen, daß sie ganz bleiben. Wenn sie gar gebacken sind, so gib es hin. Das heißt *lanncz.* So kann man junge Hühner oder Lammfleisch zubereiten.

190. Gefülltes gesottenes Huhn

Wenn du ein gutes Huhn sieden, braten oder füllen willst, so bereite das Huhn schön vor und weide es aus, und schneide die Därme heraus und nimm Kopf, Kragen, Leber, Magen und alle Eingeweide und siede es in einem Hafen oder in einer Pfanne gar. Das hack dann schön klein mit Petersilie, schlag rohe Eier darein und würz es ab und salz es. Hack ein abgehangenes Specklein darunter und kleine Weinbeeren oder gebratene Birnen. Das verknete gut miteinander. Das ist also die Füllung. Ist das Huhn nun bereit, häute es um und um und fülle es schön mit Sittigfarbe (blau-Veilchen bzw. gelb-Safran), nähe es zu und erwelle es in Wasser, in dem Wein und Essig inne sind, bis das Huhn und die Füllung fest und erstarrt sind. Mach das Feuer an, laß es vorsichtig braten und begieß es bei jedem Wenden, das ist gut. Wenn du aber das Huhn sieden willst, so darf man das Eingeweide vorher nicht sieden. Hack es ungesotten (roh) und bereite damit die Füllung und siede beides in eitlem (ausschließlich) Wasser und salze ziemlich. Der Hafen soll weit sein, daß es nicht anbrennt. Schäum es schön und bedeck es gut und gieß wenig daran, so bleibt die Brühe wohlschmeckend. Wenn du es anrichten willst, so kannst du es mit Gewürzen und Safran abmachen und abschmecken.

191. Gehackte Hühner anzurichten

Willst du gehackte Hühner machen, so nimm gute alte, gebrühte Hühner, zieh ihnen die Haut ab, zergliedere sie und schneide das Fleisch überall von den Knochen ab, soviel du kannst. Lege dieses Fleisch auf ein reines Brett oder Muldchen und nimm guten Speck darunter. Lege die Knochen in einen Topf, setze sie mit Wasser an das Feuer, salze ein wenig und laß die Knochen gut sieden. Dann nimm weißes Brot, leg es zum Hühnerfleisch, hacke beides klein, schlage Eier drein wie ein Klößlein, daß es nicht zu dünne wird, würze

es ab mit Pfeffer, Ingwer, Muskatblumen, Safran und salze es in richtigem Maße. Nimm die Gebeine aus dem Topf und laß die Suppe am Feuer stehen und winde das gehackte Fleisch um die Gebeine (ziehe auch die Haut wieder darüber), daß sie gut umgeben sind, lege sie wieder in die Suppe und laß das sieden, bis du meinst, es sei genug. Alsdann würze mit Pfeffer, Ingwer, Safran und wirf Muskatblume hinein, schneide grüne Petersilie dazu und gibs hin.
NB. Ist ein Gericht für junge Eheleute, nach Doktor Nigrini ernster Ermahnung. *Dieses Gericht wurde auch in älterer Zeit zubereitet und findet sich unter dem Begriff „angelegte Hühner", weil man das kleingehackte Fleisch wieder an die Knochen anlegte.*

192. Klümpfe von Hühnern zu machen, groß, klein, lang oder rund, nach eines jeden Gefallen

Das Fleisch für die Klümpfe oder Klöße soll roh gehackt und angemessen gesalzen werden. Man hackt das Fleisch von den Brüsten mit Schweinflomen, Rinder- oder Hammelunschlitt, zerriebenem Brot, Eiern und Muskatblumen, schlägts um die Knochen, bringts zum Feuer mit Wasser, machts ab mit zerriebenem Brot und ganzen Muskatblumen.
Oder man hackts mit Schweinflomen, zerriebenem Brot, Eiern, kleinen Rosinen, Muskatblumen, Pfeffer und Ingwer, schlägts wieder um die Knochen, machts ab mit kleinen Rosinen, zerstoßenem Muskat und Butter.
Oder man hackts mit Schweinflomen, zerriebenem Brot, Eiern, Zimt, Nelken und Zucker, schlägts wieder um die Knochen, bringt es zum Feuer mit Brühe und Wein, machts ab mit Zucker, Zimt und Zwetschken.
Oder man hackts mit Schweinflomen, Rosmarin, Eiern, Zwiebeln und zerstoßenem Ingwer, schlägts um die Knochen, macht sie ab mit rotem Wein, trockenen oder grünen Kirschen und Zucker.
Oder man schneidet es klein, stößt es mit Butter und Eiern und ein wenig Muskatblumen, tut es samt der Brühe in ein Silber und macht es gar. Danach gießt man die Brühe ab und gibt wieder Floß (eine Lache) von Milch darauf, läßt es einmal damit aufkochen und bestreut es mit Zucker, wenn man es zum Tisch tragen will.
Oder man schneidet es klein, stößt es danach in einem Mörser mit Schweineflomen, Zimt, Nelken, Zucker und Eierdotter, streichts auf Weißbrot und bäckt es in Butter, daß es braun wird. Danach legt man es in ein Silber, machts ab mit Malvasier, Zucker und Zimt, läßt es durchkochen und gibts warm zum Tische.

Oder man hackts mit Schweinflomen, ein wenig Mehl, Eiweiß und Rosenwasser und macht da Klümpfe von. Streicht zerstoßene Mandeln mit Kapaunenbrühe durch ein Haartuch, läßt es aufsieden, gibt dann die Klümpfe darein, macht sie ab mit Rosenwasser und Zucker und bestreut sie mit Zucker, wenn man sie zum Tische geben will.
Oder man hackt sie mit Unschlitt, ausgewaschenen Kapern, Muskatblumen und Zucker, macht da Klümpfe von, bringt sie mit Brühe zum Feuer, macht sie ab mit Kapern, zwei oder drei Eierdottern, mit Wein zerbrochen, Butter und Zucker und bestreut sie mit Zucker, wenn man sie zum Tische tragen will.
Oder man hackt sie mit Unschlitt, Eierdottern, Muskat, Ingwer, Parmesanischen Käse und Safran, macht da Klümpfe von und bringt sie mit Brühe zum Feuer, schlägt zwei oder drei Eierdotter mit Parmesanischen Käse und gibts darauf.
Oder man hackt sie mit Unschlitt, Limonen, kleinen Rosinen, Muskatblumen, Eierdottern und zerriebenem Brot, kocht und macht sie ab mit Limonen und Butter.
Oder man hackt sie mit Unschlitt, Eierdottern, Weißbrot und Kerbel, macht da Klümpfe von, kocht und macht sie ab mit Kerbel. Wenn sie bald gar sind, schlägt man drei oder vier Eierdotter mit Wein darauf. *Klümpfe, Klöße oder Knödel aller Art waren das ganze Mittelalter hindurch sehr beliebt.*

193. Von gebratenen Kapaunen

Dem Kapaunen soll man zwei Löffel voll Wein oder Weinessig eingeben. Ehe man sie abtut, soll man sie trocken reinmachen und ausweiden. Wenn es im Winter ist, daß es friert, kann man sie, wie man es mit allen Vögeln machen kann, aufhängen, so lange der Frost währt, so werden sie gar kurz und mörbe, beides zum Kochen und zum Braten geeignet. Man soll ihnen unten den Hals abschneiden und die Brüste einschlagen und sie alsdann auf Kohlen steifen (anbraten). Man schneidet Speck dünn, klopft es mit einem Messerrücken auf einen Bogen Papier, besprengt es mit Salz und bewickelt den Kapaunen damit, brät ihn, begießt ihn mit Bratfeist und gibt ihn warm zum Tische.

Oder man brät ihn, begießt ihn mit Rindfleischbrühe oder Fett, danach zergliedert man ihn und legt ihn in ein Silbergeschirr, gibt darauf Bratfeist, Wein und den vierten Teil soviel Wasser wie des Weines, Pfeffer, Salz und frische Limonen in Scheiben zerschnitten. Läßt es zusammen aufkochen und läßt es dann zugedeckt stehen, bis man es zum Tische bringen will.

Oder man brät Kastanien, Pfeffer und Salbei in Butter, füllt die Kapaunen damit und brät sie danach. Brät auch Kastanien in heißer Asche, schält sie und tut sie in ein Silber, gibt Butter, Wein und Pfeffer darüber und läßt es aufkochen, gibt den gebratenen Kapaunen darüber und besprengt ihn dann mit Salz und Pfeffer.

Alle Fische sind von Natur kalt und feucht / jedoch dasselbige mit Unterscheid / sintemal einer besser ist / dann der ander / nach Art und Eigenschafft der Ort und Wasser / in welchen sie fliessen / dann welche sich in den Steinen und lautern reinen Wassern auffenthalten / die sind besser dann die andere / haben einen guten Safft / und lassen sich wol verdauen.

Und wiewol in allen Kranckheiten die Fisch überall verbotten werden / jedoch so werden etliche etwan erlaubet / welche sich in lautern Felsichten Wassern halten / als da sind die Grundeln / Foreln / Hecht / Bersich / Rotäuglein / Kräßlin / nach diesen sind die beste die Meerfisch. Welche aber in unreinen / faulen und sümpffigen Wassern wohnen / seyn allesamt böß / als die Schleyen.

Einen guten gesunden Fisch soll man bey diesen Zeichen erkennen / daß er ein hartlecht trucken Fleisch habe / daß er schüppicht und nicht schleimicht sey / der sich in der Lufft nicht bald verändert / am Geschmack süß / und eine dünne Haut hat. Solche Fisch dauen sich wol / und geben gute Nahrung und Geblüt / sind gesund in müssigen und schwachen Menschen / und denen / so von Kranckheiten sich wiederum aufmachen.

Die Meerfisch / sagt Simeon Sethi / sind leicht verdaulich / geben sich aber schwerlich wieder. Aber die Wasserfisch dauen sich schwerlich / und geben sich leichtlich wieder.

Alles Geblüt / so von Fischen wird zu wegen gebracht / ist dünner / dann das Geblüt / so vom Gebrauch der irdischen Thier her entspringt.

(Aus Adam Lonitzers *Kreuterbuch*)

Von Fluß-, Teich- und Meeresfischen

Als besonderes naturkundliches Dokument können die Aufzeichnungen der Hildegard von Bingen über die Fische gelten. Bis zum 19. Jahrhundert hat niemand die Fischfauna des Rheins und seiner Nebenflüsse so gründlich beschrieben wie Hildegard. Für sie hatten die Fische, die am Grund wühlen und die sie mit Schweinen verglich, die in der Erde wühlen, meist schlechtes Fleisch. Die Fische aus der Mitte hatten ein solches Maß an Gesundheit in sich, daß der Mensch, wenn er sie schöpfen könnte, alle Krankheiten von sich austreiben könne. Sie gestand den Fischen auch Intelligenz zu und erwähnt Heilrezepte. Die Fische aus Main, Donau und Nahe seien für die menschliche Ernährung besonders gesund. Frischen Hering empfahl sie dagegen Gesunden und Kranken nicht. Durch das Einlegen in Salz ließe sich aber seine Fleischqualität verbessern.

Neben Flußfischen wurden auch Karpfen, Hechte, Forellen und andere in Weihern, Streckteichen und Binnenseen gezüchtet. Ebenso wie das Jagdregal wurde auch das Fischen und Angeln strengstens überwacht und so mancher wurde wegen einer Forelle oder ein paar Krebsen gehängt. Auf den Fischmärkten der Städte wurde der Fisch verkauft. Die Seen, die sich im Besitz eines Landesherren befanden und der Fischfang wurden oft verpachtet. Gleiches galt für das Wassergeflügel und die sogenannten „Seerasen“.
Bei Fisch sollte man auch die Jahreszeit für die jeweilige Zubereitung beachten. Erinnert sei hier an die alte Regel, daß man Karpfen in allen R-Monaten essen könne. Aber auch das Gegenteil findet sich bisweilen. Wollte man

einem Fisch das „Moseln“ (morastig schmeckend) nehmen, empfielt ein Kochbuch des 18. Jahrhunderts: Man muß eine glühende Kohle gleich anfangs mitsieden lassen, so schmeckt man vom Moseln nichts.
Kaviar, der Rogen des Störs, leicht gesalzen, ist dem Mittelalter nicht bekannt. Erste Zeugnisse stammen vom Ende des 15. Jahrhunderts. Cervantes und Shakespeare sprechen vom Kaviar.

Aus der Mitte des 15. Jahrhunderts hat sich folgender Trick – ebenfalls aus einem Kochbuch – zum Fischefangen erhalten. Man soll aus Hafermehl und Schwefel, wenn man ihn kaufen kann, einen Teig machen. Dann soll man Honig und Menschenblut nehmen und aus diesem Ganzen einen klebrigen, zähen Teig kneten. Diesen Teig salbt man dann inwendig in einen neuen Topf. Dann muß man einen Sack um die verengte Öffnung des Gefäßes binden und den Gefäßboden ausschlagen. Jetzt könne man diese Fangvorrichtung ins Wasser legen und einer nach dem anderen dringe in die Falle.

Hechte zählten seit dem Mittelalter zu den beliebten Speisefischen und man sagte ihnen ein hohes Alter nach. Man versichert, 1497 sei in einem Teich im Halberstädtischen ein Hecht gefangen worden, der einen eisernen Ring in der Schnauze stecken hatte. Auf dem Ring war eine griechische Inschrift, die besagte, daß Kaiser Friedrich II. diesen Hecht höchsteigenhändig eingesetzt habe. Der Fisch müßte also fast 250 Jahre alt gewesen sein. Über den Hecht schreibt Hildegard von Bingen folgendes: „Und er liebt den Tag, und er ist herb und grimmig wie ein Tier im Walde. Und wo immer er verweilt, frißt er die Fische und entleert jene Gewässer von anderen Fischen. Denn er verlangt reine Nahrung, und er hat hartes und gesundes Fleisch.“ Als am 12. Februar 1546 zu Eisleben während einer Mahlzeit Hechte in einer Schüssel aufgetragen wurden, sagte man zu Dr. Martin Luther, daß es in Hispanien keine Hechte gäbe. Darauf antwortete der Reformator, daß der Hecht ein *Wasserwolff* wäre, der die Fische im Wasser frißt und im Wasser herrscht. Sein Fleisch galt als etwas grob, aber sonst von gutem Geschmack und Nahrung. Die Milchner wurden den Rognern vorgezogen. Der weiche Rogen war beliebter als der harte, es sei denn, man wollte Frikadellen zubereiten. In der Arznei diente die Galle für Augenflecken, drei derselben eingenommen sollte das Fieber vertreiben. Der Kiefer mit den Zähnen und insgemein alle Beine des Kopfes gepulvert ein Quentlein eingenommen, sollten das Seitenstechen und die Säure des Magens nehmen. In die Wunden gestreut, trocknen sie. Das Fett den Kindern gegen das Feuer auf die Fußsohlen gestrichen, stillt den Husten und befördert den Schlaf.

Karpfen waren ebenso beliebte Speisefische und unser heutiger „Karpfen blau“ dürfte schon im späten Mittelalter gekocht worden sein. Bei den Karpfen galt, daß es gefährlich sein konnte, wäre er nicht richtig durchgekocht. Ein Karpfen mit Schuppen, die weiß sind, nicht etwa gelb oder rötlich, kommt aus gutem Wasser. Wenn er große, hervortretende Augen und eine weiche und glatte Oberlippe hat, ist er fett. Da man die Karpfen bisweilen einen oder mehrere Tage über Land oder dem Hof des Fürsten hinterhertragen mußte, empfahl man, ihn in nasses Heu zu wickeln und ihn mit dem Bauch nach oben in einer Ledertasche oder einem Sack, ohne das Luft an ihn herankommt, zu transportieren. Das Beste am Karpfen war und ist der Kopf.

Die Forelle oder Fore kam als Leckerbissen ebenfalls nur in die Schlösser und Klöster. Die Forellensaison dauerte bis September. Die weißen galten im Winter als gut, die rötlichen im Sommer. Den Schwanz sah man als besten Teil an.

Die Aalraupen sollen am besten sein, wenn man sie wie Aale brät oder zurichtet. Das kurioseste von der Aalraupe aber soll sein, daß ihre Gedärme formiert sind wie ein Krötenfuß. Als große Delikatesse galt ihre Leber.

Mann mit Aal, Holzschnitt, 1497

Der Aal, Aalfisch oder Anguilla zählte von Alters her zu den delikatesten Fischen, wenngleich ihn einige wegen seiner Fettigkeit für schädlich hielten. Daher waren sie der Meinung, man solle bei der Zubereitung des Aals solche Dinge hinzutun, die ihm seine böse und ungesunde Art brechen. Diese Zusätze bestanden oft aus konträren Sachen, die der Güte des Fisches mehr schadeten als nutzten. Er galt als ein Remedium (Arzneimittel) für die salzige Schärfe des Menschen. Es gab und gibt viele Leute, die diesen Fisch weder sehen noch essen können, wohl wegen seiner körperlichen Ähnlichkeit mit Schlangen (bei den Franzosen hießen Schlangen „Aale des Waldes"), jedoch fand dieser Fisch wegen seines sehr süßen, weichen und saftigen Fleisches viele Liebhaber. Allerdings konnte man sich einen Ekel „anessen", besonders wenn er in Pasteten geschlagen wurde. Aal sollte acht Jahre leben und sechs Tage ohne Wasser sein. Man tötete die in ein Tuch gewickelten Aale, indem man sie kräftig auf die Erde warf.

Meister Hannsen hält die Lamprete für einen guten Fisch und wenn man mit ihr bestehen will, so soll man sie in guten Hefewein legen, damit sie ihr Leben verliert, denn davon bekommt man dünnes Blut. Die Lampreten in Wein „laufen zu lassen", d. h. sie darin zu töten oder zu ersticken, hielt sich mindestens bis ins 18./19. Jahrhundert. Heute stehen sie unter Naturschutz. Im Mittelalter sah man in den „blinden Öffnungen" der Neunaugen nicht die Kiemen, sondern tatsächliche Augen. Doch schon die naturkundige Hildegard räumte mit diesem Unwissen auf. Die Neunaugen galten als eine Art von Lampreten. Dieser Fisch hat die Gestalt eines Aals, wird über einen Fuß lang oder eines Daumens dick, hält sich in Flüssen und Strömen auf und wurde von Anfang November bis Ostern häufig gefangen. Das Fleisch ist von gutem Geschmack, aber schwer zu verdauen.
Neunaugen wurden wie Aale gerissen, aber nicht zerstückt. Man salzte sie nicht so stark wie Karpfen.

Der Stockfisch, Asellus, Merluche, ist ein Seefisch, der häufig um Norwegen gefangen, ausgetrocknet und weit und breit gegessen wurde. Er soll seinen Namen daher haben, weil er mit einem Stock geklopft werden müsse, ehe er zu essen taugt, sonst blieb er ein unverdaulicher Fisch, der einen guten Magen erforderte. Ein alter Medicus gab vor, daß dieser Fisch die sauren Cruditäten (Grobheiten) aus dem Magen nahm. Er wurde sowohl von reichen als auch einfachen Leuten gegessen.

Marx Rumpolt hatte keine große Meinung von ihm. „Und wenn man noch soviel von einem Stockfisch zurichten soll, so ists doch nur ein Stockfisch und bleibt ein Stockfisch, und man mach es wie man will, so ist es doch ein Stockfisch. Er wandert in alle Länder, allein in das Land zu Ungarn nicht, denn sie haben Fisch vollauf und ein Ungar spricht von stund an: Bidesck Bestia, das heißt, der Schelm stinkt. Und man kann viele Speisen von dem Stockfisch zurichten, es ist aber der Mühe nicht wert." Trotzdem gibt uns Marx Rumpolt einige Hinweise. Wenn man Stockfisch kochen will, so darf man mit der Butter nicht sparen, denn sie verleiht ihm den Wohlgeschmack. Man sollte ihn erst kurz vor dem Anrichten salzen, denn sonst wird er zäh. Andere Küchenmeister empfehlen ihn einen Tag in Regenwasser stehen zu lassen und dann nochmals 2 bis 3 Tage zu wässern.

Vom Wasserwolf oder Hecht

194. Von gefüllten Hechten

Gefüllte Hechte soll man so machen: Man nehme geeignete Hechte und schuppe sie und löse den Darm zu den Kiemen aus. Nimm verschiedene andere Fische und siede sie und löse die Gräten heraus. Stoße das Fleisch in einem Mörser, hacke dazu Salbei, Pfeffer, Kümmel und Safran, salze sie in Maßen. Damit fülle dann die Hechte und besprenge sie außen mit Salz. Backe ihn auf einem hölzernen Rost und brat ihn schön. So kannst du ihn auch mit Eiern machen.

195. Einen Fischbraten vom Hecht zu machen

Nimm einen Hecht, bereite ihn vor, löse ihm die Gräten ab und siede ihn mit Gewürzen. Behalte die Brühe. Stoß ihn in einem Mörser mit Weinbeeren und mit Honig, würze, salze und koch es mit wenig Mehl. Das vermische gut mit Butter, schlag es um einen Spieß wie einen Holbraten und leg ihn zum Feuer. Nimm das Haupt, die Gräten und den Schwanz, hack das zu Stücklein zusammen mit dem Blut des Hechtes, siede es gut ab mit Wein, reib Lebkuchen darein, mach es ab mit Gewürzen und Salz oder mit Fischbrühe, schmecke es ruhig ab. Willst du den Hecht nicht vorher sieden, so hack ihn klein, zerstoße ihn gut in einem Mörser und bereite ihn mit der Spezerei zu, wie vorher beschrieben wurde.

196. Dreierlei Essen von einem Fisch

Schneide einen Hecht oder anderen Fisch in vier Teile. Das erste Teil brate auf einem Rost. Das andere Teil siede ab mit Wein und Gewürz. Das dritte gefüllt (und dann gebacken?). Das vierte, der Schwanz, gebacken. Und der

Fisch soll zusammengelegt werden, jedes Stück so, als sei er ganz. Vor dem Anrichten bestreue ihn mit Petersilie. Dazu reiche gute Salsen oder Essig in vielen kleinen Schüsselein, so ißt ein jeder, was ihm gefällt und es ist wunderbar.

197. Einen Hecht, auf polonisch zu sieden

Willst du einen Hecht polonisch sieden, so nimm Zwiebeln und schäle sie, wirf sie in ein Wasser und wasche sie rein aus. Lege sie in einen Topf und laß sie gut sieden, so daß sie gut gesotten werden. Schütte sie anschließend in ein Sieblein oder Durchschlag, so daß das Wasser rein davon läuft und zerreibe sie dann in einem Reibetopf. Nimm dann den Hecht und schuppe ihn rein, haue ihn zu Stücken, wasche ihn rein aus, salze ihn auf einer Mulde und laß ihn ein wenig im Salz liegen. Lege ihn danach in eine Pfanne oder einen Kessel und gieße die Zwiebeln mit dem Sud, worin sie gesotten wurden, darauf. Ist es zu wenig Sud, so gieß zur Hilfe reines Wasser dazu und setze es auf das Feuer und laß es gut sieden und würze es ab mit Pfeffer, Ingwer, Muskatblume und Safran, alles in rechtem Maße und koste ihn dann ab, wie es dir schmeckt und gib es hin.
Zu den ältesten Fischrezepten schlechthin, welches auch noch heute in zahlreichen Kochbüchen verzeichnet ist, zählt der Hecht auf polnische Art. Er ist mindestens seit dem Mittelalter bekannt und erfreut sich zahlreicher Variationen.

198. Hübsche blaue Hechte zu sieden

Willst du hübsche blaue Hechte sieden, so nimm halb Wasser und halb Wein, setzte das Wasser mit dem Wein in einen Tiegel, übersalze es und färbe die Hechte ausreichend mit einem guten Essig und laß sie hübsch blau werden. Alsdann lege sie in das siedende Wasser und laß sie gut sieden. Gib ihnen gutes Feuer und laß sie nicht zu trocken einsieden, so wirst du hübsche blaue Hechte haben. So kannst du auch Karpfen machen.
Man kann die Fische auch mit heißem Essig blau färben. Unter Übersalzen versteht man ein sehr starkes Salzen. Am Bodensee oder in anderen Gegenden, wo man sauren Wein hatte, nannte man den Wein, den man zum Fisch gab, auch „Fischwein“.

199. Einen Hecht in Limonen gemacht

Schuppe den Hecht und wasch ihn sauber und mache Stücke daraus und tue ihn in eine Pfanne und tue kaltes Wasser daran, soviel, wie du meinst, daß der Fisch genug Brühe zum Sieden hat und dazu einen Quartlein Essig. Wenn es so miteinander gesotten ist, so gib ein wenig Safran, Pfeffer und Zucker darein und geschnittene Limonen und laß alles eine Weile miteinander sieden und salze ihn auch.

200. Manscho Blanko vom Hecht

Siede einen Hecht in Wasser ab und salze ihn nicht viel. Nimm keinen Essig dazu und siede ihn, zieh ihn aus auf einem Brett und laß ihn kalt werden. Nimm alsdenn das weiße Fleisch vom Hecht und klaub die Gräten heraus und hacks gar klein. Nimm danach ein Reismehl oder ein Kraftmehl und Mandelmilch, treib das Mehl damit ab, daß es fein glatt und dünn wird. Setz es danach auf einen Glutkessel und rühr es um, bis es aufsiedet und siehe, daß du es nicht anbrennst. Ist es dick, so mach es wieder dünn mit Mandelmilch, tu den gehackten Hecht darein und laß es damit wieder aufsieden. Rühr es wieder um, bis es aufsiedet, tu einen schönen weißen Zucker darein, der fein klein gestoßen ist, auch frische Maibutter und laß es wieder zum dritten Mal aufsieden. Und wenn du es bald vom Feuer nehmen willst, so gieß Rosenwasser darein. Laß damit einen Sud auftun und wenn du ihn abhebst, so tu ein wenig Salz darein und rührs um, bis das Salz darein kommt. Und wenn du es anrichtest, so bestreu es mit weißem Zucker. So macht man ein Manscho Blanko vom Hecht. Daraus kannst du eine ungarische Torte oder spanische Krapfen oder Krapfen, die man aus Butter bäckt, machen. Kannst auch ein Eingerührtes daraus machen, ist es auf beide Manier gut zuzurichten, wie man es haben will.
Blanc manger, französisch für „Weißessen“, eine gelierte Süßspeise, wurde hier zu Manscho Blanko verballhornt. Gleiches gilt für „Blamensir“ und ähnliches.

201. Blamensir von Fischen

Man koche in Wasser entweder Hecht, Barsche, Rochen, Kabeljauen, Schellfisch und tut kein Salz darein. Dann läßt man sie in der Brühe kalt werden, bricht sie danach von den Gräten, bricht sie mit Milch, vermischt Reismehl mit Milch, tut darein Zucker, Butter und ein wenig Salz, kochts dann auf Kohlen und rührt es gut um, daß es nicht anbrennt. Wenn es dick wird, tut man Rosenwasser und Zucker darein, gibts kalt oder warm zu Tisch. Wenn man es kalt zu Tisch gibt, muß es dicker sein als sonst. Man kann sie auch mit Safran gelb und mit Maul- oder Heidelbeeren braun machen.

Vom Salm oder Lachs

202. Das ist eine gute Speise von einem Lachs

Nimm einen Lachs, schabe ihm die Schuppen ab, spalte ihn und schneide ihn in Stücke. Hacke Petersilie, Salbei, nimm gestoßenen Ingwer, Pfeffer, Anis, salze in Maßen. Mache einen derben Teig nach der Größe der Stücke und wirf das Kraut auf die Stücke und bewirke (umgib) sie mit dem Teig. Du kannst sie auch in eine Form drücken. So machst du Hechte, Forellen, Brassen und backe jedes einzeln in seinem Teig. Ist es aber ein Fleischtag (kein Fastentag), so kannst du Hühner, Rebhühner, Tauben und Fasane machen, drücke auch sie in die Formen und backe sie in Schmalz oder siede sie in den Formen. Nimm von den Hühnern die Brüste und anderes gutes Fleisch, so wird die Kunst desto besser und versalz es nicht.

Vom Carpio oder Karpfen

203. Karpfen, in Nelkensud zu sieden

Wenn du einen guten Karpfen in einem guten Nelkensud machen willst, so nimm ein gutes Bier oder Weinessig, was du willst, stich dem Karpfen die Kehle ab und fange das Blut in dem Essig, schuppe den Fisch rein, haue ihn in Stücke und wasche diese rein, salze sie auf einer Mulde und laß sie eine Viertelstunde im Salz liegen. Dann lege sie in eine Pfanne oder Kessel, gieß darauf den Essig mit dem Blut, seihe ihn dabei durch ein Sieblein oder Durchschlag, und nimm ein gutes Bier oder einen guten Wein zu Hilfe dazu, wie du es am besten haben willst. Streue darauf einen zerriebenen Pfefferkuchen (Lebkuchen), setze das auf das Feuer und laß es wohl sieden. Würze es richtig ab mit Nelken, Ingwer und Pfeffer, mache ihm einen lieblichen Geschmack, süß oder sauer, richte sie an und bestreue sie auf der Schüssel mit gestoßenen Nelken. Willst du das Gericht noch besser machen, so lege Scheiben von kleinen Rosinen und Äpfeln darauf. Letztere sollen hübsch länglich geschnitten sein, wie die Möhren, tue sie in eine Pfanne, mache sie gelb mit Safran und laß sie hübsch aufsieden mit einem Wein. Mache es fein süß mit Honig oder Zucker und streue es in die Schüssel auf den Karpfen und gib es so auf den Tisch.

204. Von Karpfen

1. Man besprengt sie, wie auch andere Fische, mit Salz, jedoch gar stark, und begießt sie mit Butter, wenn man sie bratet und gibt sie danach zu Tisch.
2. Man besticht sie mit Nelken, wenn sie halb gar sind und besprengt sie mit Nelken und Salz, wenn man sie zu Tisch geben will.
3. Man besticht sie, wenn sie halb gar sind, mit Salbei, brät Salbei in Butter, tut Pfeffer und Essig dazu ein, gibt es über die gebratenen Karpfen und salzt sie.

4. Man schweift Zwiebeln mit Limonen in Butter, macht sie ab mit Essig, Muskat und Pfeffer, gibts über die gebratenen Karpfen und salzt sie.
5. Man spickt sie mit Speck, kocht zusammen Kastanien, Rosmarin, ganze Muskaten, Zucker, zerriebenes Brot und Butter in rotem Wein oder Malvasier, gibts in ein Silber, legt die Karpfen darein, besprengt sie mit Salz und gibts zu Tisch.
6. Man füllt sie mit Kastanien, Austern, großen Rosinen, zwei oder drei Eierdotter, kleinen Rosinen, Pfeffer und Butter, besprengt sie mit Salz und brät sie an einem Spieß, brät Austern in Bratfeist, gibts darüber, wenn man sie zu Tisch geben will und bestreut sie mit Pfeffer und Salz.
7. Man brät Birnen, schneidet sie dann in Viertel, tut sie mit Feigen, drei oder vier Eiern, Pfeffer, Ingwer, Salz und zerschmolzener Butter ab, füllt die Karpfen damit, brät und besprengt sie mit Ingwer und Salz, wenn man sie zu Tisch gibt.

Von Foren oder Forellen

205. Von Forellen

1. Man nimmt sie aus, legt sie in einen heißen Weinessig, danach siedet man sie in Wasser hastig ab, gibt sie in ein Silber, deckt sie gut zu und gibt sie warm zu Tisch, setzt auch Weinessig dabei.
2. Man siedet sie in Wasser und Weinessig, richtet sie in ein Silber an, brät Speckwürfel, machts ab mit Pfeffer und Weinessig und gibts über die Fische.
3. Man reißt zuvor die Forellen, tut sie in einen Kessel oder Pfanne, tut darauf Wein, geriebenes Weißbrot, ganze Muskatblumen, Rosmarin und Butter und gibt sie kalt oder warm zu Tisch.

4. Man macht sie ab mit Wein, Zucker, kleinen Rosinen, zerriebenem Brot, zerstoßenem Ingwer, Muskat und Safran und bestreut sie mit Zimt und Zucker, wenn man sie zum Tisch geben will.
5. Man macht sie ab mit Stichbirnen, zerstoßenem Ingwer, Butter und wenn sie bald gar sind, mit drei oder vier Eierdottern mit Wein gebrochen (vermischt).
6. Man bringt sie mit Wein und Wasser zum Feuer, macht sie ab mit zerstoßenen Zwiebeln, Pfeffer, Ingwer und Muskat.

Von Quappen oder Aalraupen

206. Aalraupen, in einem grünen Sud zu sieden

Lege die Aalraupen in einen Tiegel und lege dazu eine gute Hand voll grüne Petersilie und laß es in reinem Wasser aufsieden. Dann nimm die Petersilie wieder heraus und zerreibe sie in einem Reibetopf mit einem Weißbrot, schlage das auf die Aalraupen und würze es ab mit Pfeffer, Ingwer, Safran, Muskat und Muskatblume. Dann trags auf.
Der Bruder Küchenmeister des Dominikanerklosters zu Leipzig, dem wir dieses Rezept verdanken, bemerkt folgendes: Aalraupen sind Fische, welche die Märker Quappen nennen, in Meißen aber gelten sie als ein rechtes Herrenessen. Ich habe einmal, es war 1534, bei einem vornehmen Junker auf dem Lande von einer gegessen, die so eine große Leber hatte, daß sie mehr als ein Pfund gewogen hätte, würde man sie gewogen haben. Sie wurde in einer Schüssel allein als ein besonderes Gericht aufgetragen. Sie gab dann auch ein gutes Gericht ab. In den Flüßlein Elster und Pleiße werden sie nur klein gefangen.
Die Quappe ist mittlerweile ein seltener Fisch. Meist steht sie am Grund fließender Gewässer und wird noch heute in der Unstrut gefangen.

Von Aalfischen, Lampreten und Neunaugen

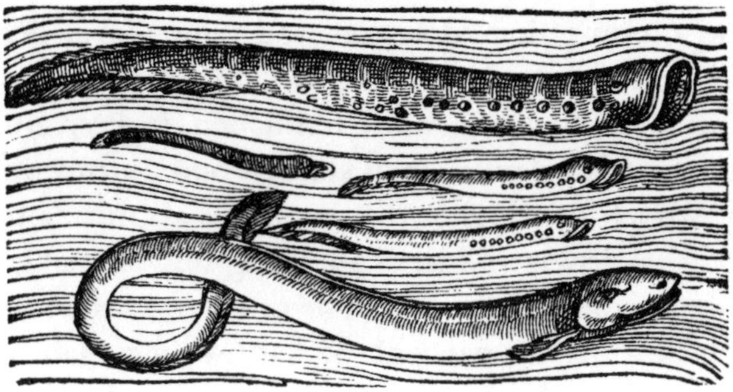

207. Von frischen Aalen

Nimm frische Aale und wasche ihnen den Schleim ab. Löse ihnen mit kalter Asche die Haut beim Kopf ab und zieh diese nieder bis an den Zagel (Schwanz). Hacke Salbei und Petersilie und tu dazu gestoßenen Ingwer, Pfeffer, Anis und salze in Maßen und wirf es auf die Aale und ziehe nun die Haut wieder über. Besprenge die Aale außen mit Salz und brat sie gar auf einem hölzernen Rost und gib sie hin.

208. Lamprete

Nimm Lampreten und brühe sie in einem heißen Wasser, nimm ein Malvasier und schneid der Lamprete die kleinen Äuglein auf beiden Seiten auf, so wird der Schweiß herausrinnen. Laß ihn in dem Malvasier laufen und schneide vorn das Maul hinweg. Hat er ein Rogen darinnen, so tu ihn hinweg, denn es ist nicht viel besonderes daran. Schneid die Lamprete in vier Stücke, salze und pfeffere es, laß es eine Weile darin liegen, steck es an einen Spieß und brate es. Nimm den Schweiß mit dem Malvasier, reib ein Roggenbrot darunter und laß es mit Pertrumkraut (Ringelblume) aufsieden, streichs durch ein Haartuch und mach es an mit gelindem Gewürz, laß es danach wieder aufsieden. Ist es zu wenig süß, so tu mehr Zucker darein und ein wenig Butter und schau, daß du es nicht versalzt. Und wenn du anrichten willst, so gieß das Pfefferlein darunter, so wird es zierlich, gut und wohlgeschmack und schau, daß du es nicht verbrätst, daß es nicht zäh wird.

209. Neunaugen

Nimm die Neunaugen und brühe sie (töte sie mit heißem Wasser). Wenn sie gebrüht sind, so nimm guten Malvasier und fange darin den Schweiß der Neunaugen. Tu sie auf dem Bauch auf, tu den Rogen heraus und wirf ihn hinweg. Reib unter die Neunaugen Pfefferkuchen, tu Pertrumkraut (Ringelblume) darunter und laß damit einen starken Sud auftun, nimm es heraus und säubere es, streich den Pfeffer durch, machs ab mit Zimt, Nelken und Pfeffer, laß es wieder sieden und ist es zu wenig süß, so mach es noch süßer; versalz und versiede es aber nicht. Wenn sie gesotten sind, so schlag sie ein (in Fässer zur Aufbewahrung einmachen). So kannst du sie Jahr und Tag behalten, magst es kalt essen oder wieder erwärmen, so sind sie gut und wohlgeschmack.

Vom Wels

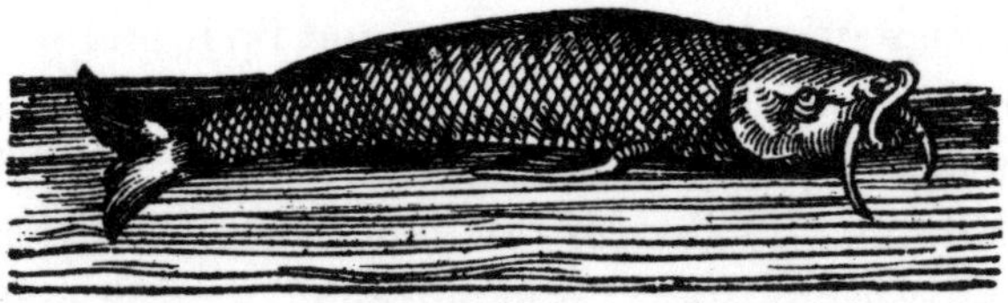

210. Einen Schwanz von einem Wels zu machen

Gieß heißsiedendes Wasser auf den Schwanz und brühe ihn rein aus, daß der Schlamm herauskommt, schabe ihn mit einem Messer rein und wasche ihn wieder mit reinem Wasser, das richtig kalt ist. Dann lege ihn auf eine Schüssel oder Mulde und salze ihn gut, stich Löcher dadurch und binde recht fest auf jede Seite zwei hölzerne Spieße. Lege den Schwanz gegen das Feuer, daß er auf beiden Seiten trocknet und lege ihn auf einen Rost und tue ein kleines Kohlenfeuer darunter, drehe ihn oft um. Wenn er gar gebraten ist, lege ihn auf eine Schüssel, nimm die Spieße davon, bestreue ihn mit Ingwer und gibs hin. Ist ein höfliches Essen, etwa für einen Bischof oder Abt.

Vom Stockfisch

211. Stockfisch

Nimm einen Stockfisch, der nicht übel riecht, tu ihm die Haut ab, weiche ihn eine Nacht in kaltem Wasser und nimm ihn dann heraus und drücke ihn in Essig, doch so, daß er ganz bleibt. Binde ihn auf zwei Schienen und lege ihn auf einen Holzrost und brate ihn langsam. Laß ihn gut mit Butter belaufen. Mache einen schönen Teig mit weißem Mehl und Eiern, dazu tu gestoßenen Pfeffer oder Ingwer und ein wenig Safran, salze in Maßen. Wenn der Fisch noch heiß ist, schlage den Teig mit einem Schwung herum, setze gute Kohlen darunter, daß er rot wird und bevor du ihn hingibst, beträufele ihn gut mit Butter.

212. Gedämpfter Stockfisch

Nimm Stockfisch, der gewässert ist, putz ihn sauber aus und leg ihn auf einen Rost, bräun ihn ab, schneid Zwiebeln klein und breit und schwitze sie gut in heißer Butter, daß sie weich werden, doch nicht verbrennen. Rühr ein wenig weißes Mehl darein und zerstoß ein wenig Wacholderbeeren, tu sie auch darein und ein wenig Kümmel. Pfeffere es mit gestoßenem Pfeffer und Ingwer, ein wenig Safran und Nelken, rühr es untereinander, gieß Erbsenbrühe darunter und laß es damit aufsieden. Tu ein wenig Salz darein. Wenn es aufgesotten ist, so versuche es, ob es richtig gesalzen ist. Nimm Späne (mit feurigem Wein getränkte Raspelspäne?), die dünn, sauber und fein breit geschnitten sind, leg sie in einen Fischkessel kreuzweise auf den Boden, leg den Stockfisch, den du auf dem Rost abgebräunt hast, darauf. Nimm danach die Brühe, die du aus dem geschwitzten Zwiebeln zugerichtet hast, gieß sie über den Stockfisch und leg gebratenen Stockfisch wieder obendarauf, gieß wieder Brühe darüber und das drei oder viermal. Und wenn du es so zugerichtet hast, so setze es auf glühende Kohlen und laß es rasch einsieden, so wird es gut und wohlgeschmack. Und so dämpft man Stockfisch ein. *Erbsenbrühe wurde oft zum Fisch hinzugegeben, um die Säfte zu temperieren.*

Von Krebsen

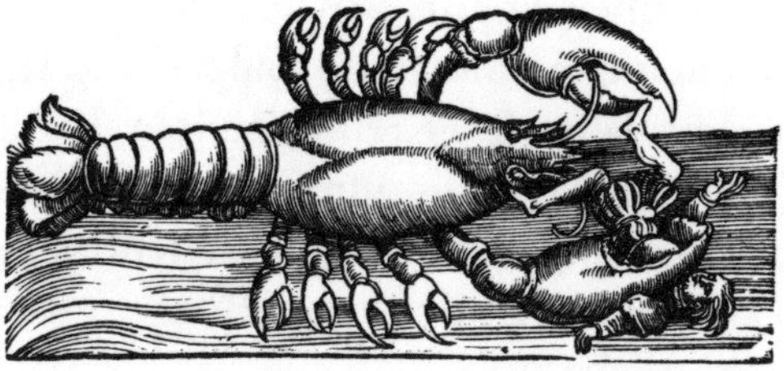

Krebse, in zahlreichen Flüssen beheimatet, kamen im Mittelalter oft auf die Tische des Adels, der Klöster und der Bürger. Man sah in Cancer oder Ecrevisse einen Fisch, bedeckt mit harten Schalen, acht Füßen und zwei Scheren, einem runden Leib, spitzem Kopf und einem dicken Schwanz von fünf Gliedern, womit er sich im Schwimmen und Gehen forthilft und mit gleicher Geschwindigkeit vor und hinter sich geht. Sie wurden sowohl in Strömen und Bächen, als auch in Seen und Teichen gefangen, entweder in Reusen oder man ergriff sie mit der Hand und zog sie aus den Löchern am Ufer und unter den Wurzeln der Bäume hervor. Des Nachts, besonders bei Donnerwetter, gingen und gehen die Krebse in den Landseen und Flüssen sehr nach dem Ufer zu, wo sie von den Fischern mit brennenden Kienspanen gesehen und mit der Hand ergriffen wurden. Ihre beste Zeit, in der sie wohlschmeckend sind, sind die Monate Mai, Juni, Juli und August, also die Monate, in denen kein R zu finden ist. Was ihr Fleisch anbelangt, galten die Seekrebse als sehr unverdaulich. Die Bachkrebse aber behielten unter den übrigen den Vorzug, weil sie wohlschmeckend und gesund sind. Sie reinigen und versüßen das Geblüt. Krebse empfahl man auch bei Nierenleiden, allerdings ohne Essig und mit wenig Salz zubereitet. In der Arznei war die Krebsbutter noch im 18. Jahrhundert, ingleichen die Krebssalbe bekannt, die innerlich für alles Weh oder geronnenes Geblüte, von Verwundung, Verbrechen oder Fallen, äußerlich für Brandverletzungen, es sei von Feuer oder brühendem Wasser usw., desgleichen für fressende Schäden, auch für wütendes Hauptweh, an die Schläfe gestrichen, vortrefflich diente. Die Krebsaugen, welche ihm als kleine schwarze Küglein vor dem Kopf stehen, ein halbes Quentchen (ca. 2 Gramm) in warmem Bier oder Wein eingenommen, sollten eine gelinde Abführung geben. Lebendige Krebse zerstoßen, zwischen zwei Tüchlein aufgelegt, sollten die entzündeten und geschwollenen Brüste der Weiber heilen und, über den Kopf geschlagen, das Hauptweh stillen.

Die Eingeweide wurden herausgenommen und man empfahl schon im 15. Jahrhundert sie wegzuwerfen. Ein besonderes „Krebsessen“ kurioser bzw. makaberer Natur ist für Erfurt aus dem frühen 16. Jahrhundert verbürgt. Als man den dortigen Bürgermeister aufs Schafott brachte, schworen seine Anhänger Rache. Sie nahmen den Toten vom Galgen und legten den Leichnam in ein Faß, welches sie mit lebenden Krebsen füllten. Die Tiere nagten ihn ab und mästeten sich. Die Rächer luden unterdessen die Ankläger und Mörder zu einem festlichen Essen und servierten, vielleicht gebacken oder gefüllt, eben jene Krebse, die noch vorher den toten Bürgermeister verspeist hatten. Rache kann süß und köstlich sein ...
Die einfachste Form Krebse zuzubereiten war und ist wohl noch heute, sie in Salzwasser oder in gesalzenem Wasser mit einem Stück Butter, etwas Semmel und Bier oder mit Pfeffer und Kümmel zu sieden. Auch sind Pasteten, Würste, Muse, Torten, Torteletten und Suppen verbürgt.

213. Krebspfeffer

Nimm Krebse, siede und schäle sie, bis die Hälse bloß sind und die Schalen davonkommen. Danach nimm rohe Krebse, nimm sie bis zu den Augen aus und wirf das Schlechte davon. Zerstoße sie dann in einem Mörser und streich sie durch ein Tuch oder durch ein Sieb mit Wein oder mit Essig. Würze sie und mach einen Pfeffer für die geschälten Krebse.

214. Ein trefflich Krebsgericht

Zieh den Krebsen die Därme aus, die sie am Schwanz haben und nimm ihnen das Bittere im Haupt (den Magen). Dann stoße eine Anzahl Krebse im Mörser und wenn sie zerstoßen sind, gieß Milch darauf und presse es durch ein Sieb, dann gieß es in einen Kessel oder einen Topf, setze es zum Feuer und laß es etwas einkochen, doch daß es nicht anbrenne. Dann schütte die Masse auf ein reines Tuch, wirf kleine Rosinen hinein, mische das fein untereinander, so daß es sich hart zusammendrückt. Schneide es in breite Stücken. Mache einen braunen Sud von Pfefferkuchen und Wein darauf, und würze es ab mit allerlei Würze. Lege diese vorgenannten Stücke darein und laß das gut aufsieden und koste es. Mache ihm einen lieblichen Geschmack und gib es hin.

215. Taschenkrebse gefüllt

Zuerst nimm die Taschenkrebse und koche sie gar. Mache das Fleisch heraus (es müssen aber große Taschenkrebse sein) und salze sie ebenmäßig, wenn sie noch ganz sind. Wenn das Fleisch dann ausgemacht ist, so hacke es klein und mache ein Rührei oder einen Eierkuchen, das ist gleichviel, und tue Petersilie und Zwiebeln, Pfeffer und Muskatnuß daran, es muß aber zuerst gar braten. Gib dann die Eier dazu, mache sie gar, tue es zu dem Fleisch und hacke es durcheinander. Tue ein wenig Butter in eine Pfanne und laß sie gelbbraun werden. Gib dann die Taschenkrebse darein und laß sie schwitzen. Gib ein wenig Schuest (Brühe) dazu, daß es aber nicht zu dünn wird, gieß es denn in die Schale und setze sie auf einen Rost. Tue ein wenig Butter darauf und halte eine glühende Schaufel darauf, laß sie ein wenig braten, hernach so richte sie an und lege die Scheren umher, garniere es mit grüner Petersilie, so ist es fertig.

Dieses Rezept wurde schon in der zweiten Hälfte des 15. Jahrhunderts gekocht. Bruder Küchenmeister vom Leipziger Dominikanerkloster warnt indessen: Man soll sich aber an diesem Gericht nicht überessen, weil es sehr schwer zu verdauen ist.

Crabben / Cancer.

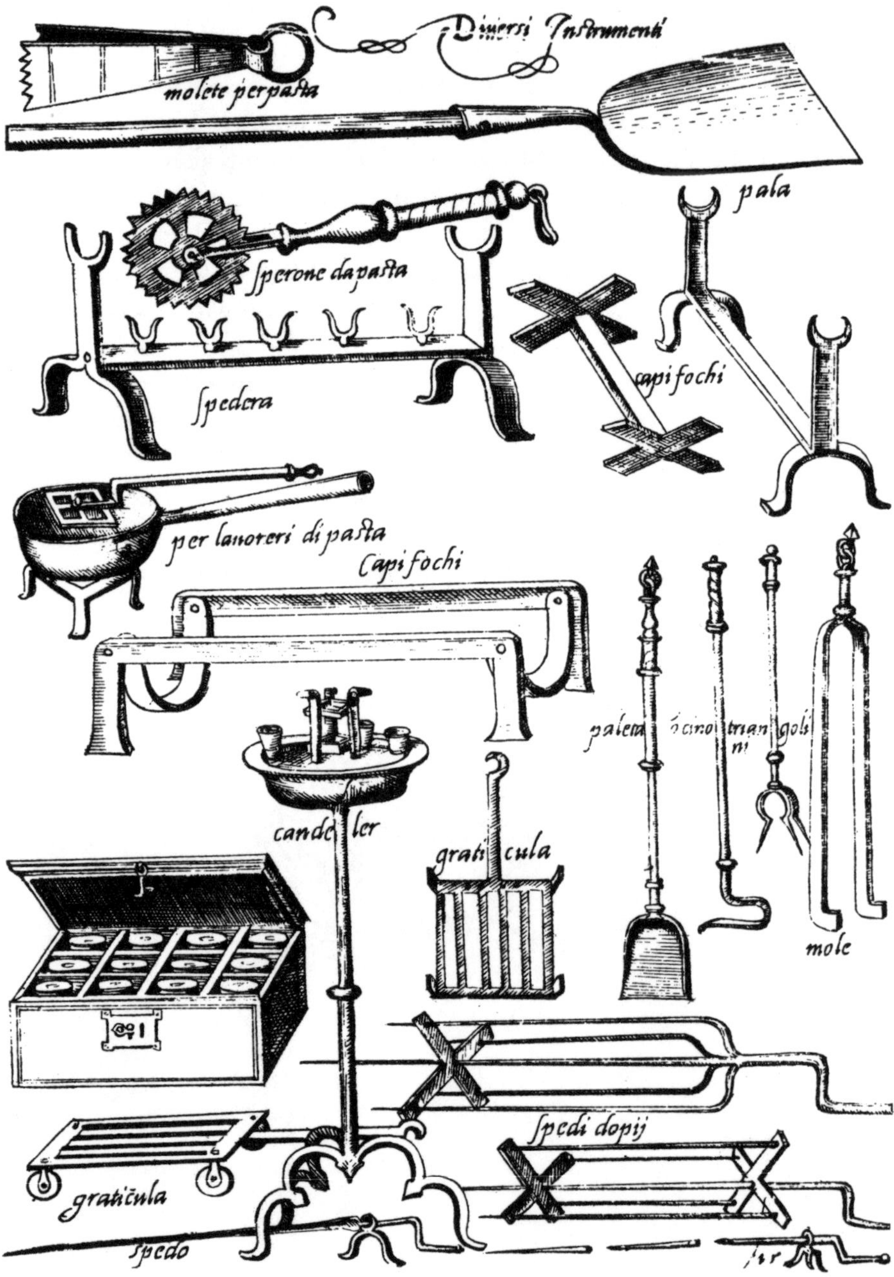
Diuersi Instrumenti
molete per pasta
pala
sperone da pasta
spedera
capi fochi
per lauoreri di pasta
Capi fochi
paleta
triangoli
mole
candeler
graticula
spedi dopij
graticula
spedo

Allerlei andere Wassertiere

216. Schildpatten

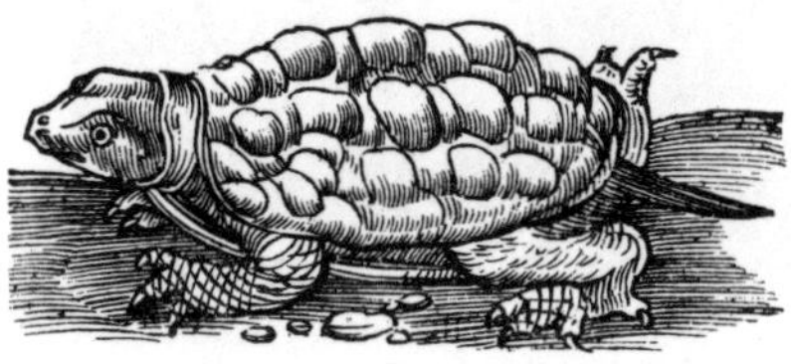

Man siedet sie drei oder vier Stunden in Wasser und bricht sie danach aus. Den Kopf, Schwanz und Eingeweide wirft man weg. Man schneidet die obere Haut samt den Klauen ab, das übrige brät man in Butter, machts ab mit Pfeffer und Petersilie und legt, wenn man sie zum Tisch geben will, geröstetes Weißbrot herum. *Um die Schildkröten aus ihren Panzern zu bekommen, legte man ihnen eine heiße Kohle darauf. Streckte die Schildkröte dann ihren Kopf hervor, spießte man ihn kurzerhand mit einer Gabel fest und schnitt ihn ab.*

217. Von großen Schnecken

Man siedet sie eine Viertelstunde in Wasser. Danach zieht man sie aus den Häusern, wirft die Schwänze weg, wäscht die Häuser rein aus, auch die Schnecken, vier oder fünfmal mit Salz, danach mit Wasser rein aus, so daß die Schleimigkeit vergeht. Hackt Petersilie, vermischt sie mit Pfeffer, Butter und tut ein wenig davon in ein jegliches Schneckenhäuslein, legt die Schnecken ganz oder in Stücken zerschnitten darauf, macht die Häuslein oben mit Butter zu, setzt sie dann auf Kohlen und macht sie gar. Danach setzt man sie in einer Schüssel mit Salz zu Tisch.

218. Von Fröschen

Die Frösche, die in den Wassern sind, sind allein gut zu essen, die anderen aber taugen nichts. Von den Hintervierteln muß man die Haut abziehen. Man verwellt sie in Wasser, bemehlt und bäckt sie in zerschmolzener Butter, träuft Pomeranzensaft darüber, besprengt sie mit Salz und Pfeffer und gibts zu Tisch.
Oder man verwellt und schneidet sie klein, tut sie in einen Topf mit Wein, macht sie ab mit in Würfeln geschnittenen Äpfeln, kleinen Rosinen, zerstoßenem Pfeffer, Ingwer und Butter und läßt sie gar werden.

219. Von Austern

Wenn sie roh sind, so sind sie gesund zu essen, wenn man sie wie die anderen Fische gut salzt.
1. Wenn sie aufgemacht sind, bricht man vorne den Bart ab und macht sie unten mit einem Messer los, gibt sie roh mit Pfeffer zum Tisch.
2. Man bricht sie aus, tut so große Butter wie eine Bohne darein, brät sie auf einem Rost, bestreut sie mit Pfeffer, wendet sie einmal um, legt sie auf einen Teller in ein Silber und gibts zu Tisch.
3. Man nimmt die Austern aus den Schalen und tut sie in ein Silber, gibt darauf roten Wein, Ingwer, Pfeffer, Muskat und zerschnittene Pomeranzen, setzt sie auf Kohlen, läßt sie gar werden und gibt sie mit dem Silber oder den Austernschalen zu Tisch.

Vom Biber, Fischotter und Seehund

Biber und Fischotter zählte man im Mittelalter und noch bis ins 18. Jahrhundert hinein zu den Fischen, weshalb sie als Fastenspeise galten. Als besondere Delikatesse galt der Biberschwanz, der allerdings nicht so weich gekocht werden konnte wie ein Fisch. Im *Neuen Kochbuch für bürgerliche Haushaltungen* aus dem Jahr 1796 wird seine Zubereitung noch wie folgt beschrieben: Er ist auf keine andere Art besser als gebraten. Hat man Zeit, ihn über Nacht mit Salz, Nelken und Pfeffer einzureiben und Essig nebst Zitronen und Lorbeerlaub darüber zu tun, so ist er gut.
Im Gegenteil aber wird er ebenfalls wohl eingerieben, mit einem Butterpapier umbunden und langsam gebraten. In die Bratpfanne kommt: Rosmarin, ein paar Lorbeerblätter, Zitronenscheiben, ganze Nelken, eine ganze Zwiebel, ein wenig Butter, Essig und etwas Fleischbrühe, womit man den Fischotter so fleißig als möglich begießt.

Der Kopf muß abgeschnitten werden, weil er häßlich aussieht. Wenn er nun gebraten ist, wird eine Hand voll Brotbrosamen mit ein wenig Mehl vermischt, in einem Stückchen Butter braun geröstet, eine kleingeschnittene Zwiebel darin abgedämpft, die Soße aus der Bratpfanne durch einen Schaumlöffel an das Brot gegossen und noch ein wenig auf Kohlen aufgekocht. Würde die Soße zu dick, so schüttet man noch ein wenig Fleischbrühe daran. Wäre sie aber nicht schmackhaft genug, so wird ihr mit Zitronensaft geholfen. Wenn der Fischotter angerichtet ist, wird die Soße besonders dazu aufgesetzt und auch Senf dazu gegeben.

220. Biberschwanz

Nimm den Biberschwanz und die Klauen und brühe ihn, bis die Oberhaut herabgeht. So nimm ihn und tu die Haut weg und leg ihn wieder ins Wasser und siede ihn ungefähr drei Stunden, bis er weiß wird. Und wenn er die zweite Haut läßt, so zieh sie ihm ab und mach ihn sauber und tu ihn in eine Pfanne und gieß guten Wein daran und laß ihn sieden, bis er so weich wird wie ein Mus. Während er kocht, gib Safran, Pfeffer, Ingwer, Zimt, ein wenig Nelken und ein Tröpflein Essig daran und richte ihn mit Brühe und Fischen an.

221. Otter braun gekocht

Nimm den Otter, schneide ihn in Stücke wie anderes Fleisch, wasch es ab und mache es in heißem Wasser steif. Nimm es nun heraus und trockne es ab. Ziehe ein wenig großen Speck dadurch, bestreue es mit Mehl und mach es dann in Butter braun, gieß Wasser darauf und laß es kochen. Wenn es zu einem großen Teil gar ist, so tue braunes Mehl, Muskatblume, Pfeffer, Thymian, Nelken und Salz daran und laß es zusammen durchkochen. So ist es fertig.

Zwar stammt dieses Gericht nicht aus dem Mittelalter, dürfte aber schon damals so oder ähnlich zubereitet worden sein, weshalb wir hier ein Rezept von Hans Schupp, dem schleswig-holsteinischen Meisterkoch verwenden.

222. Vom Seehund

Wenn er gebraten ist, soll man ihn nicht anders als mit seinem eigenen Feist begießen und mit Salz zum Tisch geben.

Von köstlichen Pasteten

Pasteten galten als vortreffliche, herrliche Essen. Bereits die mittelalterlichen Köche gestalteten aus Teig (Pastetenhafen), gefüllt mit unterschiedlichem Fleisch, Spanferkel, Wildpret, Kuheutern, Innereien, Fischen, Krebsen, Vögeln, Eiern, Käse, Weinbeeren, Feigen oder Morcheln und mit allerlei Gewürzen verfeinert die herrlichsten Formen, verziert mit Bändern und Mustern. Man konnte Pasteten auch ohne Teigummantelung nur in irdenen oder kupfernen Gefäßen, in sogenannten Pastetenwännchen oder Pastetentiegeln, Pfannen bzw. Backformen mit Füßen, im Ofen backen. Es wurde empfohlen, öfters in den Backofen zu schauen und wenn Rauch entsteht, so Meister Hannsen, brennt sie an. Der Teig war und ist für eine Pastete „lebensnotwendig".

Die mittelalterlichen Zubereitungen des Teigs mit Wasser und Mehl nehmen sich mit denen eines Frantz de Rontzier noch eher bescheiden aus. Dieser gibt uns in seinem Rezept für Kuheuterpastete folgende Ratschläge: „Nimm schönes Mehl (Weizenmehl) und drei oder vier Eier, auch frische unzerlassene Butter, ein wenig Salz und tu es unter das Mehl ..."

Ein von Conrad Hagger stammendes Rezept für einen Pastetenteig fügen wir unter Nr. 235 an. Besonders wichtig ist das Löchlein im Deckel (man kann auch die Form eines Schornsteins kneten), daß der Brodem entweichen kann. Das darf man bei keiner Pastete vergessen, sonst platzen sie, wenn sie fest verschlossen werden, es sei denn, man macht einen Deckel aus Eierpfannkuchen, der sich leicht selbst heben kann. Das Hineinstechen in den Deckel einer Pastete nannte man „eine Pastete lüften". Man gab diese herrlichen Speisen kalt oder warm zur Tafel. Eine Nebenform stellte die verkehrte Pastete oder *Grisette* dar. So nannte man verkehrt ausgesetzte Pastete, d. h. die Pastete wurde zum Servieren auf eine Platte gestürzt.

Mehr als kurios ist eine Bemerkung der Köchin Anna Wecker in ihrem 1598 erschienenen Kochbuch, die bei ihrer Schneckenpastete folgenden Hinweis gibt: „Es ist nicht viel nützliches an den Schnecken. Sie dienen am meisten den Buhlern (geilen „Böcken"), deswegen sollen junge Leute nicht allzuviel von ihnen essen, es kann sonst großer Schaden daraus erwachsen, wovon ich viele Exempel weiß."

223. Eine Pastete

Willst du eine Pastete von Fischen machen, so schuppe die Fische und ziehe ihnen die Haut ab, wenn sie aufgekocht sind. Hau sie in kleine Stücke, hacke Petersilie und Salbei darein und gib Pfeffer, Ingwer, Zimt und Safran dazu, temperiere (vermische) alles mit Wein. Und mache einen dünnen derben Teig und tu die Fische darein und gieß den Wein darauf und decke es mit einem dünnen Teig ab. Mache es um und um ganz zu und brich oben ein Loch hinein, lege einen kleinen Deckel von Teig darauf und laß es backen. So kann man auch Hühner, Fleisch, Wildpret, Aale oder Vögel machen.

224. Pastete

Eine Pastete: Nimm einen festen, gut gewellten Teig von Eiern oder sonstigem. Und mach einen hohen Scherben (Napf) daraus, eine Hand hoch oder wie hoch du willst. Und nimm eine junge Taube oder ein junges Huhn oder was du willst an Fleisch oder mach es in der Größe wie einen Hafenbraten (Topfbraten). Und hack Speck darein und würze es und färbe es, wenn es noch roh ist. Und tu es in die Teigform (den Scherben) und verschließe es mit einem Eierblatt (Eierkuchen) oder einem anderen Teigblatt, so daß kein Dampf oder sonst etwas entweichen kann und back es in einem Ofen. Man kann auch eine gute Fleischbrühe oder guten Wein oder Schmalz hineingeben.

225. Heiße Wildpretpastete

Von Hirsch oder Reh. Wenn die Pastete aus Roggenmehl gemacht ist, so nimm das Wildpret und brate es auf dem Rost, schneide zwei Kerben hinein und wasche es in drei- oder viermal erneuertem Wasser. Nun nimm frisches Ochsenfleisch, das hack gar klein, ein wenig Speck darunter und eine Hand voll Majoran, salze und würze es mit Ingwer, Pfeffer und anderes Gewürz durcheinander, benetze es ein wenig mit Essig, schau, daß kein Bein (Knochen) in der Pastete ist und vermenge es mit dem Wildpretfleisch (bevor es in die Pastete gegeben wird). Du kannst auch Limonensaft statt des Essigs nehmen. Laß die Pastete drei Stunden backen. Gib es warm.

226. Pastete auf Welsche Art

Knete Weizenmehl zu einem harten, festen Teig. Mache einen Teighafen (forme eine Pastete) daraus und gib sie in einen glasierten Scherben (hier eine Art Backform). Tu warme Butter dazwischen und gib eine Füllung von Eiern, Hühnerbrühe, Milch oder Wein, Gewürze, Salz, gehackte Petersilie dazu, tu auch gebratene Hühner und Vögel darein, desgleichen Fleisch, Birnen oder dürre (getrocknete) Würste, alles gebraten oder gesotten. Jetzt setzt du die Backform mit der Pastete zu einer Glut ohne Rauch, je länger, je näher. Gieß ein wenig Butter in die Backform, damit der Teig nicht anbrennt. Wenn die Füllung bäckt, wende die Form oft um, daß er gleiche Hitze hat. Gieß einen halben Löffel Butter daran, so hat sie mäßige Feuchte. Stich mit einem Hölzlein bis an den Boden, daß die heiße Butter zum Grund gehen kann, so wird

die Füllung vom Geschmack desto intensiver. Danach nimm es vom Feuer. Wenn die Butter eingesunken ist, so hebe den Teighafen (Pastete) aus in eine Schüssel und trage die Pastete vor.
Wenn du den Scherben ansetzt, bedecke ihn mit einer warmen Pfanne, die so weit ist, daß sie den Scherben und den Teighafen überdeckt oder mach ein Blatt von Teig, aus welchem der Hafen gemacht ist und decks drüber oder zwecke es auf ein Brett, wo es nicht zerfallen kann und lug (schau) dazu, wie sich die Füllung setzt und achte darauf, daß der Teighafen nicht anbrennt!

227. Fischpastete nach Welscher Manier

Nimm Hechte, Karpfen, zieh ihnen die Schuppen ab und lies die Gräten heraus. Hacke sie klein und würze sie ab mit allerlei Spezerei, wie Nelken, Muskatblumen, kleine Rosinen, Safran, tue daran Baumöl und temperiere es flugs durcheinander. Nimm kleine Vogelspieße, forme aus der Masse fingerdicke Würste, stecke sie auf die Spieße, lege sie gegen das Feuer und laß sie von fern hübsch braten. Wenn sie gebraten sind, nimm sie herab, zieh die Spießlein heraus und zerschneide sie hübsch zu Stücken wie zwei Glieder lang und mache dazu einen harten Teig von trockenem Mehl und Wasser, daß er ganz hart wird. Danach forme den Teig zu einem Topf und schütt unten auf denselben Teig kleine Rosinen und Majoran und lege darauf eine Schicht der Würste. Danach wieder kleine Rosinen und Majoran, Pfeffer in Maßen, Nelken, Zimt, Muskat, Muskatblume, Ingwer und wieder von den Würsten drauf, solange, bis die Pastetenform (der Teig) voll ist. Wenn sie voll ist, tue auch zu oberst das Gewürz drauf, wie du unten getan hast, und den Majoran. Dann gieß Baumöl und Rosenwasser, Majoranwasser und anderes kräftiges Wasser mehr daran und setze einen Deckel aus Teig darüber. Vermache das fest um die Ränder, daß es nicht aufreißt und mach mitten in den Deckel noch ein Loch wie eine Haselnuß groß, daß der Brodem heraus kann und schieb die Pastete in einen warmen Ofen, der nicht allzu heiß ist. Laß das so eine Stunde backen und dann gibs hin in Gottes Namen. Dergleichen Pasteten kann man auch von grünem Aal, Hausen, Stör, Biberschwänzen, Lachsen, Krebsen und andern Fischen machen.

228. Eine Pastete von Rebhühnern oder Haselhühnern oder zahmen Hühnern oder großen und kleinen Vögeln oder wilden Entvögeln und Gänsen oder Kälberbrüsten, wie es dir am besten gefällt. Das ist ein köstliches Gericht.

Zuerst nimm die Rebhühner, Enten oder sonstige Vögel, brate sie zur Hälfte ab und schneide sie in kleine Stücken. Nun nimm Weizen- oder Roggenmehl und mache davon einen harten Teig mit Wasser. Denselben höhle aus, wie ein Reibetöpflein tief, und wenn du ihn hübsch hohl gemacht hast, so nimm Rindermark, zerschneide es fein klein und streue es in diesen Teig. Schütte dazu Majoran, Rosmarin und andere gute Kräuter und lege darauf, was du haben willst von diesen genannten Geflügeln, so daß der Boden gleich bedeckt wird. Schütte Pfeffer, Nelken, Muskat, Muskatblume, Ingwer und große und kleine Rosinen darauf. Wenn du willst, kannst du auch kleine geschnittene Mandeln beischütten. Streue darauf die vorgenannten Kräuter und lege wieder eine Schicht des zerschnittenen Geflügels darauf, danach wieder die genannte Würze, solange, bis der Teig voll ist. Nun mache einen Deckel aus Teig darüber, lege ihn oben darauf, mache ihn fest und oben in der Mitte ein kleines Löchlein hinein und setze es auf eine Schüssel, womit man Brot in den Ofen schiebt und schieb es in einen heißen Ofen, der aber nicht allzu heiß ist. Dadrin laß es fein langsam backen. Wenn nun eine halbe Stunde bis zur Hälfte gebacken ist (15 Minuten), so nimm es heraus, gieße Rosenwasser durch das Löchlein hinein, setze es wieder in den Ofen und laß die Pastete noch eine Weile drinnen stehen. Willst du sie nun aufgeben, so schneide den obersten Deckel rings herum hübsch auf und laß den Deckel darauf liegen. Dann schicke es zu Tisch und du wirst große Ehre davon haben.

229. Pastete von einer Zunge

Wenn die Zunge fast gar gesotten ist, so ziehe ihr die Haut ab, zerschneide sie zu runden Schnitten, einen guten Finger dick, spicke sie mit Zimt und Nelken. Nimm das Feiste von einer Niere (Nierentalg), das schneid oder hack zu kleinen Grieben. Die vermenge danach mit guten Gewürzen, Pfeffer, Nelken, auch süße Gewürze und wenig Salz. Lege etwas davon auf den Boden der Pastetenform, lege danach eine Schicht von der Zunge darüber, sprenge aber von dem Feisten darauf, wieder eine Schicht von der übrigen Zunge und nochmals das Feiste. Mach den Deckel über die Pastete, schieb sie in den Ofen und laß sie eine Stunde backen. Unterdessen mache ein schwaches, aber feines Pfefferlein (Pfeffertunke) mit allerhand Gewürzen, Zucker und was oben bereits genannt wurde, dazu ein wenig Essig. Nimm nun die Pastete aus dem Ofen, mache an einer Stelle inwendig an dem Deckel ein kleines Löchlein, wie bereits gelehrt, laß das Fett heraus und gib davon etwas an den Pfeffer, laß dies zusammen kochen und gieße nun alles in die Pastete zurück. Verschließe sie gut und schiebe sie wiederum in den Ofen, nicht lange, vielleicht eine halbe Stunde. Trage sie auf, sie ist köstlich, wenn du sie richtig gemacht hast.

230. Französische Pastete von Kalbfleisch

Der Teig wird aus Wasser, Salz und Weizenmehl, ziemlich wohl und hart gearbeitet. Man treibt ihn aus mit einem Drieffholz (Walgerholz, Teigwalze), läßt ihn einen halben Finger dick, belegt ihn mit kleinen Stücklein ungeschmelzter Butter, schlägt ihn zuhauf und treibt ihn wieder mit der Teigwalze aus. Das tut man drei- oder viermal. Danach arbeitet man ihn mit den Händen rund, richtet ihn auf und macht noch einen Topf von Eierteig darein. Nun füllt man das Fleisch hinein. Man macht einen Deckel von demselben Teig darauf, stüpft sie klein mit einem Pinsel mit Eier oder Wasser. Man kann große oder kleine Pasteten daraus machen. Man bestreicht sie mit Butter, wenn man sie zum Tisch tragen will. Das Fleisch wird auf folgende Weise abgemacht: Man hackt das Kälberfleisch klein mit Rinderunschlitt, vermischt es mit aufgewelltem Knoblauch, Muskatblumen und ein wenig rotem Wein.

231. Gänsepastete

Man brät sie an und spickt die Gänse, bestreut sie mit Salz, Pfeffer, Ingwer und Nelken, bestreicht sie mit Schaum, schlägt sie in groben Teig und setzt sie drei Stunden in den Ofen.

232. Wie man abgezogene Vogelfedern wieder in Gestalt lebendiger Vögel anmachen und auf die Pasteten setzen soll

Man füllt das abgezogene Fell mit Baumwolle oder Heede (Abfallfasern der Flachs- oder Hanfgewinnung), näht es wieder zu, läßt den Kopf, Fittige und Füße daran sitzen, sperrt die Fittige mit Eisen oder Kupferdraht voneinander oder zusammen, vergoldet oder versilbert die Füße, Fittige und Schnäbel.

Danach befestigt man die Füße mit Draht an die Pastete. Wenn sie aufgeschnitten sind, sticht man ihnen in die Schnäbel vergoldete Äpfel, Blumen oder Wachs oder man sperrt ihnen die Hälse mit hölzernen Stecken auf und belegt sie mit Gold.

234. Pastete von Quitten

Man schneidet die Körner aus den Quitten und siedet sie in Wasser, läßt sie wieder kalt werden und besteckt sie mit Nelken, legt sie in einen Topf, legt Ochsen- oder Hirschmark darauf, bestreut sie mit Zucker und Zimt und läßt sie im Ofen zwei Stunden backen. Danach siedet man Wein mit Zucker auf und gibt ihn durch einen Trichter darein.

235. Von dem besten mürben, englischen Teig

Der gute englische, mürbe Pastetenteig wird so gemacht: Nimm dritthalb (zweiundeinhalb) Pfund des besten Mehls, 1 Pfund Butter und 4 bis 6 Eierdotter, auch Salz nach Gutdünken, mach mit der Hand eine Grube in die Mitte und schneide oder brocke die Butter, die auch nicht gar zu hart oder weich sein darf, samt dem Eierdotter in die Mitte, auch soviel frisches Wasser, daß du damit den Teig ziemlich fest zusammenwirken kannst. Gleich nach dem Guß wird die Butter, der Dotter und das Wasser mit der Hand ein wenig untereinander gerührt, damit es nicht etwa auf einer Seite aufbreche und zugleich auch mit völliger Stärke der ganze Teig untereinander gemischt und gearbeitet, daß er schön fest und glatt wird, so ist er fertig. Es ist dabei zu beobachten, daß dieser Teig jederzeit soviel als möglich an einem temperierten Ort, wo es nicht gar zu kalt oder zu warm ist, gemacht wird, sonst wird auch der Teig zu hart oder zu weich und es fallen hernach die Pasteten ein. Von diesem Teig mache ich (Conrad Hagger) fast alle meine Pasteten. Zu merken ist, wenn du von diesem Teig aufgesetzte Torten oder Pasteten machen willst, so wird nur ein halbes oder dreiviertel Pfund Butter dareingenommen, alsdann wird er weniger sinkend.

Der erste will auf die Reise
und will sein Ei hart gekocht.
Der zweite sagt: Mein Lieber,
brat mir mein Ei klar.
Der dritte will den Dotter weich,
sonst versetzt er ihm einen Schlag.
Der vierte will nicht hineinstechen -
er macht einen Guglhupf.
Das scheint dem fünften nichts zu taugen,
er schlägt seins in den Ofen.
Der sechste will seins in Fett gebacken,
darüber streut er Salz.
Der siebte will von Eiern in Butter
nicht ablassen.
Das will dem achten gefallen:
er schlägt Eier über Grieben.
Der neunte sagt dann:
reich mir eine Pfanne
und verrühr es mir darin.
(Dazu gehöre ich auch!)
Der zehnte ist so kühn,
Pfannküchlein zu verlangen.
Der elfte ist so brav
und schlägt sie in die Milch.
Der zwölfte hat sich
verlorene Eier auserwählt.
Der dreizehnte will bestimmt
Petersilie und Essig,
da hinein gibt er seine Eier.
Der vierzehnte will ein Süppchen:
Er hat Kopfschmerzen
und hofft, daß sie davon vergehn.

(Die Gedichte des Königs vom Odenwald)

Mancherlei Eierspeisen

Frische, weichgesottene Eier galten als nützliche Speise bei Gebrechen der Nieren, allerdings sollte man harte Eier vermeiden. Die welschen Ärzte verordneten, die Eier vor dem Kochen etliche Stunden mit den Schalen in gutem scharfen Essig zu beizen. Rühreier und Spiegeleier (Spiegelkuchen) sind allbekannt und dürften ihren Ursprung ebenfalls im Mittelalter haben. Die Hühnereier vergangener Jahrhunderte waren etwas kleiner als die heutigen, dürften aber wegen ihrer natürlichen Zucht und besonders wegen des natürlichen Futters deutlich besser im Geschmack gewesen sein als die Eier aus einer „Hühnerfarm".

236. Gefülltes Ei am Spieß

Willst du ein gefülltes Ei machen, so brich das Ei an zwei Stellen auf und blase so in das Ei, daß das Eiweiß und der Dotter herausfahren. Nun nimm ein anderes Ei und koche es hart, hacke das harte Ei klein, gib Petersilie und Gewürze hinzu und stoß diese Masse in die ausgeblasene Eierschale. Nun stoße ein Spießlein durch das Ei (zwischen die aufgebrochenen Stellen) und brate es auf einem Rost.

237. Von einem abenteuerlichen Ei, vergiß das nicht!

Nimm zwei Schweinsblasen, eine soll größer sein als die andere und reinige sie mit Wasser. Nimm dann Eier und scheide sie schön voneinander (trenne Eiweiß und Eidotter). Nimm die kleine Blase und damit sie voll werde, tu den Dotter darein und siede ihn hart. Nimm dann die andere Blase und tu die kleine mit dem hartgekochten Dotter darein. Nimm dann das Weiße und tue es auch in die Blase hinein, und schneide ein Loch in die kleine Blase und entferne die Blase von den Dottern, so daß er in die Blase hineinkann. Nähe die große Blase wieder zu, und klopfe das Weiße zusammen. Nimm einen Trichter und stoße ihn oben in das Loch und gieß das Weiße oben auf die Dotter, so daß die Blase voll wird. Und binde sie dann zu und tu sie in einen Hafen und laß sie abermals sieden (so daß auch das Eiweiß hart wird). So wird daraus das große Ei, und gibs dann hin zu essen.

238. Morcheln, mit Eier zu füllen

Mach die Füllung, wie man eine Apfelfüllung macht oder gestürzte Eier und stürze je zwei Morcheln übereinander, beide Teile gefüllt und mit einem rohen Ei an den Rändern verklebt, daß es zusammenbleibt. Stoß sie an ein Spießlein, beträufs mit Butter und brat es sittlich (vorsichtig) auf einem Rost.

239. Kroßeier

Brich Eier vorsichtig und nur ein wenig an der Spitze auf, tu Gewürz und Salz, Zimt, Muskatblumen oder Muskat darein, rühr es mit einem Hölzlein gut untereinander und mach das Löchlein oben mit Eierklar zu. Du kannst sie in Butter braten oder in heißer Asche.

240. Eier in der Pfanne

Nimm Eier, die hart gesotten und sauber geschält sind, schneide sie viertelweise oder rund oder in dünne Scheiben. Nimm Butter in eine Pfanne, mach sie heiß und wirf die harten Eier darein. Röst sie gut in der Butter und versalze sie nicht, tu sauren Senf, der mit Essig angemacht ist, darein, wirf es zwei oder dreimal mit dem Senf in der Pfanne um. Gibs warm auf den Tisch, so ist es gut und wohlgeschmack.

241. Verlorene Eier

Man schlägt die Eier ganz aus den Schalen in heißes Wasser, nimmt sie wieder heraus und macht sie ab. Man macht eine süße oder saure Brühe von Wein darüber oder 4 oder 5 Eierdotter oder man gibt Sauerampfersaft mit zerschmolzener Butter darauf.

242. Eierpfantzel

Nimm Eier, schlag sie auf und salze sie, tu ein wenig Mehl darunter und streichs durch ein härenes Tuch, so wird es fein glatt. Tu Butter in eine saubere Pfanne, mach sie warm, gieß Eier darein und mach Pfannkuchen, die dünn sind wie ein Papier. Halt sie gegen das Feuer, daß sie hinten und vorn backen, stürze sie um auf ein Brett und laß sie nicht zu braun, sondern fein weiß werden. Mach zehn oder zwölf Pfannkuchen, laß sie kalt werden, lege sie übereinander und schneid sie fein klein. Tu sie in einen Fischkessel und tu kleine schwarze Rosinen, die sauber ausgewaschen sind, darunter, gieß gesottene Milch und frische, zerlassene Butter darüber, auch ein wenig eingebranntes Mehl. Laß damit ein Sud auftun, daß eine kurze Brühe entsteht, gibs warm auf einen Tisch, so ist es gut und wohlgeschmack. Wenn du keine Milch hast, so nimm Erbsenbrühe dazu und dann nennt man es Eierkraut. Du kannst die Eierpfantzel rösten oder zurichten, wie es dir gefällt.

243. Ein Gänseei anzurichten

Nimm ein Gänseei und schneid die Spitzen ganz hinweg, tu den Dotter samt dem Eiweiß heraus. Nimm danach ein Hühnerei oder wieviel du willst, denen du die Hitze genommen hast, schlags auf in eine Schüssel und zerklopf es gut durcheinander. Laß es durch ein Haartuch laufen, salz es nur ein wenig, daß mans kaum spürt und schütts in die Eierschalen, die du ausgewaschen und ausgeputzt hast. Nimm dazu ein wenig ungeschmolzene Butter, die fein frisch ist, tu sie auch in die Eierschalen, mach ein sauberes, hölzernes Schäuflein, das vorn scharf ist und setz das Ei auf heiße Asche, die weit vom Feuer entfernt ist. Rührs um, so wird es ein feines Eingerührtes. Machs nicht zu hart, so wird es gut und wohlgeschmack. Ist gut einem Gesunden und Kranken, denn was dem Kranken gut ist, ist auch dem Gesunden nicht schädlich.

244. Spiegelkuchen

In eine Pfanne mit zerlassener Butter streut man Rosmarin, danach schlägt man die Eier in die Pfanne und besprengt sie, wenn sie gar sind, mit Salz und Muskatblumen. Oder man gibt ganzen Salbei oder Petersilie darauf oder man bestreut sie mit Zucker und Zimt.

245. Eier mit Senf

Hartgesottene Eier schneidet man einmal oder geviertelt durch, legt sie schichtweise in eine Schüssel, vermischt Butter und Senf und gibt es mit gehackter Petersilie über die Eier und läßt es aufkochen.
Oder man tut unter den Senf und die Butter Majoran und Pfeffer, gibts über die Eier und besprengt sie mit Salz und Pfeffer, wenn man sie zu Tisch gibt.

246. Von Eierkuchen

Eier schlägt man mit Parmesankäse, gibts über einen Eierkuchen, macht unten und oben Feuer und läßt es durchbacken.
Oder man brät durchwachsenen Speck in einer Pfanne, schlägt da Eier drauf und bestreut ihn mit Salz, wenn er gar ist.
Oder man brät mageren Speck mit Zwiebeln und Äpfeln, schlägt Eier darauf und läßt sie durchbacken.
Oder man brät Speck mit Weißbrotscheiben und großen Rosinen, schlägt Eier darein und bäckt sie mit durch.

247. Lachskuchen

Lachs brät man in Butter ein wenig durch, schlägt Eier darüber, läßt sie schön gar werden und besprengt ihn mit Salz und Ingwer, wenn man ihn zu Tisch geben will.
Oder man brät Speck und legt trockenen Lachs, in Striemen geschnitten, einzeln darein, schlägt Eier mit Salz und Pfeffer durch und gibts darüber.

Gebackenes, Torten und Kuchen

Pfannkuchen oder Kräppel wurden vornehmlich zu Fastnacht gegessen. Sehr wahrscheinlich entstammte der Brauch schon germanischer Zeit und hielt sich im Aberglauben des deutschen Volkes bis hinein ins 19. Jahrhundert. Die mittelalterlichen Torten, oft mit recht herzhaften Zutaten gebacken, entsprechen nicht immer der heutigen Vorstellung von einer Torte, die sahnig und süß sein muß. Die Zwiebel- und Möhrenkuchen kommen den Kuchen des späten Mittelalters schon sehr nahe. Daneben haben sich auch Rezepte für Fleischtorten, Krebstorten, Gebackenes von Erbsen und Salbei, Krapfen, gefüllt mit Innereien von Fischen, Hühnern und Wildpret, braune Küchlein, die vergoldet scheinen, Streublein und Krapfen, gefüllt mit Äpfeln und Birnen und vieles mehr erhalten. Die Rezepte für Gebackenes spiegeln die unglaubliche Kreativität der mittelalterlichen Küchenmeister wider und laden förmlich zum Nachbacken ein.

248. Gebackene Röhrlein

Nimm kleine Röhrlein (hohle Pflanzenstengel) und schneide die Knospen davon ab, zieh einen starken Teig darüber, backe sie in viel Schmalz und ziehe dann die Röhrlein wieder heraus, so wird das Gebackene hohl wie eine Pfeife (Flöte) und bestreue sie mit Zucker, wenn du willst.

249. Gebäck in Form eines Knotens

Wer einen Knoten *(strik)* machen will, der bereite einen Teig mit kaltem Wasser und mit vielen Eiern. Den soll man salzen. *Die Form erinnert an unsere Brezeln.*

250. Gebackenes mit Oblaten

Erwelle Feigen und Rosinen und hack sie klein. Machs ab mit Gewürzen und Safran, Salz und vermisch es gut. Nimm eine Oblate und zieh die Feigen darauf. Mach eine andere Oblate darüber, zieh es durch ein Teiglein von weißem Mehl und back sie schön.

251. Gebackenes von Mandeln und Reis

Stoß die Mandeln mit Wasser im Mörser und stoß den Reis trocken und schlage ihn durch ein Sieblein. Laß eine dicke Milch erwallen, seihe das Mehl darein, rührs gut um, mach ein dickes Mus und ein dünnes Teiglein mit warmem Wein, gelbe ihn schön. Schütt das Mus aus auf ein sauberes feuchtes Brett und laß es erkalten. Dann schneide Stücken davon in der Form eines Wecks (dreieckig) oder wie du willst, ziehs durch ein Teiglein und back es.

252. Schnabel, ein fremdes Gebäck

Nimm Weißbrot, schneid die Rinden davon, mach dünne Schnitten, legs auf ein Brett und schneid die Rinden wie Teller. Schneid Äpfel zu halben Vierteln, röst sie danach, hack, salze und würze sie. Welches Gewürz du hast, Pfeffer oder Ingwer, vermisch es mit Safran, hacks durcheinander, schlag wohlgeklopfte Eier darein und knete alles durcheinander. Jetzt streich die

Füllung auf eine Schnitte, deck eine andere darüber, daß die untere die obere beinahe erreiche, verhefte es mit Eierklar, daß sie beieinander bleiben (nicht auseinander fallen) und back sie schön. Wer solche Schnabel von unterschiedlichen Farben haben will, der seihe das Brot vorher durch farbigen Saft (z.B. Veilchen, Petersilie etc.). Aber ohne Farbe kann man es in Weinsuppen oder Pfeffer geben oder in Gallert, Lebersülze, Käsebrühe, wie man will.

253. Fleischtorte

Bereite einen starken Teig mit Milch und Eiern. Mach die Füllung nicht zu stark von Eiern und Wein, Milch oder Hühnerbrühe oder gute Fleischbrühe. Klopf die Eier und Butter drein, salze und würze es, setz den Teig in die Pfanne mit Butter, so daß der Teig einen Querfinger über den Pfannenrand reicht. Tu die Füllung darein, welches Fleisch du auch nehmen willst, mach eine Teigdecke darüber, versieh sie mit einem Rand, gieß Butter darauf. Ist von der Art wie eine Pastete.

254. Ein gutes Essen von Äpfeln

Schäle sie schön, entferne die Apfelgriebsche und teile sie in zwei Teile. Mach eine Füllung von gebratenen Äpfeln, einem harten Ei und Petersilie, gut gehackt und mit einem rohen Ei gut vermischt. Fülle beide Teile der Äpfel und stürz sie übereinander. Stoß einen Zweck (dünnen Nagel) dadurch, daß sie nicht auseinanderfallen, bis sie gebacken sind und gib sie hin. Willst du dieselben braten, so stoß drei oder vier an ein Spießlein, leg sie auf einen Rost, begieß sie mit Butter, wende sie um, bis sie gebraten sind und bespreng sie mit einem gesottenen Honigwein.

255. Ein anderes gutes Essen von Äpfeln

Schneide saure Äpfel scheibenförmig in zwei Teile (längs), füll beide Teile mit gebratenen Äpfeln, Quitten oder Birnen. Reib Weißbrot mit Zucker darunter. Du kannst sie würzen oder nicht. Mach auch ein Gemisch von Honig und gegilbten Wein, zieh die Äpfel dadurch, verzwecke sie und back sie in Butter. Zieh den Zweck oder Faden ab und streu Zucker oder Honig darauf.

256. Thüringer Spießkuchen

Wenn du einen Eierkuchen backen willst, den die Kriegsleute auch Spießkuchen zu nennen pflegen, so nimm guten, süßen Milchrahm oder Sahne und einen oder zwei Eßlöffel voll Hefe. Ist der Spieß groß, so mußt du auch mehr Hefe nehmen, und schütte gut Safran rein, daß es schön gelb wird, gieß auch noch ein wenig Butter drein, und klopfe es gut durcheinander, daß es hübsch schlecht (einfach, schlicht) wird und mache einen Teig daraus, der fein lose ist und dir nicht an den Händen kleben bleibt. Tue kleine Rosinen hinein, schmiere den Spieß mit Butter wie zu einem anderen Eierkuchen, jedoch nicht allzu fett, daß er nicht abfällt. Nimm den Teig und brich Stücken davon und mandle es lang auf einem Brett, tunke die Hände in Mehl, auf daß es dir nicht anklebt. Mache aus dem Teig fünf bis sechs Stücken, je nachdem du Teig hast, und wenn du es um den Spieß winden willst, so klopfe es ein wenig mit der Hand, daß es breit wird und lege es rechten Ortes an den Eierkuchenspieß. Drehe den Spieß immer herum, daß sich der Teig von außen herumwindet wie ein Seilband, und wenn du den Teig ein Stück herumgewunden hast, so klopfe es ein wenig zusammen, daß er breit wird und sich am Spieße zudeckt. Darauf nimm das nächste Stück Teig, lege es an den Spieß und winde es abermals herum, wie das vorige. Das tue solange, bis der Spieß voll wird, schlag es dann vollends gleich fein an, daß es überall gleich wird und nicht am Spieße bleibt oder fortrutscht. Nun nimm einen Faden und binde ihn fein lose damit, lege ihn dann zum Feuer und laß ihn backen, und wenn er halb gebacken ist, so beträufle ihn mit heißer Butter und salze den Teig zuvor in richtigem Maß und besprenge ihn auch gleichwohl am Spieß damit. Und wenn du die Röhren des Spießkuchens abschneidest, so kannst du Butter zerlassen und dieselbe in kleinen Schüsseln, den Eierkuchen dreinzutunken, mit hingeben. NB. Dieses Essen ist ein thüringisches Gericht. Hat Bruder Sebastian Kämpfe oftmals im Kloster St. Veit am Berge (in Oldisleben) gegessen. Dazu gehört eine gute Kirschtunke.

257. Ein Braten von Feigen

Nimm die Feigen, hacke sie klein und stoße sie danach in einem Mörser. Nimm darunter weißes Brot und stoße es gut durcheinander und würze es ab mit allerlei Würze. Nimms wieder heraus und mach es hübsch drei Querfinger dick auf einem Brett lang, stecke das an einen Spieß und verwahre es, daß es nicht herabfällt. Lege es zu einem Feuer, laß es so braten und begieß es mit heißem Baumöl. Sobald das gebraten ist, gib es auf und bestreue es mit Zimt. *Bruder Küchenmeister des Leipziger Dominikanerklosters, dem wir dieses Rezept verdanken, fügt an:* Dieses Stücklein hat der hochwürdige Bischof Johann sehr geliebt, dem es ein frommer Bruder, der aus dem Lande Palästina wiederkehrte, mitgeteilt hat. In Asia essen es die Arabier und Ungläubigen in der Fastenzeit - aber es braucht sich kein frommes christliches Gemüt darüber zu entsetzen.

258. Ein Furzelchen

Willst du ein Furzelchen oder wie man es in Schlesien nennt, ein Knalläffchen backen, so schäle kleine gute Äpfel, schneide sie in zwei Teile oder auch in vier, je nachdem wie groß sie sind. Zerklopfe ein Eiweiß, salze das ein wenig, tue die Äpfel hinein, schütte dazu Weizenmehl und mache die Äpfel wieder gar trocken mit dem Mehl. Tue sie in eine heiße Butter und backe sie, daß sie gut fein knusprig werden, dann richte sie an und bestreue sie mit Zucker.

259. Ein köstlich gebackenes Junkernessen

Wenn es dich nach einem solchen Gebäck gelüstet, so mache einen weißen Teig von Weizenmehl und lauem Salzwasser. Dann nimm eine geschmelzte Butter und mache den Teig fein linde, daß er ganz zähe wird und stets warm bleibt, brich ihn zu Stücken wie Semmeln. Wie du dann den Kuchen haben willst, zerziehe den Teig mit den Händen fein dünne und lege ihn auf eine keulige (runde) hölzerne Schüssel, auf der die Bäcker Brot in den Ofen schieben. Streue Mehl darunter, daß es nicht anklebt, nimm Grütze oder Weißkraut, schneide es fein zottig und brühe es in einem Salzwasser ab. Drücke es nur mit den Händen, daß kein Wasser drinnen bleibt und streue das Kraut auf den gezogenen Teig. Wenn du willst, kannst du auch hübsche, klein geschnittene Käse dazustreuen. Dann bestreue es mit geschmelzter Butter und lege darauf ein anderes Blatt von deinem Teig, streue auf dieses Blatt wieder die genannte Masse und mache so viele Blätter darauf, so dick wie du ihn haben willst. Drücke ihn an den Enden gut zusammen, schieb ihn in einen heißen Ofen und laß ihn backen. Dergleichen Kuchen kannst du auch von Äpfeln, Rosinen, Birnen, allerlei Obst und Kräuterei machen.

260. Willst du eine recht gute Mandeltorte machen

So nimm zuerst ein Pfund Mandeln auf einen Tisch, zerstoße sie gut oder reibe sie und wenn sie wendbar werden, so gieß ein Rosenwasser darein. Wenn sie gerieben sind, so tu es in eine Schüssel und nimm das Weiße von 5 Eiern und einen Milchrahm und Rosenwasser und tu es zu den gestoßenen Mandeln, bis er dünn wird und er fließt, doch nicht zu dünn. Tu es auf ein Bödlein (Tortenboden) und laß ihn in einer Tortenpfanne fein langsam backen. Wenn es gut erstarrt ist, so nimm das Gelb von einem Ei und ein Rosenwasser, rühre es gut und bestreich ihn überall sehr gut und laß ihn gut backen.

261. Pfirsichtorte

So nimm die Pfirsiche und schäle sie. Tu dann die Kerne heraus und mach zwei Teile aus einer Quitte und laß sie sieden. Tu es dann in die Pfirsiche und nimm Zucker, Zimt und eine frische Butter, tu es darein und laß es eine Viertelstunde backen. Nimm dann süßen Wein und Butter, tu es in ein Pfännlein, laß es miteinander sieden, nimm die Brühe und gieß es auf die Torte.

262. Rübentorte

Nimm Rüben und schäle sie. Tu es dann in Wasser und laß es sieden. Stoß es danach in einem Mörser gut klein und tu 6 Eidotter darein, eine frisch zerlassene Butter, Zimt, Ingwer, eine geriebene Semmel und ein wenig Milch. Salz es gut und laß es eine Viertelstunde backen. Streue danach Zucker und Zimt darauf.

263. Willst du eine Torte von Zimtrinde machen

So nimm ein halbes Pfund Mandeln und reib sie in einem Rosenwasser ab. Danach nimm ein halbes Pfund Zucker, 10 Löffel voll des besten Rahms, 2 Lot (etwa 32 Gramm) gestoßene Zimtrinde und ein wenig Rosenwasser. Dies alles misch gut durcheinander und mache ein dünnes Bödelein und tu das oben Beschriebene darauf und back es. Hab acht darauf, wenn er oben hart wird, so hat er genug.

264. Willst du eine Salbeitorte machen

So nimm 2 Büschel Salbei und 2 Büschel Petersilienkraut. Das stoß in einem Mörser zusammen und drücke gut den Saft heraus. Nimm danach ein gutes gestoßenes Pfund Zucker und tu ihn in eine Schüssel. Nimm für einen Kreuzer Ingwer und für einen Pfeffer und ein wenig Salz, alles klein gestoßen. Nimm acht Eier, ein Quärtlein Milch (250 ml) oder etwas mehr, dann nimm den Salbei-Petersilien-Saft, misch alles durcheinander, beschmier die Pfanne mit Butter, mach ein dünnes Bödelein und hab Fleiß mit der Glut. Man muß den Deckel oft aufheben und schauen, daß es nicht verbrennt. Wenig Glut oben und unten.

Breite Salbey.

265. Spinattorte

Nehmt Spinat, überbrüht ihn und hackt ihn und reibt Parmesankäse darunter, ein wenig Pfeffer, kleine Weinbeeren, zergangene Butter darunter, salzt es, backt es und macht eine Torte daraus, wie man pflegt, die Torten mit Decken zu machen.

266. Armer Ritter von Weißbrot

Man schneidet Weißbrot in Scheiben oder rund, legt es in Eier, die mit Muskatblumen durchgeschlagen sind und bäckt sie in Butter. Das Weißbrot wird zuvor in Milch geweicht und danach mit Eiern in Butter gewaschen.

267. Marzipan

Man schält Mandeln, wäscht sie in Wasser aus, läßt sie trocken werden und reibt oder stößt sie klein. Arbeitet sie durch mit ein wenig Rosenwasser und Zucker, der gestoßen ist, breitet ihn aus und legt ihn auf Oblaten. Man läßt sie ein wenig im Ofen trocken werden, vermischt Rosenwasser mit Zucker und Eiweiß, bestreicht sie damit und setzt sie wieder in den Ofen, so laufen sie auf.

Oder man kann die Mandeln, wenn sie auf vorige Weise abgemacht wurden, in große oder kleine Formen drücken.

Oder man kann sie mit gezuckerten Nelken abmachen, wenn sie ganz fein werden sollen.

Oder man kann sie mit Rosinen und Anis abmachen, gelb oder braun.

268. Biskuit oder Krengel

Reismehl und zerstoßenen Kanarienzucker (Zucker von den Kanarischen Inseln) vermischt man mit Rosenwasser und Eierdottern, schlägt es zwei Stunden zusammen, so wird es gelb, danach weiß, bögt einen Bogen Papier ein, gibts darauf und machts im Ofen gar. Wenn es trocken zu werden beginnt, soll man es in kleine Stücke schneiden und eine ganze Nacht aufs Papier in den Ofen legen und läßt es langsam trocknen, daß es nicht braun wird. So kann man es ein halbes Jahr aufbewahren. Wenn man will, kann man es mit Zucker bestreuen, wenn man es aufschneidet.

269. Zwieback

Man macht einen Teig von Mehl, Gest (Hefe) und heißem Wasser, läßt es aufgehen, arbeitet ihn durch mit Anis und Eiern, macht es wie ein langes Brot, setzt es in den Ofen und läßt es gar werden. Schneidet danach die Rinden umher ab und schneidet es in Scheiben, einen Finger dick oder auch dicker, bestreut sie auf beiden Seiten mit Zucker und setzt sie wieder in den Ofen. So kann man sie ein Jahr aufbewahren.

270. Honigkuchen

Honig macht man heiß, vermischt ihn mit Weizenmehl, arbeitet ihn mit Weizenkleien durch und macht Kuchen davon.
Oder man läutert Honig, arbeitet ihn mit Mehl, Nelken und Zucker durch und macht Kuchen davon.
Oder man läutert Honig, vermischt ihn mit Mehl, zerschnittenen Ingwer, der vorher in Wasser gesotten wurde, ganzen und zerstoßenen Muskatblumen und Zucker und macht Kuchen davon.

271. Pfefferkuchen

Hefe und Mehl vermischt man, läßt den Teig aufgehen und arbeitet ihn durch mit Eiern, Pfeffer, Nelken, Salz, Butter und Muskat und macht handbreite Kuchen davon, läßt sie gut gar werden, so schmecken sie auf den Trunk.
Oder man arbeitet Teig von Mehl, Eiern und Hefe mit zerstoßenem Anis, Koriander und Muskat durch, macht davon kleine Küchlein und bestreicht sie, wenn man sie in und aus dem Ofen setzt, mit Butter.

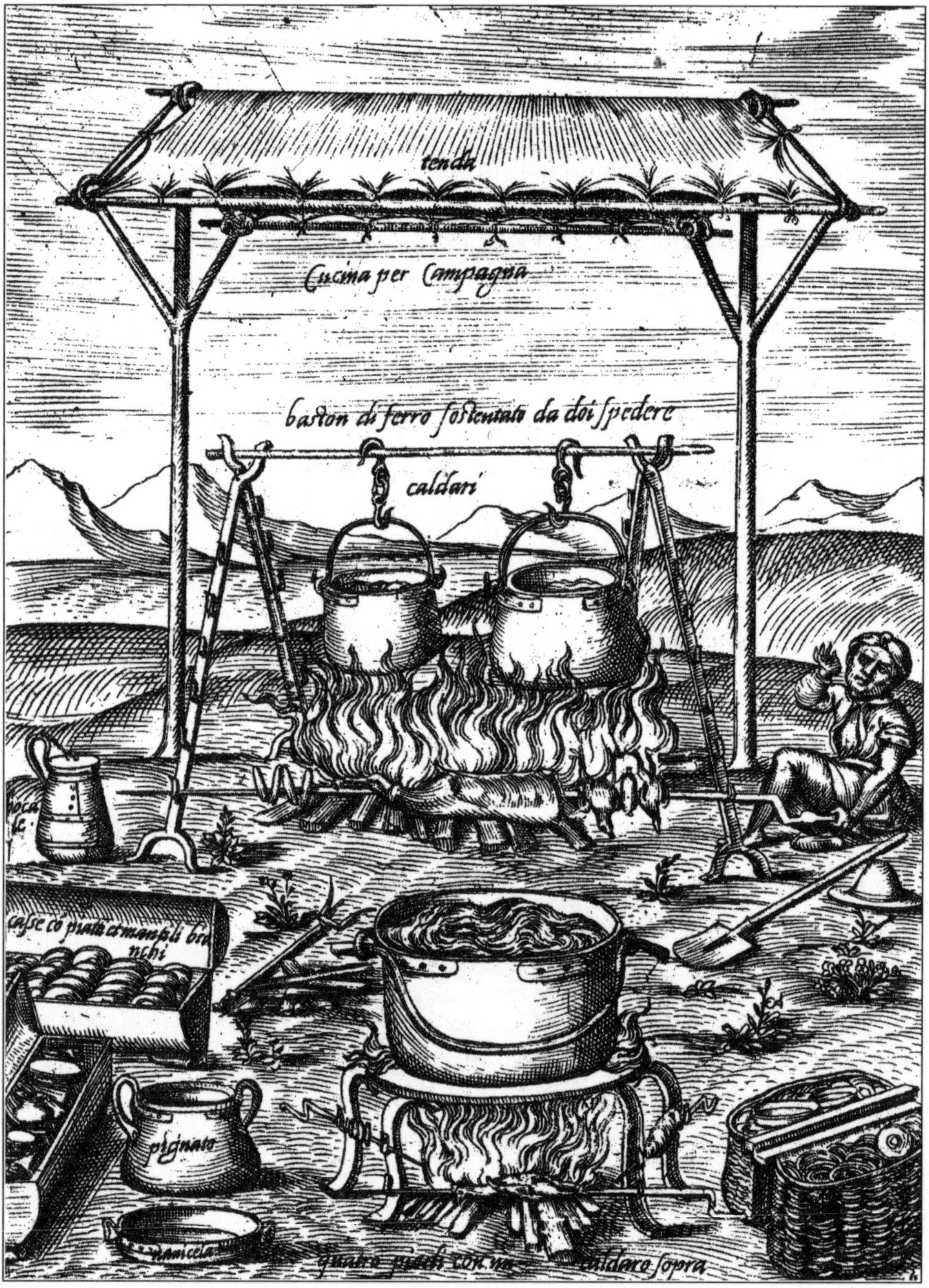
tenda
Cucina per Campagna
baston di ferro sostentato da doi spedere
caldari
pignato
quatro piedi con un
caldaro sopra

Kurioses, Schauessen und Vexationen

Im „Buch von guter Speise“ findet man zwei Rezepte, die wegen ihres kuriosen und vielleicht sogar zweideutigen Hintergrundes herausstechen und die für den Humor des mittelalterlichen Meisterkoches stehen. Überhaupt können wir in den spätmittelalterlichen Kochbüchern so manches Scherzrezept finden. Bisweilen sollen ja noch heute die Küchenjungen, sprich Lehrlinge, mit Scherzrezepten oder zweideutigen Anweisungen vexiert bzw. geneckt werden ...

Opulente und zum Teil recht ausgefallene, ja bisweilen an Dekadenz grenzende Schaugerichte sollten alle Sinne der Gäste, besonders der Frauenwelt erfreuen, zu guten Gesprächen veranlassen und nicht zuletzt den Augen eine Zier der Tafel sein. Desweiteren waren sie auf den Ruhm und das Namensgedächtnis der eingeladenen Gäste und natürlich des Gastgebers gerichtet. Auf den Banketten wurde nicht nur geschlemmt, gescherzt, gelacht, polemisiert; sie dienten oftmals nur einem Zweck – der Politik. Je ausgefallener, umso besser. Seit dem 16. Jahrhundert wurde es üblich, zu großen Staatsempfängen, Kaiserbesuchen, Krönungen usw. einen großen Ochsen mit Würsten und allerlei anderen Fleisch zu füllen und vor den Augen des Volkes braten und durch dasselbige verspeisen zu lassen. Wenn man so will, ein Schauessen fürs Volk. Daß es bei einigen Schauessen humorvoll, gar possenhaft zugehen konnte, zeigen die nachfolgenden Rezepte. Ob sich bei allem Aufwand für den Gastgeber immer der nötige Erfolg einstellte, wissen wir nicht. Die Meisterköche zeigten allerdings ihr Können, ihre Kreativität und ihren Humor. Fast schon amüsant sind dann jene Schaugerichte, bei dem ein lebendiges Kaninchen aus einer Pastete springt, lebendiges Geflügel, gold gefärbt und mit Glöckchen an Hals, Schnabel und Füßen in Schüsseln präsentiert wird, wenn man einen gebratenen Pfau scheinbar lebendig auf die Tafel bringt oder Spanferkel mit Vögeln spickt. Schaugerichte oder sogar neue Kreationen derselben eignen sich besonders für ausgefallene Feiern, gelingen werden sie nicht immer.

272. Ein gutes leckeres Köstelein

So mache zum Abschluß ein kleines leckeres Köstelein von Stichlingsmägen und Mückenfüßen und Gimpelzungen, Meisenbeinen und Froschhälsen. So wirst du ohne Sorgen leben.

273. Ein gutes Gericht für den, der es gern ißt

Willst du machen ein gutes Beigericht,
so nimm einen Seidel Schweiß,
das macht den Magen gar heiß,
und nimm Kieselsteinschmalz,
das ist den Meiden gut, die da sind hüffehaltz (hüftlahm).
Und nimm Brombeeren und Bresteling (Gartenerdbeeren),
das ist das allerbeste Ding.
Bist du nicht an Sinnen taub,
so nimm grünes Weingartenlaub.
Du sollst nehmen Binsen,
Liebstöckel und Minzen.
Das sind gute Gewürze
für die großen Fürze.
Nimm Stieglitzfersen und Mückenfüße,
das macht das Köstlein richtig süße,
das ist gut und mag wohl sein
ein gutes leckeres Speigerichtelein.
Ach, und versalz es nur nicht,
denn es ist ein gut Gericht.

274. Einen Stein weich zu machen

Ebenso, willst du einen Stein weich machen, so nimm alten Urin *(pruncz wasser)* und Bocksblut und siede alles miteinander und tue Liebstöckel dazu und tue dann die Steine darein, so werden sie weich.

275. Reiher auf der Scheibe

Den Reiher auf der Scheibe macht man wie folgt: Einen Fladen von guter Lende, gut klein gehackt, darunter gerieben ein Viertel Käse und gut mit Gewürzen und auch mit Eiern vermengt und Fett genug von Speck und gevierteilte Hühner dareingemacht und back dies gut in einem Ofen (in der Art einer Pastete) und legt es dann auf eine Scheibe. Setze vier Spieße mitten hinein (Platz lassen für den Reiher), fingerdick und eine Elle lang (ca. 55 cm), jeder einen guten halben Braten tragend und einen schönen Pastetenkopf daraufgesetzt. Desweiteren zwölf halbe Braten, an der Spitze jedes Spießes ein Kuchelein, weiter herum ein Kranz von kleinen Spießen mit gelb gefärbten Quarkklößen (schütt es in ein Tuch und beschwere es mit Steinen, daß es trocken wird und schneide es fingergroß und eine Spanne lang und stoße es an kleine Spieße), am äußersten Rand ein Kranz von kleinen Kuchen mit Blumen und zuletzt der gebackene Vogel daraufgesetzt und trage dies vor deinen Herrn.

276. Schweinskopf, aus dem die Flammen schlagen

Ebenso nimm und siede einen Wildschweinkopf. Wenn er dann gar ist, so schneide seine Haut würfelig ein und streue Ingwer darauf. Der Schweinekopf darf nicht gespalten werden! Und wenn der Ingwer daraufgestreut ist, so nimm eine Schüssel voll Branntwein und gieß einen Teil davon außen über den Kopf, den anderen aber gieß ihm in den Hals. Puste aber, damit er nicht wieder herausläuft. Nimm ein Stück hartes Brot, so groß wie eine Nuß. Nimm dann einen glühenden Kieselstein, so groß wie eine Haselnuß, tue ihn auf das Brot und leg dann beides in den Branntwein. Und von dem glühenden Kieselstein werden Flammen herausschlagen. Es ist unschädlich und schmeckt gut. So kannst du auch den Kopf eines heimischen Hausschweines machen.

277. Ein gebratenes, gefülltes Ferkel

Ein gebratenes, gefülltes Ferkel mache so: Nimm ein Ferkel, das drei Wochen alt ist und brühe es. Wenn es dann abgekühlt ist, ziehe ihm alle Borsten ab, achte aber darauf, daß man die Haut nicht verletzt. Löse etwas Fleisch und Gebein ab und alles, was es im Leib hat (die Eingeweide), jedoch nicht die Klauen und verletze die Bauchhaut nicht zu sehr. Und nimm das Fleisch, welches du herausgenommen hast, gut zwei Eier groß, und siede es fast gar. Nimm dann das Fleisch und Speck und hacke es, tue rohe Eier dazu und eine Brotschnitte und Petersilie und salze es in Maßen. Fülle damit das Ferkelein, jedoch nicht allzuvoll, auch vorn den Mund und lege es sanft in einen Kessel. Laß es leicht aufkochen, achte aber, daß die Haut nicht platzt. So nimm es dann heraus und lege es auf einen hölzernen Rost und brate es sanft. Wenn es dann gut geröstet ist, so nimm ein Brett und lege das auf eine Schüssel. Mache auf das Brett vier Steckelein (Pflöcke) und umhülle das Brett mit einem Blatt von Eiern (Eierteig, Eierkuchen) und setze das Ferkelein darauf (es soll stehend serviert werden), umhülle es auch mit einem Eierteig und laß ihm die Ohren und die Schnauze herausgucken und trage es auf. *Die vier Pflöcke werden dem Ferkelein in die Beine geschoben. Die Klauen werden wieder angelegt, so daß der Eindruck erweckt wird, die Beine seien heil. Der Eierteig wirkt wie eine zweite Haut.*

278. Ein Tiergarten

Willst du einen Tiergarten haben, so nimm Mehl und Eier. Daraus kannst du machen, was du willst. Aus Fleisch oder Fischen kannst du zehnerlei Wild (Tiere) machen, was du willst, jedes nach seiner Art in dem Garten. Der Garten soll umfangen sein mit einer Mauer aus Ziegeln. Wenn du keine Ziegeln haben kannst, sollst du ihn mit Planken umfangen, daß das Wild nicht davonkomme. Hast du aber keine Planken, so mach einen Zaun aus Gerten. Die Gerten sollen von Eiern und Mehl gemacht sein. Nimm das Weiß von den Eiern und etwas Semmelmehl, daraus sollst du die Gerten machen. Und du sollst Petersilie oder anderes Grün haben, das sollst du kleinreiben und sollst Salbei haben, so sollst du die Dotter von den Eiern nehmen und ein klein wenig Mehl daruntermischen, daraus mach einen Teig und daraus kannst du die grünen Gärten machen. Nimm einen Semmelteig, verbrenn ihn aber nicht, tue Eier daran, mach die Stecken davon und tue Safran daran, so werden die Stecken gelb. Die Stecken brenn ab in etwas Schmalz, und mach von Eiern einen Teig und von Käse mach einen breiten Teig, wie du zu

Ostern die Fladen machst. Auch sollst du einen Waldhut in dem Garten machen. Die Gerten sollen eine Spanne lang sein (etwa 20 cm). Die stecke darum, und es soll ein Turm darin stehen, da soll ein Weg durchgehen. Oben um den Turm soll ein Gang gehen, da sollen Frauen und Jungfrauen, Knechte und Ritter draufstehen, wenn sie das Wild ansehen und fangen wollen. Außen um den Garten soll ein Graben gehen, darin sollen lebendige Fische stehen, und zwischen dem Zaun und dem Graben sollen Bäume stehen, die sollen Äpfel, Birnen, Muskat und Nüsse tragen. So sieht man auf den Bäumen überall Eichhörnchen und Vögel, die sollen auf den Bäumen stehen. Vor dem Garten soll ein Torwärter stehen, der soll golden sein. Die Frauen und Jungfrauen, Knechte und Ritter sollen und wollen fröhlich sein, das soll vor dem Essen geschehen. Da sieht man, wie der Tiergarten hergebracht wird. Darin sind Männer und Frauen und ein paar Jungfrauen, wenn er das nicht glauben will, der kann es sehen, wenn es zu Tisch kommt. So kann man es wohl sehen. Und wißt folgendes: Darin sind auch Schützen und Gewappnete und andere kurzweilige Dinge und man findet auch Köche darin. So sieht man, wie die Brücke der Burg heruntergelassen, das Tor aufgetan wird. So sieht man den Bischof hervorgehen und den Koch darunter stehen, der das Feuer darein getan hat. Der Bischof setzt sich auf die Bank nieder und nimmt einen Kopf (Gefäß) zur Hand, aus dem gibt man ihm und setzt es sogleich wieder auf den Tisch. Darin sind zweierlei Vögel, das sollt ihr wissen, und wenn sie nichts anderes gegessen haben, so fliegen die anderen auch davon. Auch sehe ich einen Affen im Tiergarten gehen. Wollen sie mehr essen, so gib gebackenen Fisch und Gekochtes und Gebratenes usw.
Meister „Hanns von wirtemberg ein koch“ verfügte über ein gesundes Maß an Selbstbewußtsein, wenn er den Koch neben den Bischof stellt. Vielleicht war hier wieder eine gehörige Portion Humor am Werk ...

279. Eine schwebende Gallart zu machen

Willst du eine schwebende Gallart machen, die über der Schüssel schweben soll, so laß dir in die Schüssel eine eiserne Röhre machen, die nach der Art gestaltet ist, wie man ein großes Licht einzustecken pflegt. Laß dir ein rundes Gitter von Draht machen, so breit wie die Schüssel. Mache mitten durch das Gitter ein Holz und laß dir ein richtiges Schifflein (kleines Gefäß) machen, wo das Gitter hineingelegt werden kann. Siede die Fische oder das Fleisch ab und mache den Sud richtig schleimig mit Hausenblase, würze es ab mit allerlei Würze, lege das auf dieses Fleisch oder die Fische, gieß darauf diesen

Sud und setze sie hin, daß sie gerinne. Wenn sie geronnen ist, so schlage die Reifen von dem Fäßlein und nimm die Gallart fein heraus. Stecke sie auf die Röhre in die Schüssel und laß sie hübsch vergolden. Bestecke sie mit Mandelkernen, bestreue sie mit Rosinen, ziere sie wohl, gieß reines Wasser unten in die Schüssel und setze darein lebendige Gründlinge oder *Kressen* und andere lebendige Fische und gib sie hin, so wirst du ein schönes Festessen haben.

280. Ein höfliches Essen von einem Pfau

Willst du ein höfliches Essen von einem Pfau machen, so rupfe ihn, laß den Schwanz und auch die Federn auf dem Haupt dran und verbinde den Schwanz samt dem Haupt mit nassen Tüchern, daß sie gut verwahrt sind. Stecke den Pfau an einen Spieß und brate ihn fein ab. Wenn er dann gebraten ist, lege ihn auf eine Schüssel und mache den Hals hübsch mit einem Draht, daß er emporsteht. Zieh auch eiserne Drähte durch die Federn am Schwanz und breite sie fein auseinander. Mache dazu eine gute Brühe oder gelben Sud und mache eine Farbe durch Mandelkerne und Rosinen dazu.

281. Spanferkel mit Vögeln

Man kocht ein Spanferkel in Wasser, sticht Löcher in die Haut und und steckt in jedes Loch einen kleinen Vogel, doch so, daß der Leib hinein und der Kopf herausschaue. Stecke es auf einen Bratspieß, schmelz dann Speck, begieße es damit, besprenge es, wenn es noch nicht ganz gar gebraten ist, mit Salz und Pfeffer. Laß es dann am Spieß zu Ende braten und gib es warm zu Tisch.

282. Der Kopf des Johannes

Nimm ein aus Wachs abgedrücktes Model vom Haupt Johannes des Täufers, siede Kälberfüße mit Wasser und laß es durch ein Haarsieb laufen. Brich ganzen Zimt unter die Brühe und mach sie wohl süß, machs zu und laß es wiederum sieden. Laß es durch ein wollenen Sack laufen, so wird es eine schöne lautere Farbe von dem Zimt gewinnen. Gieß danach ein Model. Wenn es gestanden ist, so stürz es um in eine Schüssel, daß das Angesicht über sich steht, so ist es schön, zierlich und wohlgeschmack.
Dieses Gelee dürfte zweifellos für Aufsehen gesorgt haben, wenn es denn immer gelang.

283. Einen ganzen Ochsenkopf zu kochen

Schneid ihn mit den Hörnern und der Haut ab, setze Wasser in einem Kessel auf. Mache es heiß und brühe den Kopf darin, wie man die Füße zurichtet, daß das Haar davongeht. Und wenn er sauber bereitet ist, so setz ihn in Wasser zu und schäume ihn gut ab. Wirf ziemlich viel Salz darein und laß ihn damit fertigkochen. Zieh ihn aus auf ein sauberes Brett, laß ihn kalt werden und säubere ihn aus. Und wenn du ihn auf einen Tisch geben willst, kannst du ihn mit Gold oder Silber schmücken. Und wenn er kalt ist, so ist er gut zu essen und steht schön als ein Schauessen.
Die Gold- oder Silberfärbung kam durch das Betupfen mit Blattgold bzw. Blattsilber zustande.

284. Eine schöne Belustigung für die Frauenzimmer

Man nimmt ein Spanferkel und brät es, läßt es kalt werden und sticht es danach unter dem Bauch mit Stäbchen zusammen (man kann es auch zunähen), nimmt kleine oder große lebendige Aale und schiebt sie durch das

Maul des Spanferkels (in dessen Bauch) und stopft das Maul mit einer Birne oder Apfel zu. Wenn dann das Essen auf die Tafel kommt und man das Spanferkel aufschneidet (tranchiert), stürzen die Aale hervor und „laufen" auf dem Tisch herum, und das ist eine schöne Belustigung für die Frauenzimmer.

285. Ein lebendiges Kaninchen in einer Pastete

Willst du ein lebendiges Kaninchen in einer Pastete servieren, so mach einen Teig aus weißem oder schwarzem Mehl, wobei letzteres stärker und fester ist. Treib die Pastete so hoch auf, daß das Kaninchen darin sitzen kann. Und wenn du die Pastete hoch genug geformt hast, so mach sie voll mit Kleie, mach danach den Deckel darüber, schieb sie in den Ofen und back sie. Nimm sie heraus, wenn sie fertig ist, laß sie kalt werden und wenn sie kalt ist, so schneide unten auf dem Boden ein Loch hinein, schütte die Kleie heraus, daß sie hohl wird. Mach das Loch so groß, daß du ein Kaninchen hineinschieben kannst. Und wenn du diese Pastete auftragen willst, so schiebe das Kaninchen hinein, setze sie auf eine Schüssel und laß sie zur Tafel tragen. Und du mußt mit dem Vorschneider reden, daß er die Pastete vorsichtig aufschneidet. Wenn sie dann aufgeschnitten ist, so springt das Kaninchen heraus und sorgt für freudige Stimmung an der Tafel.

286. Hirschkopf

Man siedet einen ganzen Hirschkopf mit Haut und Haaren, auch mit den Zweigen. Wenn er gar ist, zieht man das Haar ab, setzt ihn in eine Schüssel und begießt ihn beständig, läßt ihn kalt werden, belegt ihn dann mit trockenem Gebackenen und behängt auch die Hirschzweige damit und gibt sie dann zum Tisch. Das Gebackene kann man mit allerlei Blumen bestecken. Man kann ihn auch mit kleinzerschnittenem Teig bewerfen. Man behängt die Hirschzweige auch hübsch mit Kränzlein und vergoldet die Spitzen.

Allerlei medizinische Ratschläge für die Kranken und anderes

287. Gegen dünnflüssigen Samen und eine daraus folgende Unfruchtbarkeit

Ein Mann, dessen Samen von dünnflüssiger Beschaffenheit ist, so daß er keine Kinder zeugen kann, soll Haselsprossen mit Mauerpfeffer und gemeinem Pfeffer nehmen. Dies siede er mit der Leber eines jungen, bereits geschlechtsreifen Bockes zusammen. Dazu soll man noch etwas frischgeschlachtetes, fettes Schweinefleisch geben. Dann soll er, nachdem die Kräuter entnommen sind, das Fleisch essen, dazu Brot in die Brühe, in der das Fleisch gekocht wurde, eintunken und kauen, und wenn er das häufig macht, wird er zu Kindern kommen, wenn der gerechte Ratschluß Gottes dies nicht verhindert.

288. Vom Bilsenkraut

Der Bilsensamen ist ein gar edles Kraut. Wer seine grünen Blätter oder seinen Samen zerstößt und es auf die Schläfen nahe den Ohren bindet, kann beruhigend schlafen. Sein Samen ist dem Schlafen dienlicher und wenn man ihn mit Korn oder Hafer kocht und Vögeln zu fressen gibt, macht man sie damit so schlafend, daß man sie mit der Hand fangen kann. Den Samen soll man keinem Mann zu essen geben, denn er kann töten und bringt Siechtum und Vergeßlichkeit. Das Öl, welches aus dem Samen des Krautes gemacht wird, ist gut für Zahnschmerzen, die von heißen Sachen kommen und ist auch gut für alle Siechtage, die von heißen Sachen kommen. Es ist auch gut für die Unkeuschheit. Derjenige, der seine Männlichkeit damit bestreicht, der dämpft seine Gelüste, wie auch einem Bischof in dieser Angelegenheit geholfen werden kann.
Hildegard von Bingen verwendete das Kraut äußerlich gegen Geschwüre und Entzündungen. Von einer inneren Einnahme riet sie ab: „Der Genuß der Pflanze oder des Öls aus dem Samen ist todbringend."

289. Von Eicheln und Wetterprognosen

Wer die Eicheln brennt und sie ißt, dem helfen sie bei Harnzwang *(harnnwinden)* und ihr Pulver ist gut für Diarrhöe. In den Galläpfeln lebt ein Würmlein. An dem sagen die Luft- oder Wettersager künftiges Wetter voraus. Finden sie das Würmlein mitten in dem Apfel, so kommt nach ihrer Aussage ein scharfer Winter. Wenn aber das Würmlein am Rand gefunden wird, so kommt ein sanfter Winter.

290. Gegen die Krautwürmer

Nimm Kraut von weißem Mangold und siede das sehr gut. Danach laß das Kraut kalt werden und besprenge dann die Pflanzensamen damit. Wenn nun der Samen getrocknet ist, so laß ihn stehen. So fressen die Würmer das Kraut nicht, der Samen bleibt erhalten. Das kommt dir zustatten, denn ich habe insgeheim gemerkt, daß du gern Bottichkraut ißt, aber doch nicht viel. Dagegen neige ich mit meiner Natur zum Hafermus, und darum will ich mit dir des Essens wegen nicht tauschen.

291. Gegen Sodbrennen

Iß grüne Erbsen gegen Sodbrennen, ebenso iß grüne Eicheln gegen reißenden Harnstein.

292. Eine gute Latwerg für den Magen und für alle bösen Nebel

Schneide Schwertelwurz (Allermannsharnisch, Lauchart) zu dünnen Scheiblein, beize sie in einem Glas verdeckt acht oder zehn Tage in rotem Wein. Zerlaß ein Maß Honig in einer Pfanne, tu es zusammen darein, siede es auf ein Drittel ein. Danach stoß gut 3,5 Lot Ingwer, 1 Lot Nelken, 1 Lot Muskatnuß, 1,5 Lot Zimtrinden und ein halbes Lot langen Pfeffer. Laß es eine gute Weile darin sieden, bis es dick wird zu einer Latwerg. Rühre stets, daß es nicht anbrennt. *Unter Latwerge oder Latwerg versteht man einen dickflüssigen Saft, fast wie Sirup. Hierbei handelt es sich um einen Begriff aus der mittelalterlichen Heilkunde. Eigentlich „Arznei, die man im Munde zergehen läßt" (mittellateinisch electuarium).*

293. Eine gute Latwerg für die Brust

Weißen Rettich, Ysop, Alant, Diptan (Heilkräuter) und Ingwer, stoß dies zu Pulver und temperier es mit Honig zu einer Latwerg. Willst du sie besser haben, tu Zibeben (große Kochrosinen), Zimt und Muskatblumen oder andere gute Spezerei dazu. Du kannst auch Enzian, venezianische Zitwen (Wurzelstock des Curcum Zedoaria Roscoe), langen Pfeffer, Kalmus (Deutscher Ingwer, eine als Gewürz und Heilmittel verwendete Sumpfpflanze), Galgant und Steinwurz und dies untereinander zu einer Latwerg temperieren.

294. Von unmäßigem Unwillen oder Obenausbrechen

Man kann dem Patienten ein Trünklein sauren Granatapfelsaft oder Quittensaft und in diesem erweichte Brotschnitten eingeben. Seine Speise kann man ihm auch mit Essig, Agrest, Quitten, Koriander oder Kürbis bereiten. Gib ihm auch ein wenig Quittenlatwerg, die aber ohne Gewürze zubereitet sind, Sankt Johannstraubenlatwerg, Saurachlatwerg, Zuckerrosatlatwerg (Latwerg aus einem Gemisch von Zucker und Zimt) und die man von Äschenröslein bereitet oder von Hagebutten, Kirschenlatwerg und dergleichen. Aber anstatt einer Arznei kannst du ihm auch Rosensirup, Mirtillensirup (Heidelbeersirup) und Granatapfelsirup geben und kleine Tränklein davon bereiten.

295. Von unmäßigem Bauchfluß oder Durchbruch des Leibs

Von scharfer, hitziger und cholerischer Materie in scharfen hitzigen Fiebern und Gebrechen erhebt sich bisweilen ein heftiger unmäßiger Durchbruch des Leibs und Durchlauf. Wenn er nicht ein Endzeichen der Krankheit anzeigt, soll er gestopft werden. In solchem Fall kannst du dem Patienten Sirup oder Saftlatwerge von Johannistrauben oder von unzeitigen sauren Trauben oder solche Stücke mit Zucker eingebeizt oder eingemacht geben. Aber in der Speise gib ihm Linsen, die in zwei Brühen gut gekocht wurden, mit Granatapfelsaft oder mit Essig sauer gemacht. Weiter kannst du ihm auch Kräuter, Endivien, Lattich, welsche Hirse oder von unserem gemeinen Fenchel oder gerollte Hirse als Müslein geben. Desgleichen dienen auch Gerste, Quitten, Nespeln, mit Zucker eingemacht, Johannistrauben und Saurachbeerlein, vornehmlich aber die Quitten und Latwerg ohne Gewürze. Aber als bequeme Arznei solchen Bauchfluß zu stopfen, kann man auch Zuckerrosat, der übers Jahr alt ist, geben. Außerhalb des Leibes kann man den Magen und untersten Bauch salben mit Mirtillenöl (Heidelbeeröl), Rosenöl, Quittenöl usw.

296. Mandelmilch gegen scharfe hitzige Krankheiten und Gebrechen

Nimm der schönsten, besten Mandelkerne, die klaub heraus, so daß du kein Stück verfaulte Bittermandeln dazu nimmst. Die ziehe mit kaltem Wasser, über Nacht darin gequollen oder in der Eile kannst du auch siedendes Wasser darübergießen und ein wenig stehenlassen, daß die Bälge abgehen oder die Haut abgezogen werden kann. Laß sie dann in warmem Wasser liegen, daß sie gut aufschwellen, denn so geben sie mehr Milch. Dann stoße sie gut in einem sauberen steinernen oder marmorsteinernen Mörser mit einem hölzernen Stößel, daß es ein gutes Mus ergibt. Während des Stoßens mußt du sie ein wenig mit Wasser besprengen, damit sie nicht ölig werden. Dann streich sie sanft durch ein reines Haartuch, welches man ein Pfeffertuch nennt. Diese durchgestrichene Milch gib in ein irdenes, glasiertes Töpflein oder in ein anderes bequemes Geschirr und stell es auf ein sanftes rauchloses Kohlenfeuerlein und laß es gemächlich mit stetigem Rühren sieden. Tue ein wenig reingeriebenen

Brosam von Brot, so fein, wie er nur gerieben werden kann, darunter. Und merke, dieses Brot darf weder zu hart noch zu weich sein, damit es gut darin sieden kann. Man muß die Milch aber unablässig umrühren, auch das Löffelein hin und wieder umwenden, damit die Milch nicht anbrennt oder brenzlig wird. Wenn sie dann ein wenig gesotten ist, soll man sie auch ein wenig salzen. Falls aber dem Patienten süße Kost angenehmer ist, kann man sie auch mit Zucker süß machen oder mit Penidien, den man auch gedrehten Zucker nennt, oder mit einem zweckdienlichen Sirup vermischen. Und vor allen Dingen muß man beachten, daß man zu dieser Speise nur saubere Geschirre und Zutaten verwendet, damit dem Patienten kein Abscheu entstehe. Bemerke hierbei noch: Wenn man die Mandeln mit kaltem Wasser abzieht und die abgezogenen Kerne in kaltem Wasser wässert und aufquellen läßt, wird die Mandelmilch viel schöner und weißer, aber es geht viel langsamer zu.

297. Gebührliche Pflegung und Wartung derer, die einen harten, verstopften Bauch haben

Gleicherweise wie etliche oft zu einem weichen flüssigen Bauch neigen, so gibt es wiederum andere, deren Bauch zum öfteren Male verhärtet und ohne Unterlaß verstopft ist und diese soll man so pflegen: Die erste Regel sollte sein, daß man dem Patienten eine Viertelstunde vor dem Morgenimbiß oder dem Nachtmahl mindestens ein- oder zweimal die Woche ein Brühlein von einem ziemlich feisten Hühnlein, gesüßt mit einem Lot Zucker, gibt. In diesem Fall ist es auch sehr nützlich, wenn man drei Feigen einnimmt, die feist sind, wie die großen schwarzen Laubfeigen und wenn man mit diesen Feigen ein wenig Mark der inneren Kerne des wilden Diestelsafrans zu sich nimmt, das wäre besonders nützlich und gut.

In diesem Fall kann man auch Brühlein von grünem Kohlkraut, das nicht lange gekocht ist, mit süßem Mandelkernenöl feist und mit Zucker süß gemacht, einnehmen. Dazu sollte man groben feisten Zucker verwenden, denn er laxiert noch (führt noch ab).

Anstatt bequemer Arznei kann man in diesem Fall auch harte Latwerglein gebrauchen und vor der Speise auf einer Kastanie einnehmen. Das bereite so: Nimm 2 Lot klares, reines Terpentin (Balsam verschiedener Nadelhölzer), frische, feiste Laubfeigen, 6 an der Zahl, 1 Lot des inneren weißen Marks von wildem Diestelsafran. Zerstoße die Feigen mit dem Mark des Safransamens

kräftig und gut in einem Mörser. Dann misch das Terpentin auch darunter und gib ausreichend gepulverten Zucker dazu, daß es von zweckdienlicher Härte wird.
Sollte aber eine kräftiger abführende Arznei vonnöten sein, wäre der Rat eines vorsichtigen, erfahrenen Arztes einzuholen.

298. Pflege und Haltung in Speis und Trank und allen äußerlichen Dingen der Weiber, die kalter und feuchter Natur halber unfruchtbar sind

Es trägt sich vielmals zu, daß die jungen, gesunden Weiber, die mit keinem merklichen Gebrechen behaftet, doch unfruchtbar und zur Empfängnis untauglich sind. Dieses Gebrechen erfordert keine besondere Kur, sondern nur ordentliche Haltung und gebührliche Pflegung, vornehmlich beim Essen, Trinken und anderen äußerlichen Dingen. Deshalb wollen wir hier besondere Regeln aufstellen, wonach sie sich richten können. Zuerst die Speisen belangend, soll man wissen, daß alle Kost, die ihnen vorgetragen wird, leicht verdaulich sein soll, gute Nahrung und wenig Überflüssigkeit gebe. Sie sollte gleichzeitig zu Wärme und Trockenheit temperieren.
Das Brot, welches sie zu täglicher Speise brauchen, soll auch weiß, locker und rein sein, ein wenig gesalzen und mit Anis gebacken.
An Fleischspeisen sind Hühner, Waldvögel oder junges Hammelfleisch am nützlichsten. Bisweilen kann man ihnen mit Mandelmilch sehr nützliche Müslein von Reis, Hirse, Pfenig und dergleichen gerollter oder geschälter Kornfruchtkerne zubereiten.
Weich gesottene Eier sind in diesem Fall auch eine zweckdienliche Speise, desgleichen durchgestrichenes Erbsenmüslein, Ziserbrühlein (Kichererbsenbrühlein) und Krautmüslein, darunter Fenchelkraut, Kerbel, Ysop, Thymian, Saturei (Bohnenkraut) und dergleichen warme Gartenkräuter gehackt, vornehmlich in der Winterszeit. Was zäh, schleimig und mäusfleischig ist, sollen sie vermeiden, wie Milch, Käse, Gebackenes und was von Teig bereitet wird. Essig, Agrest und alles, was scharf, sauer und bitter ist, Weißwein und grober dicker Rotwein sind schädlich.
Ihr täglicher Trank soll in Farbe und Stärke ein guter milder, mittelmäßiger Wein sein, am Geschmack etwas rauh. Während der Sommerszeit soll er der Hitze wegen mit Zuckerwasser gemischt werden.

299. Pflege und Haltung der schwangeren Weiber

Damit die Frucht im Mutterleib zu rechter Zeit und gebührlicher Vollkommenheit komme, soll man sich nach der Empfängnis besonders pflegen lassen, daß keine Mißlingung oder anderer Unrat verursacht wird. Zuerst sollen die schwangeren Weiber, nachdem sie empfangen haben, sich vor aller schweren und mühsamen Bearbeitung oder Übung des Leibs hüten, vornehmlich vor jähem Hinaufsteigen an Stiegen oder Leitern, die Arme auch nicht zuviel über sich halten oder in die Höhe strecken. Sie sollen sich auch hüten vor unmäßigem Wachen, vor zuvielem Fasten und vor zu großer Hitze. Der Zorn, Traurigkeit oder Furcht ist den schwangern Weibern schädlich und besonders viel Unkeuscheit nach der Empfängnis zu treiben.
Bei den Speisen sollen sie alles vermeiden, was scharf und bitter ist, wie Zwiebeln, Knoblauch, Senf, Essig, Salz und alle hitzigen Spezereien oder Gewürze, vornehmlich aber den Pfeffer, Safran und Zimtrinden. Wenn sie aber die Speisen etwas würzen wollen, so können sie Nelken, Muskatnüsse und Muskatblüten nehmen und jederzeit ein wenig Koriandersamen oder ein wenig rein geriebene Korallen darunter vermischen. Starke weiße Weine sind ihnen nicht gut, besonders die, die subtil sind. Viele Suppen oder Brühlein sind ihnen auch nicht von Nutzen, desgleichen alle lindernden oder abführenden Arzneien.

300. Pflegung und Wartung derer, die mit dem schmerzhaften Gebrechen der Podagra (Gicht) behaftet sind

Dieses Gebrechen wird an vielen Orten vom einfachen Mann „Reiche-Leute-Krankheit oder -Sucht“ genannt, denn die Reichen sind meistenteils von ihr betroffen. Dieses Gebrechen erfordert besonders fleißige Wartung, wenn man dem schmerzhaften, unleidlichen Gebrechen zuvorkommen will.

Für dieses Gebrechen gelten besondere Regeln, an die man sich halten muß. Zum ersten soll man unbedingt darauf achten, mit welchen Speisen der Patient gespeist wird, denn hieran liegt sehr viel. Die Speisen soll man sehr gut kauen und zu einer Mahlzeit soll man nicht mancherlei Speisen oder viele Gerichte und Trachten essen, sondern man muß sich mit einem Gericht oder Tracht begnügen oder höchstens mit zwei.

Weiter soll man auch nicht zulange über der Mahlzeit zubringen, besonders zum Nachtmahl und dabei nicht viel Geschwätz treiben, sondern man soll die Speisen in gebührlicher Weise hinwegessen und dazwischen zu bequemer Vermischung auch maßvoll trinken, doch erst dann, wenn man eine gute Portion gegessen hat.

Weiter ist zu merken, daß man alles vermeiden soll, was kalt macht und was an sich kalt ist, alle saure Kost und vornehmlich scharfen Weinessig. Doch was nicht gar zu sauer ist, sondern in seiner Säure etwas milder, kann man zur Sommerszeit zu einer Kühlung gebrauchen, wie Granatapfelsaft, Quittensaft, Sauerampfersaft, Sankt Johannestraubensaft und dergleichen, was nicht allein unschädlich, sondern behilflich ist.

Weiter soll man alles, was dünnes, wässeriges und subtiles Blut gebiert, gänzlich vermeiden. Desweiteren etliche Gartenkräuter, die man für mancherlei Gemüse verwendet, vornehmlich Binetsch oder Spinat, Mangold oder Bete, junge Kürbisse und dergleichen. Auch soll man sich vor allen feuchten Obstfrüchten hüten, desgleichen vor scharfem Gewürz, wie Pfeffer, Zimt, Safran und dergleichen wie Zwiebeln, Knoblauch, starken Wein, besonders Weißwein.

Die gebräuchlichen Speisen sollen wenig Überflüssigkeiten geben, leicht verdaulich sein, gut führen oder reichliche Nahrung geben, doch nicht zu überflüssig, daß das Blut nicht zu sehr gemehrt wird, weshalb man sich bei Fleischspeisen besonders mäßigen muß.

Das Brot, welches er zur täglichen Speise gebraucht, soll von gutem Weizen gebacken sein, nicht gesalzen, auch nicht hart gebacken, aufs allerhöchste zwei Tage alt. Wenn es zu hart gebacken ist, soll man die Krusten oder Rinden davon schneiden.

Von Hirse und Pfenig (gerollte und geschälte Kornfruchtkerne) kann man in diesem Fall auch nützliche Müslein bereiten, mit guten Fleischbrühen gekocht, vornehmlich zur Sommerszeit, zur Winterszeit aber Reismüslein mit Mandelmilch und Zucker. Von guten Fleischbrühen kann man auch Süpplein und Brotmüslein bereiten. Doch sind jene Brühen nicht bequem, die eine eröffnende Kraft haben, wie Erbsen- und Ziserbrühlein und die Brühlein von Kohlkraut. Desgleichen sind auch die hitzigen, harntreibenden Stücke nicht nütze, wie Fenchel, Kümmel, gelbe Rüben, Anis und dergleichen. Lin-

senbrühlein und solche Müslein können geduldet werden, doch muß man die erste Brühe, in der man sie kocht, hinweggießen.
An Kochkräutern, die man aus den Krautgärten in die Küchen holt, dient besonders der Sauerampfer, breite Wegerichkraut und Krautmüslein von etlichen Gemüsekräutern, doch muß man darauf achten, daß man ihnen durch die Zugabe von Salbei und Ysop die Schädlichkeit nimmt. In der Winterszeit kann man einstweilen anstatt der Fleischspeisen auch weiche Eiersuppen und von Eiern mancherlei Gerichte bereiten, mit einer Salsen oder kurzen Brühe, im Sommer von Sauerampfer, aber im Winter von Ysop und Salbei abbereitet.

An Fischspeisen können kleine hartschuppige Fischlein zugelassen werden, wie Hecht, Bersing (Barsche) und dergleichen, mit halb Wein und Wasser abgesotten und zum bequemen Eintunk Salsen dazu bereitet, von Sauerampfer, Granatapfelsaft und dergleichen oder mit Essig abbereitet, dessen Schärfe und Säure mit Gerste, Rosinen oder *Meertreubel* genommen wurde.

An Fleischspeisen sind diejenigen bequem, die von Natur aus zur Trockenheit neigen oder durch die Bereitung des Kochens trocken werden. Darum ist im Sommer Wildpret von einem Rehböcklein sehr nützlich und gut, im Winter aber Hammel oder *Spinnwiderfleisch* (Fleisch vom Schafböcklein), eines Jahrs alt.

An Vögeln kann man alle Waldvögel und vornehmlich die Turteltauben essen. Junge Hühnlein sind auch im Sommer bequem, im Winter aber Kapaunen. Alle Fleischarten sind gebraten gesünder als gesotten. Und damit man die Lust und den Appetit anreizt, kann man kurze Brühlein darüber machen oder bequeme Salsen dazu bereiten, mit Pomeranzen oder Granatapfelsaft, mit Zucker ein wenig süß gemacht, damit ihm die scharfe Säure vergeht.

An Früchten soll man, wie oben bereits angedeutet, alle sehr feuchten Früchte, die ein feuchtes, wässeriges Geblüt geben, vermeiden, wie Pflaumen und Pfirsiche, die reif sind, Kirschen, Melonen und dergleichen.
Zur Speise kann man aber Zibeben (große Kochrosinen), frische Meertrauben oder Rosinen und weiße Marsilierfeigen, nehmen, doch sollte man diese Früchte sehr mäßig genießen.

Nach der Mahlzeit, um den Magen zu schließen, kann man ein Schnitz oder zwei von gebratenen Quittenäpfeln oder Birnen, in der Äschen (tiefrundes, irdenes Gefäß) gebraten, essen. Harte, trockene Pfirsiche, die sich von den Kernen gut abschälen lassen, können in diesem Fall auch sehr nützlich sein, doch nicht zu viel. Winterszeit kann man auch Pinienkerne essen, doch vorher in Wasser gekocht, dann mit warmen Tüchlein wieder abgetrocknet und mit Zucker bestreut. Mit Zucker bezogene Haselnüsse können auch gegessen werden.

Besondere Beachtung sollte man in dieser kurzen Regel dem Getränk entgegenbringen, denn von den vornehmsten Ärzten wurde der Wein in diesem Gebrechen strengstens verboten, besonders der grobe, trübe Wein. Da man das Trinken des Weines in diesen Landen schwerlich verbieten kann, besonders sich seines Genusses ganz zu enthalten, empfehlen erfahrene Ärzte, sich des Weins wenigstens ein oder zwei Jahre zu enthalten. Es gibt in diesem Gebrechen nichts schädlicheres für die Podagrischen (Gichtkranken) als die Weinkrankheit, weshalb sie ihn mäßig trinken sollen. Und in diesem Fall dient besonders der Rotwein, der ein wenig rauh ist, zur Sommerszeit mit gestähltem Wasser (eisenhaltiges Wasser, entsteht durch das Abkühlen heißen Eisens in Wasser) gemischt, aber zur Winterszeit mit Honigwasser; viel oder wenig, je nachdem der Wein stark oder kräftig ist.

Ein paar Ideen für ihr mittelalterliches Bankett

Falls Sie es leid sind, bei jeder Geburtstagsfeier oder anderen Jubiläen und Festivitäten die obligatorischen warm/kalten Büffets in Gaststätten zu bestellen oder sich mit Menüfolgen herumzuärgern, schlage ich Ihnen vor, eine kleine mittelalterliche Feier zu Hause zu veranstalten. Das sorgt für Spannung und Spaß, obendrein, wenn Sie in ihrem Freundeskreis auf weitere Hobbyköche oder Hobbyköchinnen zwecks Unterstützung zurückgreifen können. Ich habe während meiner Arbeit als Geschäftsführer der „Landgrafen Schenke" und Historiker auf der Runneburg zu diesem Thema ausreichend Erfahrungen gesammelt und einige hundert „Mittelalteressen" mit Gästen besprochen, ihnen Empfehlungen gegeben und für sie ausgerichtet. Selten gab es Klagen und nur wenige Gäste wurden vergiftet ... Glauben Sie mir, ein mittelalterlicher Abend auf einer Burg wird zum bleibenden Erlebnis, wenn man es richtig macht. Versuchen Sie mit allen Gängen spätestens 20 bis 20.30 Uhr fertig zu sein und halten es in dieser Beziehung mit Hildegard von Bingen, laden Sie deshalb zu einem Abendbankett. Planen Sie für ein dreigängiges Menü mindestens 1,5 Stunden. Der Spruch: „Je später der Abend, je schöner die Gäste." kann nur daher rühren, daß diese Gäste nicht mehr verpflegt werden müssen ... Aus vielerlei Gründen empfehle ich als ersten Gang eine Biersuppe. Schon bei deren Zubereitung kommt in Ihrer Küche der erste große Spaß auf. Und wenn Sie selbst ein Freund des schwarzen Bieres sind, kann hier schon einmal ein erstes Glas geleert werden, in Maßen versteht sich. Die notwendigen Tunken für die Fleischspeisen kann man schon ab Mittag vorbereiten, da sie in der Regel kalt gereicht werden. Kartoffeln brauchen Sie nicht zu schälen, Sie wissen warum. Diverse Brote als Sättigungsbeilagen erhält man mittlerweile bei fast jedem Bäcker. Weizenbrot gibt gute Nahrung! Nach der Biersuppe können Sie aus der reichhaltigen Palette unserer Rezepte wählen. Gekochte Hühner sind meine Favoriten. Sie können jedwedes Geflügel auch braten bzw. grillen, küchentechnisch ist heute alles machbar. Bei Fisch seien Sie vorsichtig, den ißt leider nicht jeder. Feiern Sie auf keinen Fall an einem Fastentag. Befindet sich ein strenggläubiger Christ unter Ihren Gästen, gibt es saure Mienen, besonders an Karfreitag! Bei einer größeren Anzahl Gäste könnte auch ein Spanferkel die Gaumen erfreuen. Das können Sie bei jedem guten Fleischer zurichten und sich nach Hause liefern lassen. Bei heutigentags ausgefallenen Sachen wie Kälberfüßen, Hammelsgeil oder Kuheuter müssen sie sowieso mit ihrem Fleischer sprechen. Beim Geflügel könnte man auf dem einen oder anderen Bauernhof noch ein gutes Huhn ergattern, vielleicht sogar einen Kapaun. Bei Wildpret sprechen Sie mit einem Jäger oder kaufen es in einer der darauf spezialisierten Verkaufsstellen. Vermeiden Sie, wenn es geht, das abgepackte, tiefgefrorene Wildpret. Bei den mittelalterlichen Rezepten braucht man zur Zubereitung meistens den Schweiß des Tieres, welches die Speise deutlich verfeinert. Einige Muse und Salate oder andere Beilagen bringen die Säfte wieder ins richtige Lot. Je nach Zeit und Geldbeutel können Sie natürlich auch alle Arten des Fleisches auf den Tisch bringen. Sie können allerdings auch einen befreundeten Hobbykoch fragen, ob er das eine oder andere Gericht schon fertig gekocht zu Ihrer mittelalterlichen Feier mitbringt?! Dann haben Sie ausreichend Themen des Gedankenaustauschs. Zum Abschluß, als dritten Gang, schmeckt ein Bratapfel in den kälteren Jahreszeiten einfach herrlich. Ich habe den Gästen der „Landgrafen Schenke“ vom Herbst bis ins Frühjahr hinein immer Bratäpfel als letzten Gang empfohlen. Er wurde oft gegessen und mittlerweile dürften auf der Runneburg mindestens 5.000 Bratäpfel die landgräfliche Küche verlassen haben. Doch Vorsicht! Sie rutschen oder rollen gern von den Tellern! Bei wärmeren Jahreszeiten kann man ein kaltes Mus oder frisches Obst reichen, letzteres ist zur Bereicherung Ihrer Tafel immer von Vorteil. Eine hölzerne Molle voll Obst kann eine kleine Augenweide sein und den Appetit anregen. Appropos Augenweide. Den Damen sollten Sie, wenn schon nicht die Küche, so doch das Schmücken der Tafel überlassen. Wir Männer können das nicht. So hat jeder etwas zu tun. Aufs Rauchen sollte, wenn möglich, während des Essens verzichtet werden. Die Ritter waren Nichtraucher!

An Gewänder (die „Mittelalterleute“ sprechen nicht gern von Kostümen) kommt man über einen Kostümverleih oder man ruft eine Burg an und erkundigt sich, ob man aus deren Fundus, natürlich gegen eine kleine Spende, Gewänder ausleihen kann. Sie können sich auch selbst ans Schneidern machen. Weigert sich einer Ihrer Gäste sich zu gewanden, stülpen Sie ihm einen Kartoffelsack über, mit einem Strick als Gürtel und schon ist ein „Bur“ fertig – natürlich muß er dann am ganz hinteren Ende der Tafel Platz nehmen... Zum Geschirr: Zahllose Teller, wie heute üblich, brauchen Sie nicht. Einige große Schüsseln oder kleine Mollen, ein paar Näpfchen für die Tunken, einige Schüsseln oder tiefe Teller zum Essen. Vergleichen Sie die Abbildungen in diesem Buch. Natürlich müssen Sie Ihren Gästen das Zeremon erläutern, und wenn eine Dame sich zieren sollte, dann geben Sie Ihr das beste Stück Fleisch und beminnen Sie. Gabeln benötigen Sie ebenfalls nicht, nur Holzlöffel und scharfe Messer. Sie glauben gar nicht, wieviel Spaß da so ein Abwasch macht! Das irdene Geschirr erhalten Sie auf jedem Töpfermarkt, doch fragen Sie nach einer eventuellen Spülmaschinentauglichkeit.

Planen Sie eine musikalische Umrahmung Ihres Festes, stehen Ihnen Spielleute, Gaukler und Minnesänger mit Rat und Tat zur Seite. Da es sich bei Ihnen allesamt um freiberufliche Künstler handelt, müssen Sie ein Honorar von etwa 300-400 Euro pro Abend einplanen (www.spielmann-holger.de).

Falls Ihnen das aber alles ein zu großer Aufwand sein sollte, dann können Sie auf den zahlreichen Burgen und Schlössern oder städtischen mittelalterlichen Wirtshäusern auch einen mittelalterlichen Abend nebst Drei- oder Mehrgängemenü bestellen. Sollte Ihnen der Koch oder gar Küchenmeister jedoch Thüringer Klöße als Beilage empfehlen, dann wissen zumindestens Sie als Leserin oder Leser dieses Buches, daß Sie das Restaurant wechseln sollten. Doch versuchen sie es ruhig einmal selbst, sie werden an diesem Abend garantiert zum „Star" avancieren und Ihre Gäste werden sich noch lange an diesen Abend erinnern.

Register der Rezepte

Die Rezepte sind zahlreichen handschriftlichen Kochbüchern, Kochbuchfragmenten oder gedruckten Kochbüchern entnommen, die allesamt bei Ouellen und Literatur (Auswahl) aufgeführt sind. Sie können mit den Jahresangaben in Klammern besser zeitlich eingeordnet und den jeweiligen Kochbüchern zugeordnet werden.

Von Suppen zu machen

Von allerlei Tunken, Soßen und Brühen

Senf und Essig

Von Sülzen und Gallerden

Allerlei Muse und Breie

Allerlei Zugemüse

Von Salaten

Vom Kompott

Von etlichen köstlichen Fleischspeisen

Von allerlei edlem Wildpret

Brat-, Leber-, Blut- und andere Würste

Von allerhand Federwildpret und edlem Geflügel

Von Hähnen, jungen Hühnern und alten Hennen

Von Fluß-, Teich- und Meeresfischen

Von Krebsen

Allerlei andere Wassertiere

Von köstlichen Pasteten

Mancherlei Eierspeisen

Gebackenes, Torten und Kuchen

Kurioses, Schauessen und Vexationen

Allerlei medizinische Ratschläge für die Kranken und anderes

Ende des Registers.

Quellen und Literatur (Auswahl)

Die meisten Titel wurden zweckmäßigerweise gekürzt. Auch wurde auf die Angabe von Schriftenreihen verzichtet. Alle verwendeten Zitate stammen aus der angeführten Literatur.

Baptista Platina von Cremona, Von der Eerlichen zimlichen / auch erlaubten Wolust des leibs ..., deutsch v. Mag. Stephanus Vigilius, Augsburg 1542, Nachwort v. Anneliese Schmitt, Leipzig 1982.
Susanne Baumann: *Pflanzenabbildungen in alten Kräuterbüchern. Die Umbelliferen in der Herbarien- und Kräuterbuchliteratur der frühen Neuzeit.* Stuttgart 1998.
Blüten und Blätter. Illustrierte Kräuter- und Pflanzenbücher aus fünf Jahrhunderten. Hg. v. Reinhard Feldmann. Mit Beiträgen v. Irmgard Müller u. Uwe Raabe, Münster 1996.
Joachim Bumke: *Höfische Kultur. Literatur und Gesellschaft im hohen Mittelalter.* Bd. 1, München 1990.
Sabine Bunsmann-Hopf: *Zur Sprache in Kochbüchern des späten Mittelalters und der frühen Neuzeit - ein fachkundliches Wörterbuch.* Würzburg 2003.
Carmina Burana. Die Lieder der Benediktbeurer Handschrift in vollständiger deutscher Übertragung. Darmstadt 1975.
Gottlieb Siegmund Corvinus (Amaranthes): *Nutzbares, galantes und curiöses Frauenzimmer-Lexicon,* vermehrte und verbesserte Auflage, Frankfurt u. Leipzig 1715/1739.
Das Kochbuch der Philippine Welser (Handschrift um 1545). Hg. v. Manfred Lemmer, Kommentar, Transkription und Glossar v. Gerold Hayer, Leipzig u. Innsbruck 1983.
Das Kochbuch der Sabina Welserin (Handschrift von 1553). Hg. v. Hugo Stopp mit einer Übersetzung von Ulrike Gießmann, Heidelberg 1980.
Das Kochbuch Meister Eberhards. Ein Beitrag zur altdeutschen Fachliteratur. Freiburg/ Br. 1963.
Felix Dahn: *Walhall. Germanische Götter- und Heldensagen.* Leipzig 1886.
Daz buoch von guoter spise. Faksimileausgabe. Bearb. v. Hans Hajek, Donauwörth 1994.
Frantz de Rontzier: *Kunstbuch von mancherley Essen / Gesotten / Gebraten / Posteten / von Hirschen / Vogelen / Wildtprat / und anderen Schawessen ...,* Wolfenbüttel 1598. Hg. u. kommentiert v. Manfred Lemmer, Leipzig u. München 1979.
Die Edda. Göttersagen, Heldensagen und Spruchweisheiten der Germanen. Nach der Handschrift des Brynjolfur Sveinsson in der Übertragung von Karl Simrock, Berlin 1988.
Die Germanen. Geschichte und Kultur der germanischen Stämme in Mitteleuropa. Bd. II. Hg. v. Joachim Herrmann, Berlin 1986.
Die lere von der kocherie. Von mittelalterlichem Kochen und Speisen. Hg. v. Manfred Lemmer u. Eva-Luise Schultz, Leipzig 1969.
Dreihundertjähriges deutsches Kloster-Kochbuch (um 1550). Hg. v. Bernhard Otto, Leipzig 1856.
Susanna Eger: *Leipziger Kochbuch von 1745.* Mit einem Nachwort v. Manfred Lemmer, Leipzig 1984.
Trude Ehlert: *Die (Koch-)Rezepte der Konstanzer Handschrift A I 1.* In: *Von wyßheit würt der mensch geert ...* Festschrift für Manfred Lemmer zum 65. Geburtstag. Hg. v. Ingrid Kühn u. Gotthard Lerchner, Frankfurt am Main 1993, S. 39-64.
Ein mittelalterliches Hausbuch. Hg. v. Tania Bayard, Olten 1992.
Essen und Trinken in Mittelalter und Neuzeit. Vorträge eines interdisziplinären Symposions vom 10.-13. Juni 1987 an der Justus-Liebig-Universität Gießen. Hg. v. Irmgart Bitsch, Trude Ehlert u. Kenya von Ertzdorff, Sigmaringen 1987.
H. Jürgen Fahrenkamp: *Wie man eyn teutsches Mannsbild bey Kräfften hält.* Hannover 1986.
Wernher der Gartenaere: *Meier Helmbrecht.* Übertragung von Johann Pilz, bearb. v. Wolfgang Schütz, Berlin 1962.
Conrad Hagger: *Neues Saltzburgisches Koch-Buch.* 2 Bände (Bibliothek alter kulinarischer Werke, wie auch andere Titel, hg. von Manfred Lemmer), 1719. Mit einem Nachwort von Manfred Lemmer, München 1977.

Ingeborg u. Erik Hühns: *Bauer, Bürger, Edelmann, Leben im Mittelalter.* Berlin 1963.
Michael Kirchschlager: *Was Sie schon immer über teutsches Pier wissen wollten.* Weißensee 1999.
Rudolf Kleinpaul: *Das Mittelalter.* Würzburg 1998.
Kuchemaistrey, Nürnberg (ca. 1485/90), Fotomechanischer Neudr. der Originalausgabe, Leipzig 1976.
Bruno Lauriox: *Tafelfreuden im Mittelalter, Kulturgeschichte des Essens und Trinkens in Bildern und Dokumenten.* Stuttgart/Zürich 1992.
Manfred Lemmer: *So wirt es gut und wolgeschmack, Alte deutsche Kochrezepte um 1350-1600.* Halle 1991.
Otto Ludwig: *Der Thüringer Kräutergarten, Von Hexen, Heilkräutern und Buckelapothekern.* Rudolstadt 1995.
Meister Hanns, des von wirtemberg koch. Hg. v. Trude Ehlert. Donauwörth 1996.
Marc Meneau u. Annie Caen: *Schlemmereien aus der Klosterküche, 120 raffinierte Rezepte, einst & heute.* München 2001.
Münchner Kochbuchhandschriften aus dem 15. Jahrhundert. Hg. v. Trude Ehlert, Frankfurt/ M. 1999.
Ralf-Jürgen Prilloff: *Hoch- und spätmittelalterliche Tierreste aus der Wartburg bei Eisenach, Grabung Palas-Sockelgeschoss.* In: Wartbuch-Jahrbuch 2004.
Rheinfränkisches Kochbuch (um 1445). Text, Übersetzung, Anmerkungen und Glossar v. Thomas Gloning, kulturhistorische Würdigung v. Trude Ehlert, Frankfurt am Main 1998.
Hermann Josef Roth u. Anton Großmann: *Bernhard von Clairvaux an die Tempel-Ritter, die Speerspitze der Kreuzzüge.* Sinzig 1990.
Marx Rumpolt: *Ein new Kochbuch.* Frankfurt 1581. Hg. u. kommentiert von Manfred Lemmer, Leipzig, München, Hildesheim, New York 1976 (1977, 1980).
Gualtherus Ryff: *New Kochbuch / Für die Krancken.* Frankfurt am Main 1545.
Thomas Schäfer: *Visionen. Leben, Werk und Musik der Hildegard von Bingen.* München 1996.
Alwin Schultz: *Das höfische Leben zur Zeit der Minnesinger.* Bd. I. Kettwig 1991.
Hans Schupp: *Neu=verbesserter Traiteur A La Mode. Kochbuch etc. Mit Potagen von allerhand Wildpret und zahmen Fleisch/ wild und zahmen Geflügelwerck/ Fisch/ und Gartengewächsen/ wie auch Tarten/ Pasteten/ und andern Gebackens etc.* Lübeck u. Leipzig 1709.
Erich Sielaff: *Till Eulenspiegel.* Königstein/Taunus 1995.
Gerhard E. Sollbach: *Das Tierbuch des Konrad von Megenberg.* Dortmund 1989.
Ernst Stahl: *Thüringer kennen nicht nur die Bratwurst.* Arnstadt 1995.
Balthasar Staindl von Dillingen, Ein künstlichs und nutzlichs Kochbuoch ..., Augsburg 1544.
Robert Stutzenbacher: *Das Diner, Practische Anleitung zu dessen Service und Arrangement nebst einer Sammlung hervorragender Menus.* Berlin 1895.
Wolfram von Eschenbach: *Parzival.* Text nach der Ausgabe v. Karl Lachmann, Übersetzung u. Nachwort v. Wolfgang Spiewok, Stuttgart 1981.
Wolfram von Eschenbach: *Willehalm.* Übersetzung u. Anmerkungen v. Dieter Kartschoke, Berlin 1968.
Hanns von Lengerken: *Ur, Hausrind und Mensch.* Berlin 1955.
Anna Wecker: *Ein koestlich new Kochbuch Von allerhand Speisen / an Gemuesen / Obst / Fleisch / Gefluegel / Wildbret / Fischen und Gebachens.* Amberg 1598, Faksimile-Neudruck hg. von Julius Arndt, München 1977.

Abbildungsverzeichnis

BIBLIOTHEK DES GRAUENS BAND I

MÖRDER / RÄUBER / MENSCHENFRESSER

Einhundert Biographien und Merkwürdigkeiten deutscher Verbrecher vom 15. bis 18. Jahrhundert – Herausgegeben und neu bearbeitet von Michael Kirchschlager nach unbekannten Autoren

Die Auswahl der beschriebenen Verbrecher reicht von Giftmörderinnen, Hexen, Hochstaplern und Kannibalen bis zu korrupten Beamten, Räuberbanden und Wahnsinnigen. Der Leser taucht ein in die Zeit der Blutgerichtsbarkeit, wird stiller Zeuge von Verhandlungen und entsetzlichen Torturen. Zahlreiche seltene Kupferstiche illustrieren dieses Meisterwerk eines preußischen Juristen in eindrucksvoller Art und Weise.

216 Seiten, Fadenheftung, Preis 18,00 EURO (ISBN 3-934277-04-07)

BIBLIOTHEK DES GRAUENS BAND II

Wahrhaftige Geschichten von Gespenstern, Poltergeistern und anderen seltsamen Erscheinungen – Ausgewählt, bearbeitet und herausgegeben von Lothar Bechler und Michael Kirchschlager

„Der spukende Sarg“ stellt eine einmalige Sammlung höchst merkwürdiger Gespenstergeschichten dar. Das Spektrum der Geister reicht von Poltergeistern, Weißen Frauen bis zu Kobolden. Die Spukgeschichten spielen oft in Pfarrhäusern, Klöstern, einsamen Gehöften und auf Schlössern. Die Edition schauriger, morbider, aber auch kurioser Geschichten empfehlen wir allen Freunden Edgar Allan Poes sowie allen historisch interessierten Leserinnen und Lesern.

192 Seiten, zahlreiche seltene Kupferstiche
Fadenheftung Preis: 18,80 EURO (ISBN 3-934277-05-5)

Mörder / Räuber / Menschenfresser **NEU**
als Hörbuch im diderot-Hörbuchverlag / Sprecher:
MICHAEL KIRCHSCHLAGER

Die Geschichten sind nicht für Zuhörer mit schwachen Nerven geeignet. Die 1. Auflage ist stark limitiert und dürfte für Liebhaber der historischen Kriminalliteratur ein Leckerbissen sein.

www.diderot-verlag.de
Preis: 14,90 EURO

Hördauer der CD: 65 Minuten
(ISBN 3-936088-68-3)

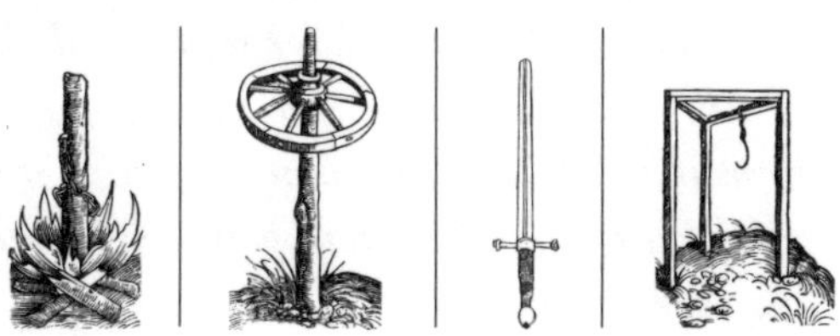

IMPRESSUM

1. Auflage Arnstadt 2004

ISBN 3-934277-08-X

Lektorat: Frank Bublitz, Einbeck.
Layout und Gestaltung: Lothar Freund, Erfurt.
Umzeichnungen: Steffen Grosser, Leipzig.
Satz: reprogramm, Erfurt.
Druck und Weiterverarbeitung:
Salzland Druck & Verlag, Staßfurt.